FROM CONFLICT
CONNECTION

非暴力沟通
冲突调解篇

［美］约翰·凯恩（John Kinyon） ［美］艾克·拉萨特（Ike Lasater）
［美］朱莉·斯泰尔斯（Julie Stiles）◎ 著
李夏 ◎ 译　刘诚哲　卢庆　李红艳 ◎ 审校

华夏出版社
HUAXIA PUBLISHING HOUSE

图书在版编目（CIP）数据

非暴力沟通. 冲突调解篇 /（美）约翰·凯恩(John Kinyon)，(美) 艾克·拉萨特 (Ike Lasater)，(美) 朱莉·斯泰尔斯（Julie Stiles）著；李夏译. --北京：华夏出版社有限公司，2022.5（2023.4 重印）

（非暴力沟通系列）

书名原文：From Conflict To Connection: Transforming Difficult Conversations into Peaceful Resolutions

ISBN 978-7-5222-0194-8

Ⅰ．①非… Ⅱ．①约… ②艾… ③朱… ④李… Ⅲ．①心理交往－通俗读物 Ⅳ．①C912.11-49

中国版本图书馆 CIP 数据核字（2021）第 224257 号

Translated from the book From Conflict To Connection: Transforming Difficult Conversations into Peaceful Resolutions, by Ike Lasater and John Kinyon (With Julie Stiles), ISBN-10: 0989972046, October 2015

Copyright © September 2015 by Mediate Your Life. All rights reserved.

版权所有　翻印必究

北京市版权局著作权合同登记号：图字 01-2020-2692 号

非暴力沟通·冲突调解篇

作　　者	[美] 约翰·凯恩　[美] 艾克·拉萨特　[美] 朱莉·斯泰尔斯
译　　者	李　夏	营销编辑	张雨杉
审　　校	刘诚哲　卢　庆　李红艳	版权统筹	曾方圆
策划编辑	朱　悦　陈志姣	责任印制	刘　洋
责任编辑	陈志姣	装帧设计	殷丽云

出版发行	华夏出版社有限公司
经　　销	新华书店
印　　刷	三河市万龙印装有限公司
装　　订	三河市万龙印装有限公司
版　　次	2022 年 5 月北京第 1 版　2023 年 4 月北京第 2 次印刷
开　　本	710×1000　1/16 开
印　　张	20.5
字　　数	266 千字
定　　价	59.80 元

华夏出版社有限公司　地址：北京市东直门外香河园北里 4 号　邮编：100028
网址：www.hxph.com.cn　电话：(010)64663331（转）

若发现本版图书有印装质量问题，请与我社营销中心联系调换。

序一　化冲突为合作的思维模式与关键技术

此时此刻，我想邀请你回想一下：你每天和你的家人、朋友、邻居、同事、客户等要经历多少次互动？无论是外在表现出来的，还是内心的迟疑、纠结与矛盾，这其中会发生多少或大或小的冲突？

我们的生活中存在着和谐与冲突。可以说，生活是由一系列的冲突与和谐构成的。我们都期待有更多的和谐，都想尽量地避免冲突，然而，如果为了表面的和谐掩藏许多的质疑、分歧和异见，压抑心中的不快以及各种真实的感受和想法，那么这种"和谐"并不会带给人们多少益处，压抑久了还会导致疏离、分裂和对抗。冲突是人的内在需要得不到满足时发出的信号和呐喊，以较特别的方式表达出来。它明确地告诉我们，有些问题需要被重视，有些人的需要渴望被看到、被给予关注并希望通过适当的方式得到满足。

冲突之所以产生，是因为每个人都是丰富而独特的，人与人之间是存在差异的，无论是认知方面的差异还是行为习惯方面的差异。而冲突的根源也往往在于冲突双方忽略了这种差异，甚至想通过控制来消除这种差异，而且常常会无视对方的情绪感受与内在需要。在生活中，我们解决冲突的误区在于，双方都试图让对方承认是自己的错，而很少用心地去倾听对方的感受与需要。过分地计较对错、输赢，却忽略探询双方的需要，是很难化解冲突与矛盾的。这种"对错–输赢"游戏植根于人们固有的、非黑即白的二元对立的逻辑规则，固着于零和游戏的思维模式。人们往往认为，一方对即意味着另一方错，一方赢即意味着另一方输，却忽略了在生活中的许多时刻和许多场合，人们之间是有共同利益存在的，人们可以达成共赢的局面。当人与人之间愿意尝试放下"对错-输赢"的零和游戏思维模式，相信利己不一定要建立在损人之上，这样很多时候，人们都可以达成利己且利他的双赢局面。这需要冲突双方愿意在冲突发生时用心地倾听自己和对方的感受和需要，愿意坦诚、真实、怀着善意去探询满足双方需要的方法与策略。在他们愿意付诸行动时，往往可以化冲突为合作，最终达成协作共赢。这就是调解人思维的要点。调解人思维与零和游戏思维是有本质区别的，零和游戏思维在冲突调解中常常是协作共赢的主要阻碍因素。

另外，在日常生活中，许多人会刻意避免冲突，回避冲突，认为冲突都是不好的。这与人们对冲突的错误认知有关。因此，我们如何理解冲突，如何看待冲突的正面意义，决定了我们对待冲突的态度以及处理冲突的行为。

实际上，冲突并不可怕，它常常孕育着真正和谐的种子。每个冲突之中都埋藏着转化的种子。而当我们将人际冲突视为一种威胁时，我们的恐惧会限制我们的能力，使我们无法思路清晰地思考，自由地感受，明智地行动，开放地联想。我们也可能会失去控制自己的能力，包括我们的身体、感受和精神，继而对我们的人际关系产生较大的负面影响。

对待冲突的正确的态度、认知与思维模式固然重要，但仅仅如此是不够的，毕竟，当冲突来临时，人们还是会被负面情绪笼罩，这时人们最需要的是解决冲突的策略和方法。

艾克（Ike Lasater）和约翰（John Kinyon），这两位非暴力沟通领域的冲突管理专家，在大量理论研究与实践的基础上，用心写成了本书，有效地解决了如何将思维模式与调解技术结合起来去面对冲突、冲突调解的问题。他们创造性地发展了马歇尔·卢森堡博士的非暴力沟通的理论与方法，而且这些方法十分实用，具有很强的可操作性和

序一　化冲突为合作的思维模式与关键技术

可应用性。它将改变我们过往已经习惯的、功能不良的沟通方式和解决人际冲突的思维方式，让每个身处关系中的人都从中受益。同时，本书指出，只有培养并具备调解人思维，书中涉及的冲突调解的技术和工具才会更有效。

本书的两位主要作者我都认识，我与艾克很熟，自从我认识他并与他合作进行冲突调解技能的连续培训项目以来，已经有五年多了。艾克是一个很有使命感的人，同时又是一位有主见甚至有些固执的人，他严谨、认真、幽默，同时又很真实、直率、坦诚。他常常告诫，一定要把所学先行用在自己身上，用到实际的工作生活中，使自己和他人受益，才算是真正有效的学问和技术。他的学问非常强调练习、练习、再练习，并需要不断反复地实践，才能将所学变为自己的东西，才能真正使之对个人、家庭、企业和组织的发展有益。

在持续的培训与教学的合作过程中，我从他身上学到了许多东西，包括在处理我与他之间产生的差异、分歧和争论的过程中，所学习到的如何真正"从冲突到协作"，让我体验深刻。曾多年从事律师工作的他，很注重逻辑和实证研究结论。当我提出不同的意见和建议时，他一定要我说出依据和相关实证资料，这样才能说服他。工作中，他也有情绪激动、失落、沮丧、担心的时候，但在这种时候，他会立即应用冲突的自我调解技术，安静地进行自我同理与自我连接，几分钟后他就能平和下来，充满能量地与他人进行有成效的沟通。他的严谨、认真与专注让我印象很深，很值得我学习。

在这本书中，作者通过他们悉心的探索和丰富的实践，不仅提出了一些创新的理念，还总结出了许多行之有效的化解冲突的技术和工具——化解冲突的行动指南和人际冲突调解地图，包括自我连接流程、化解敌人形象流程、调解人思维模式的培养、权力共享的理念、非暴力沟通学习循环、五步冲突调解模型、九项冲突调解关键技能，等等。我们能够广泛且有效地将其应用在我们的工作和生活中，帮助人们化解各种冲突——自己和自己的内在冲突、自己和他人的冲突，以及作为调解人去调解其他人之间发生的冲突，实现内在和谐、人际和睦与世界和平的美好目标与愿景。

从这个意义上讲，这是一本任何人都值得认真阅读、学习并积极实践的书。不仅可以在职场中，在家庭中还有其他任何涉及人际关系的场合均可应用。本书不仅提供了一种解决冲突的有效方式，也给我们指明了如何利用冲突调解来深化与他人和自我连接的具体方法。同时，本书让读者相信，冲突调解是一组可以通过学习、实践而逐渐得到熟练掌握的实用技能。

这也是一本有趣的、可读性很强的书。书中用具有代表性的日常生活中的案例来阐释冲突调解的概念，清晰明了。我在审校的过程中，深深地被它的故事结构、内容情节和奇妙地介入冲突调解技巧的学习及应用方式所吸引。当我们读完这个"我们也身在其中，并与故事中的角色感同身受"的故事时，自己不仅可以逐渐培养出调解人思维，学会一些有效的冲突调解的技巧，同时自己也可以获得成长与改变的动力。

当我们养成调解人思维，并且熟练掌握冲突调解的实用技能时，冲突对于我们来说，就不再是威胁与挑战，而是创造连接与协作的机会。它为我们达成更好的协作并通过协作共创共赢提供了更多的可能性。

刘诚哲

心理学博士 BSCMC 认证培训导师

冲突调解职业技能认证培训项目培训师

萨维亚教育科技（上海）有限公司董事长

序二　冲突调解，学习正当时

当听到艾克老师的《非暴力沟通·冲突调解篇》将由华夏出版社出版时，非常开心，因为这让我们通过推广艾克老师的非暴力沟通（以下简称 NVC）冲突调解，为幸福组织、和谐社会建设贡献力量的心愿得到更进一步满足。作为将艾克老师的 NVC 冲突调解方法引入中国的主要推动者，刘诚哲老师和我应出版社编辑和译者的邀请对译稿进行了审核。

回想对冲突这个主题的学习，最早是在 16 年前，我接受日产全球管理改善活动 V-up 的引导师、改善专家认证时，老师讲授了一个工具——抵触应对法，分析抵触产生的原因（合理性、情感性、政治性）及其应对方法，当时我觉得很受益。再就是 10 年前主管东风日产培训与人才开发工作，设计中层干部训练体系，其中一个场景就是职场冲突管理。我们主要的研究来自帕特里克·兰西奥尼的《克服团队协作的五项障碍》，从认识冲突烈度、冲突类型到分析产生冲突的原因（信息障碍、环境障碍、关系障碍、个人障碍），再到掌控或解决冲突，感觉对于冲突的认识又得到了提升。

2014 年我开始学习非暴力沟通，先后有几位国外老师都提到非暴力沟通在冲突调解中的应用，那时老师讲得也不多，自己对 NVC 的理解也还不够，体会不深。直到 2017 年我邀请艾克老师来东风日产讲授 NVC 职场沟通课程，和艾克老师深入交流时，才意识到将 NVC 应用于冲突调解的精妙之处，以及艾克老师在将 NVC 应用于冲突调解方向的研究之深。

我当时就向艾克老师提出请求，希望能将 NVC 冲突调解课程引入中国，东风日产大学愿意作为试验田，训练企业 NVC 内训师掌握冲突调解技能，探索 NVC 冲突调解师训练体系。艾克老师也很开心有这样的机会，我们又邀请刘诚哲老师一起讨论，从内在冲突、与他人冲突、他人之间的冲突，再到群体冲突和自我疗愈，逐渐形成 NVC 冲突调解师三个阶段共计 9 天的培训方案。

艾克老师在随后两年来东风日产授课 4 次，东风日产 NVC 内部兼职讲师团队接受了训练。讲师团队通过 NVC 冲突调解项目得到了加速成长，同时公司 NVC 的学习体系也不断丰富完善，最终形成 26 门 NVC 系列学习课程，培养了 32 位 NVC 兼职内部认证讲师。

2019 年 11 月，我们主办了"让爱融入生活"的 NVC 主题月活动，也称之为东风日产 IIT（Internal Intensive Training，内部强化训练），对东风日产大学 5 年推进 NVC 的成果展开全面检阅。一个月共开设了 34 次公开课，覆盖学员近 1000 人次。其中应邀到 10 个业务领域做职场 NVC 主题分享，累计 400 余人参加。所有这些都标志着 NVC 自主推进体系走向成熟，也标志着 NVC 推进成效得到了业务部门的认可！远在美国的艾克老师也对我们的活动表示祝贺，与艾克老师三年的合作让东风日产 NVC 整体能力也有了质的飞跃！

仔细研究艾克老师的系列书籍，可以发现都是围绕冲突这条主线编写的。《非暴力沟通·职场篇》（《Words That Work in Business》）是艾克老师早期写的书，主题是如何将 NVC 用于职场沟通，减少冲突，赢得职场好关系，也是 2017 年邀请艾克老师来东风日产的主要诉求；《当我们的思维阻碍了我们的梦想》（《When Our Minds Sabotage Our Dreams》），如果简单介绍就是如何处理自己的内在冲突，2018 年邀请艾克老师来公司主讲《追求梦想》课程，就是以这本书的内容开发的；《非暴力沟通·团队协作篇》（《Collaborating in the Workplace》）重点介绍如何处理与他人的冲突及冲突调解的基本技能，属于冲突调解一阶课程；而本书《非暴力沟通·冲突调解篇》(《From Conflict to Connection》)重点围绕着冲突调解的五步流程和九项关键技能展开，属于冲突调解二、三阶课程。这4本书的中文版已经出版或即将出版，主要内容我都听过艾克老师授课。2019年9月在完成冲突调解三阶课程后，我总觉得意犹未尽。回想当初与艾克老师探讨冲突调解师训练项目时，三阶课程强化在群体冲突中调解流程和技能的应用，关于冲突后的疗愈模块，只设计了一天的授课。我们向艾克老师提议，疗愈模块也应该写本书，对冲突当事人的疗愈和冲突调解师的自我疗愈应该强化训练，可以把这个模块单独设计成三天的冲突调解四阶课程。期待艾克老师能早日完成这本书并能翻译中文出版，也非常期待疫情结束后，能邀请艾克老师再次来到中国主讲这门课程，给NVC冲突调解师训练项目画上完美句号。

仔细研究艾克老师的NVC冲突调解体系，会发现逻辑性很强且总结得非常好。艾克老师50岁之前一直从事律师工作，可能是长期职业习惯使然，艾克老师将NVC四要素的应用场景做了很好的流程化总结，并称之为地图，就像我们现在的地图导航系统，再复杂的地方我们都能借助它到达彼岸。比如同理的四种方式：自我同理、静默同理、同理表达、同理倾听，每个都有相应的地图配备。又比如书中将困难对话的学习切分为四个部分：准备对话、练习对话、对话结束后总结、为下一次对话做准备。每个部分除了地图，还分别设计了练习环节，部分还设置驾驶舱练习，模拟真实场景，让学员能在练习中体会到身体或心理感受。

现在内部组织推广NVC学习的企业越来越多了，发现会有部分企业组织者抱怨，NVC课程的授课效果不好。让我想起在与很多NVC学习者们交流的过程中，我经常会听到有人说，NVC是要用心学习而不是用脑学习，意思是说更多要靠感性思维、心理体验的方式来习得。可是像东风日产这种理工男占据绝对比例的制造型企业，学员普遍习惯是使用理性思维模式，比如会按照Why-What-How方式学习，首先是要明白学习目的，然后就是整体框架、内容逻辑、学习步骤，这类学员会在上NVC课程时很纠结，很难代入。在发现东风日产很多学员只想把道理弄明白，不重视认真投入练习，喜欢练习前问Why，艾克老师总结一句经典的回应："当你练习过、经历过，才会真正明白为什么。"艾克老师对于课程的设计其实已经很好地融合了这两种模式，在讲解开始阶段强调逻辑，在过程中强调感受，在示范时强调地图引领，在练习过程中强调体验，这种授课模式赢得了学员的认可，很值得借鉴。

还有部分企业想在内部推进NVC，但信心不足。结合东风日产的实践，我提供些做法供参考。在获得组织高层许可的前提下，推进NVC首先是要系统策划。除了学习项目需要由浅入深进行系统规划，学习方式和手段也要多样化，要给学员创造练习体验的机会才会有效果。如营造学习场域（NVC教室）、讲师陪伴式学习（读书会）、伙伴结对学习（2-3人练习小组）、树立学习标杆（阶段性总结会）、定期全体学员激励（邀请高水平老师授课）；其次是推进NVC要持开放心态。以员工自愿学习为前提，通过导入NVC的活动发现有意愿的学习者，加以特别关注，培养他们成为推动NVC的种子非常重要。当然也可以在部分学习项目中嵌入NVC内容，让更多人认知；除此之外，推进NVC重要的是要持之以恒。学习NVC最终是要实现人的转化和成长，是需要持续推动团队结伴学习，设置必要的学习节点提振信心，要将组织中的学习者联结成网，发现好的实践经验要及时总结传播。如果能让团队领导加入，对整个团队的带动效果将非常明显。

最后还是想再次呼吁企业界同行，企业推进NVC会让员工生活更幸福、工作更敬业，让团队成员连接更紧密、协作更畅通，还可以更好地同理客户、服务客户，更好地理解市场、设计产品。更为重要的是，让更多员工学习NVC冲突调解，也是为建设和谐社会贡献力量，肩负社会责任。

去年 6 月，有位朋友申请参加本单位乡村振兴项目，被派驻到某乡镇对口支援。春节期间我们见面谈起乡村振兴话题，我问可以帮助他做点什么。朋友脱口而出，要提升乡村软实力才是根本，推广 NVC 提升同理心，培养 NVC 冲突调解员，让乡村更和谐。

让我暗自吃惊的同时，我也是非常认同。在万物互联的智能时代，人们需要越来越关注情感连接。藉由本书能让更多人在面临冲突时，放下评判、回到当下、同理自己、倾听对方，将冲突转变为连接彼此的机会，这不正是我们的愿望吗？

推广 NVC 冲突调解技术，让更多乡村、社区、企业能培养出自己的冲突调解员，参与到中国和谐社会的建设中，也正是我们设计 NVC 冲突调解师学习项目的初衷！我非常愿意贡献自己的力量！

和谐社会，建设正当时！
冲突调解，学习正当时！

卢庆
东风日产售后服务部副部长
冲突调解职业技能认证项目培训师
广东省企业培训研究会副会长

作者序

我很高兴能为本书的中文版写这篇序言。在过去的几年中,我非常荣幸地在中国的6个城市——位于西南部的昆明和成都、位于中部偏北的湖北武当山、位于南部的广州以及位于东部的北京和石家庄提供了我的非暴力沟通(Nonviolent Communication,以下简称NVC)方法。

2008年,我在中国举办了第一次NVC的研讨会,当时是由罗宾·韦克斯勒在北京组织召开的。

2017年秋天,我又在中国举办了两场关于NVC的工作坊。第一场在广州的东风日产大学举行。邝丽君介绍我和时任东风日产大学校长的卢庆认识,之后卢庆邀请我来举办。第二场是由欧成刚在北京组织的。

在东风日产大学举办的工作坊结束后,卢庆和刘诚哲又在随后的几年里连续组织了好几次工作坊。

当我在2017年首次接到东风日产大学的邀请时,他们已经有近20名NVC培训师正在为其员工提供课程,并为周边社区的成员提供NVC培训。卢庆告诉我,他希望引进NVC,让东风日产广州基地的18000多名员工、员工的家人和周围的社区成员更幸福。

我的《非暴力沟通·团队协作篇》一书在2020年刚刚出版,重点介绍了在职场使用NVC协作所带来的好处,所以我很高兴听到卢庆为了将NVC引入东风日产所做出的努力。

卢庆随后告诉我，他第一次接触 NVC 是在 2014 年，之后他立即邀请刘诚哲的团队将 NVC 引入东风日产的中层干部培训中。就在他和我分享这些的时候，我得知同年被任命为微软首席执行官的萨提亚·纳德拉也将马歇尔·卢森堡的《非暴力沟通》一书分发给微软的所有高管人员，作为他改变微软文化所做出的一部分努力。自那以后，许多金融评论人士将微软市场估值的大幅上升，在很大程度上归因于该公司文化的改变。卢庆对于萨提亚·纳德拉在把 NVC 引入微软方面做了什么努力毫不知情，我发现这是一个有趣的巧合。

继续与卢庆合作的同时，他在 2018 年将我介绍给了刘诚哲。刘诚哲是昆明赛烨（Sailyare）心理咨询机构的负责人，从那时起，他几乎承接了所有我在中国的 NVC 工作坊的组织工作。

与卢庆和刘诚哲的合作在中国催生了一个冲突调解职业技能认证培训项目。在这个项目中，我主持的三个系列的工作坊其中的一些参与者由于精通 NVC 冲突调解技能将在今年获得中国管理科学研究院专业认证。

所有这些在中国的工作坊都建立在马歇尔·卢森堡多年前奠定的基础之上。20 世纪 90 年代，当我第一次开始将 NVC 融入我的生活时，我正在美国旧金山生活并从事法律工作。卢森堡从 20 世纪 90 年代中期开始，每年两次到旧金山湾区举办至少每次三天的研讨会，所有这些研讨会我都参加了。

1999 年底，我不再从事法律工作。几年后，约翰·凯恩——这本书的合著者，和我开始了长达 15 年的合作。在我们早期的合作中，我们提出了关于地图的想法——用 NVC 地图来准备对话、在对话中使用、在对话结束后总结，并学习下次如何做得更好。我们还为在自己内心进行的对话、与他人的对话以及促进他人之间的对话开发了地图。

我们发现地图的想法特别有用，因为一个人的大脑往往更容易记住更复杂的东西，而不是更简单的东西。例如，如果让一个人阅读20个随机单词，相比之下，用这20个单词编成一系列句子来讲故事，他记住的单词会更多。

NVC和NVC的语法非常简单。它由观察、感受、需要和请求这四个要素，以及由这四个要素组成的四种模式构成。首先，你可以用这四个组成部分在你自己的内心与自己对话，这被称为自我同理。其次，你可以通过这四个部分来猜测别人的想法，这叫作"静默同理"。第三和第四种模式——表达和同理倾听，与前两种相似，但最主要的区别是你需要大声地说出来。

地图确定了使用这四个要素和四种模式的模型，如何使用将取决于你是在准备对话、进行对话还是回顾对话，以及你是在与自己对话、与另一个人对话，还是支持其他人之间进行对话。这些地图帮助你先理解NVC，然后练习它，最终将NVC整合到你的日常生活中，使之成为你与自己和他人互动的默认模式。

使用地图极大地帮助了我将NVC融入我的生活。例如，这些地图极大地支持我进行内心的对话，帮助我从内心不断浮现的童年经历中获得疗愈。我将这些产生的感觉称为"系统中的小魔怪"。我对小魔怪的理解是，它们导致我的预设被触发。这些地图帮助我在这些经历中航行，去拥抱那些没有被满足的需要，由此产生的同理理解对我产生了深刻的疗愈效果。此外，我发现这些同理形成的疗愈，让我在以后不再被类似的刺激所触发。在此之前我也只在心理治疗中经历过类似深刻的疗愈时刻。

随着时间的推移，这逐渐发展成调解我自己内心的声音，约翰和我把它写成了书——《当我们的思维阻碍了我们的梦想》(*When Our Minds Sabotage Our Dreams*)。我使用这些地图进行内心调解的经历，让我能够与大脑的非语言部分进行交流，结果是，大大减少了我的内心冲突。这样做让我能够减少自我破坏。此外，让我的目标和想要用来实现这些目标的策略保持一致，使我更有效率，并在我朝着这些目标前进的过程中让我更加平静。

在接下来的几年里，我检验了在自己的生活中、调解冲突及担任教练的过程中所学到的东西。结果，当工作坊中发生惊人的转变时，当我对客户进行教练时，当我与经常处于强烈冲突和长期冲突中的人一起工作时，我很有幸参与其中。

我希望你能利用本书中展示的地图，建立一个坚实的基础，与自己进行这种对话，并在与他人交往时遵循自己的价值观行事，尤其是在发生冲突的情况下。

由于人际冲突不可避免，我发现这些技能在我的生活中非常有意义。这些技能帮助我避免了与他人的冲突，帮助我在冲突升级时获得富有成效和有意义的结果，并支持和加强了我与他人之间的交流。

在写本书的过程中，约翰和我努力给读者提供在学习过程中使用这些工具所需要用到的工具和手段。我写这些书的强烈动机是，希望给学生提供循序渐进的方法来整合可用的 NVC 见解。

约翰和我是第二代 NVC 培训师，马歇尔·卢森堡发展了 NVC 的基础，世界各地的第二代 NVC 培训师都在为这套体系刻上自己的烙印。

我的动机一直是为学生提供丰富的学习工具。20 世纪 90 年代末，当我开始我的学习之旅时，我非常幸运，因为马歇尔·卢森堡每年会有两次访问旧金山湾区。但在他每次访问期间，我几乎没有得到过持续的支持；那时他的《非暴力沟通》一书还没有出版，那些年唯一的一个实践团体也没有提供多少支持。我相信这是因为我们都是初学者，没有有效的指导来辅导我们练习。

尽管马歇尔每次来访后，我都想每天集中精力学习 NVC，但常常过了好几个星期我才突然惊醒，意识到我从来没有想过练习它。我记得，在马歇尔的两次访问期间，可供学习的资源只有一盒磁带（还记得它吗？），马歇尔录下了愤怒以及如何转化愤怒的内容。

因为愤怒是我那个时候的主要问题之一，所以我听那盘磁带的次数多得我都数不清了。我学得很慢，但他对待愤怒的方式深深地影响了我，以至于我现在很少会感到愤怒，即使我感到愤怒，它持续的时间也比我遇到马歇尔之前要短得多。

我希望，随着时间的推移，马歇尔创造的这个简单语法将在全球范围内无处不在。我相信，这不会是单靠成年人自主学习就能取得的成果。

在孩子们的成长过程中，他们会观察周围的成年人来学习，因此成年人学习 NVC 的过程，其中一个更广泛的目标是，让孩子们学习 NVC。我们可以作为成年人学习，并成为世界儿童的榜样。这些孩子们不需要像我一样，通过忘掉小时候学到的东西来学习 NVC。

因此，我在早期努力成为一个 NVC 培训的引领者时，决定专注于教成年人。那时，我的孩子们都是十几岁的青少年，当我第一次开始组织工作坊时，我是一名律师，而不是一名幼儿教师。有了这些想法，我得出结论：如果我在成年人面前演讲，我作为一个工作坊的引领者会更可信。

我将给你们一些建议，希望能在你们的学习之旅中对你们有所帮助，包括一些"不要像我那样做"的警告。

第一，我要警告你不要教条主义。我的意思是，不要让"使用NVC"成为对你自己或你周围的人的要求。

第二，当你参加 NVC 培训时，你是在学习一种新的语法。正如马歇尔·卢森堡曾经说过的那样，我们从小到大听到的语法是"你让我生气了"，这就把控制你的愤怒的焦点排除在外了。他倡导的语法是"当你做这些事情时，我感到愤怒，因为我的需要没有得到满足"。然后，你可以接着提出请求。通过把注意力集中在让你产生愤怒的真正原因上，有助于你重新控制自己的反应。

所以无论你在培训中说什么语言，你都要在工作坊中学习和练习这种语言的一个子集，我把它称为"工作坊用语"。这样做有助于与你的同事一起进行培训。然而，对于那些经常与你交流的人以及那些没有和你一起参加 NVC 培训的人来说，这就成了一个障碍。对于新接触 NVC 的人来说，通过使用被认为是公式化的语言来疏远那些经常与他们交流的人是相当普遍的。在你学习的早期阶段，当你倾向于经常使用相同的短语时，这一点尤其如此。

第三，如果这种意识想法对你来说还比较陌生，那么学习如何提出请求而不是提出要求将是一个相当大的挑战。提出请求不仅仅关乎你的用词，它还关乎你使用这些词的意图，以及如果有人对你的请求说"不"时，你如何回应。最了解你的人最有可能看到的是，虽然听到你在使用请求的词语，但还是会觉得你是在用要求的能量来传达请求。

为了处理这种情况，你可以采用的一种方法是，建议人们与他们亲近的人就你正在使用的这种你试图整合的新语言达成约定。让约定听起来像是"我要试试这个新东西，这样你可以接受吗？"。如果他们同意，那么你可以说："如果在任何时候你不喜欢我说话的方式，我希望你能阻止我，然后我们可以讨论我用何种方式说话可以让你更满意。"

第四，在你学习 NVC 的过程中，你发展了一种你、与你一起参加工作坊和练习的人都熟悉的特定的语言模式。但是你在日常生活中接触的人并不熟悉这种语言模式。学习如何将工作坊中的语言翻译成让你交谈的人感到舒服的习语，是将 NVC 完全融入你生活的挑战之一。

艾克·拉萨特
美国康涅狄格州纽黑文

目录 contents

▶ 前 言 … 1
　　本书的架构 … 3
　　如何使用本书 … 5

▶ 第一章　从争论到协作 … 1
　　人际冲突的代价 … 6
　　冲突的产生 … 8
　　如何化解冲突 … 10
　　权力在谁手中？ … 12
　　摆脱权力斗争 … 15
　　观点的力量 … 17
　　做自己的调解人 … 21
　　"权力共享"的力量 … 23

▶ 第二章　由内开始：自我连接 … 29
　　内在工作 … 32
　　冲突中的"战斗、逃跑或冻住" … 33
　　自我连接流程（SCP）… 38
　　练习自我连接流程 … 40
　　强化自我连接流程 … 42
　　压力下的自我连接 … 44
　　已经和自己连接了——现在做什么？… 47

1

第三章 保持力量：面对冲突时回到当下 … **51**

　　被刺激到 … 54

　　关系模拟器 … 55

　　应对冲突的能力 … 56

　　设定强度练习 … 60

　　强度练习 … 62

　　在日常生活中体验强度 … 74

　　攀爬强度的山峰 … 74

第四章 从评判中获得自由：化解敌人形象 … **79**

　　敌人形象付出的代价 … 84

　　化解敌人形象流程（EIP） … 86

　　练习化解敌人形象流程 … 96

　　积极的"敌人形象" … 99

　　化解敌人形象流程的蓝图 … 101

　　自由行动、自由转换 … 102

第五章 解决问题路线图：进行困难对话 … **107**

　　什么是困难对话？ … 111

　　挑战 … 112

　　调解内在冲突 … 121

　　把连接当成一个反复的过程 … 132

　　解决问题阶段 … 135

　　高阶调解技能 … 140

　　关于地图的说明 … 151

　　受到刺激时的连接 … 153

　　当下的冲突：理想和现实 … 155

处理"不" … 159

如何练习人际调解地图 … 162

在冲突发生前制止它 … 166

第六章　改变之路：达成协议 … 171

先连接后达成协议 … 177

给予和接受 … 178

主协议 … 180

支持性协议 … 182

修复性协议 … 185

当下可行的协议 … 188

诚信和协议 … 191

行为改变的迭代过程 … 192

当协议无法履行 … 194

回到选择 … 197

第七章　从沉思到反思：转化对话后的评判 … 199

自我总结 … 203

哀悼-庆祝-学习（MCL） … 204

从庆祝开始 … 216

练习哀悼-庆祝-学习 … 218

第八章　超越评判而生活：把学习融入生活 … 221

学习循环 … 225

跳出"避免循环" … 229

求助！我用哪张地图？ … 232

引导对话循环 … 234

日常练习 … 239

哀悼-庆祝-学习还是化解敌人形象流程？… 244
初始体验和选择 … 250

结　语　一次次的对话 … 253

让我们的谈话进行下去 … 256
在连接中前行 … 258
成功是什么？ … 261
一种生活方式（而非快速解决问题）… 262
选择和自我认知 … 263

附　录 … 267

附录 1　感受列表 … 269
附录 2　人类共通的需要/价值观列表 … 271
附录 3　自我连接流程（SCP）… 274
附录 4　强度练习 … 276
附录 5　化解敌人形象流程（EIP）… 281
附录 6　人际调解地图（IPM）… 283
附录 7　人际调解地图（IPM）练习 … 285
附录 8　九种调解技能 … 291
附件 9　哀悼-庆祝-学习（MCL）… 293
附录 10　飞行模拟器 … 295

致　谢 … 297

谨以此书献给马歇尔·卢森堡（1934—2015），感谢他在沟通领域表现出的对人类连接和慈悲的洞察力。我们坚信，他的贡献显著提升了人们的幸福程度和应对挑战的能力。

前　言

　　人们生活在各种关系中。有些人和你非常亲近，比如和你共同生活的人、陪伴你长大的家庭成员，还有你最要好的朋友。除此之外，还有一些人，你会经常甚至每天都和他们打交道，但他们并不在你的核心关系圈内，例如同事、一般的亲戚朋友，还有平日里碰到的一些人。你还会和一些陌生人发生短暂的关系，但不会持续太久，例如乘坐公共交通工具时遇到的人、服务人员，还有每天跟你擦肩而过的人。

　　关系就好比蜘蛛网，触动任何一点，整张网都会产生震动。从某种程度上说，其他人与你之间的摩擦会在多大程度上扰乱你的生活与健康，取决于你与对方的亲近程度。当你在街头与一个陌生人沟通时发生了某些不愉快，你的"网"可能会产生震动并影响你一天的心情，但是这和某个早上你与伴侣之间发生的争吵相比，对你的影响可能要小得多。和陌生人之间糟糕的互动可能会成为你和同事在茶余饭后的谈资，你可能会跟同事说"你能相信刚才发生了什么吗？"，但是和伴侣之间的争吵则会令你一整天都难以放下，甚至坐立不安，无法专心工作。然而，这两种情况都可能会引起你的应激反应——你的身体感知到危险后，出于自我保护而启动的人类自古就有的"战斗、逃跑或冻住"机制。

　　让人惊讶的是，虽然关系对人们的幸福有着巨大的影响，却很少有人真正教过我们如何拥有良好的关系。一个人在成长过程中，常常从其他人比如父母、兄弟姐妹、老师和朋友身上，学习一些面对分歧时的应对方式，形成自己特定的"战斗、逃跑或冻住"反应。这些东拼西凑学来的方式多少能有些效果，但是，当它们不起作用时，你整体的幸福状态，包括健康、财务状况、整体满意度和人际关系等，将会受到极大影响。

不过，应对应激反应、分歧、评判、误解和冲突的能力是可以学习的。即使是在你认为毫无希望、感觉糟糕透顶的时候，你依然有可能找到一种与自我和他人相处的方式，将冲突转化为连接。

在"调解人生"系列的第一本书《选择和平》(*Choosing Peace*) 中，我们提供了创建新的关系模式所需要的一些基础技能，给出了积极应对冲突时可使用的必要工具。我们涵盖了非暴力沟通（Nonviolent Communication，简称 NVC）的四个要素：观察、感受、需要和请求，这是我们解决问题的基础。《选择和平》给出了一些技巧，教你应用这种新的沟通方式，从而让你的人际关系出现新的可能性。我们建议你先阅读《选择和平》，或者先熟悉非暴力沟通的四个要素，了解它们的区别之后再阅读本书。我们随后在本书中会简要介绍这四个要素，但是如果你对此已经有所了解，你将能够更好地运用本书所提供的技能和工具。

这是"调解人生"系列的第二本书，我们将向你介绍各种"地图"和相关步骤，帮助你化解生活中的各种冲突。当你面对冲突茫然无措，尤其是陷入应激反应时，这些地图会引导你思考什么对你最重要，并指导你采取相应的行动。毕竟，你只能通过两件事情去影响你的未来，那就是专心思考和采取行动。在本书中，我们主要介绍处理人际冲突时可以利用的各种地图，当你和另一个人产生分歧时你就可以使用它们。

本书的架构

本书的章节安排基本是按照对话的三个阶段，即对话前、对话中和对话后，介绍每个阶段可以使用的地图和可做的练习。按照这个顺序，你将学习在进行一场艰难对话前如何做准备、对话过程中需要做什么以及对话结束后如何从中总结经验。在你和他人意外发生冲突时，这些工具和技能就能派上用场。与《选择和平》类似，我们在各章节会以一些虚拟的家庭为例，介绍他们如何处理发生在家庭内部和工作场所中的各种难题。

第一章探讨什么是人际冲突、人们如何陷入冲突以及如何化解冲突。在冲突中，权力是一个核心概念。我们将探讨你与权力的关系如何影响对话的进程以及转换视角的重要性。"三把椅子"调解模型和"调解人思维"是本书所有地图和练习的基础，它作为一个强大的工具，将化身为你的一部分，帮助你在双方对立的观点之间创建连接。

第二章介绍如何开始连接，即如何进行自我连接。第一张地图是关于自我连接的流程。当你发现自己已经被激发了应激反应、马上要与自己断开连接时或只是想与自己更加和谐相处时，你都可以使用这张流程图。这张流程图是几乎其他所有地图的起始点，经常练习会有助于你快速有效地与自己重新连接，让你感到踏实和安定，从而更容易与他人连接。

第三章继续探索自我连接，并通过一个练习帮助你学会在最困难的时候进行自我连接。通过安全的角色扮演和"三把椅子"调解模型练习，你将了解自己出现应激反应时的生理反应，并学习回到原点，以便选择自己希望采取的回应方式。做这个练习的时候，你会发现自己开始运用"调解人思维"，即使身处压力之下，也更容易与自己连接。你还会发现，如果在生活中再遇到类似的刺激，你将不会像以前那么容易被触发应激反应。

第四章介绍的强大地图，在你发现对别人产生了评判或心中出现

"敌人形象"时可以使用。运用化解敌人形象流程有助于连接到自己的需要和隐藏在对方挑战性行为背后的需要，让自己保持客观，从而为接下来的困难对话做好准备。在进入对话前成功化解敌人形象，你会更容易与对方建立连接，并与对方共同找到解决方案。

第五章介绍本书的核心流程：人际冲突调解地图。本地图展现了冲突对话中常见的挑战以及运用本地图化解冲突的各个步骤，还有帮助你顺利展开对话的技能。当你身处日常生活中时，在实际的困难对话中应用本地图可能会很有挑战性，所以我们将提供几种不同的方法供你练习使用本地图，这样一来，在你需要的时候你能够记起它，甚至在面对冲突时也能启动你的"调解人思维"。

第六章的重点放在如何与他人达成协议让自己和对方的需要得到最大程度的满足。达成协议不仅是成功调解对话冲突的关键，也是维系关系的支柱，鼓励我们与他人共同成长、和平共处。我们在本章探讨各种类型的协议、协议遭到破坏时的处理办法以及如何看待协议，这样你才能诚实地面对现实。

第七章是关于困难对话结束后的总结，例如你的诸多想法和感受，可能包括对自己的评判、指责、"当时应该怎么做"以及对所发生的事情的分析等。本章要介绍的地图为哀悼-庆祝-学习流程，能够帮助你把自己在对话过程中的感受与自己被满足及未被满足的需要进行连接。这将避免你对自己进行破坏性的指责，并从所发生的事情中吸取教训，从而更好地满足自己的需要。

第八章将纵观困难对话的全貌，更清晰展示困难对话的循环周期。当你明确自己正处在对话中的哪个阶段、可以使用哪张地图时，整个谈话过程就会更加顺利。我们将向你展示，当你犹豫不决或对话陷入僵局时该如何选择地图以及如何围绕某个冲突反复进行对话。在整个过程中，我们的重心是引导你始终保持与自己和他人的连接，并找到双赢的策略。

前　言

如何使用本书

我们邀请你不只是阅读本书，更要实践书中的地图。通过阅读，你会学到很多东西，但实践会帮助你学到更多——你会内化所学到的东西。我们在书中有很多"练习时间"，目的是让你把书中的理念应用到你的生活中，在你认为最困难的关系中实践。

我们也设计了一些练习活动，希望你和搭档一起来操练。和搭档一起练习并将所学内容付诸实践，有助于知识的内化，让你今后在实际的对话中能够学以致用。虽然你可以想象自己如何成功地调解了一场冲突，或者与他人顺畅地进行了一次困难对话，但只有你真正和搭档去练习时，才会发现现实远非你想象的那么简单。理想的情况是，你身边有人也对学习这些技能感兴趣，这样你就可以和他们成为搭档。

我们建议你先通读全书，对困难对话有个大致的了解。之后，在你遇到任何冲突时都可以把本书当作指南和参考。为了便于读者参考，除了在每一章对地图和练习进行详细解释之外，我们还在附录中列出了每个地图和练习的步骤。

不管你是否感到已经做好准备，我们都鼓励你到日常生活中勇敢尝试。本书和《选择和平》一起，为你提供基础知识、工具和技能，帮助你在和别人发生冲突时，能够重新与自己建立连接，从过往的经历中吸取经验，妥善处理关系。

所以，阅读本书只是个开始，更重要的是要亲身实践，在日常生活中学以致用。运用这些技能可以帮助你建立人际关系网。这张网如此牢固，能够支持你应对任何挑战。同时它又是如此美好，可以增强你的幸福感，让每一个过往都成为你成长的养料，让每一个错误都成为你修正的机会。通过练习去提高技能，建立信心，最终你将让自己和他人建立更紧密的连接。

第一章

从争论到协作

冲突是意识的开始。

——埃丝特·哈丁

第一章　从争论到协作

早上7点半，莎莉冲进厨房，往正在餐桌旁吃麦片的玛吉额头上亲了一口。詹姆斯喝着咖啡，冲她微笑。

"吃吗？"他一边把一片面包放进烤面包机，一边问。

"我想吃，但必须快点儿，"莎莉边说边从冰箱里抓了一瓶酸奶，"今天早上第一件事就是开一个客户会议。你送孩子们上学，对吗？"

"是，早上我管孩子们。"詹姆斯拿起报纸，抚摸了一下玛吉的头发，开玩笑说："火车20分钟后出发！"

玛吉看看爸爸，又看看妈妈："今天下午谁接我去参加足球选拔赛？"

莎莉笑着拍了一下手："哦，对了！选拔赛就在今天！你又能踢足球了，你一定很激动吧。"她蹲下来，看着女儿说："我希望你不会感到失望，我今天整个下午都要开会，所以你爸爸会去接你。"

詹姆斯停下看报纸："啊，等一下，我要送孩子们去上学，下午我不能随便离开工作，不能陪她去参加足球选拔赛。"

莎莉站起来，朝詹姆斯耸耸肩膀。她的声音听起来有点僵硬："我昨天告诉你了，我今天一整天都要开会，我还要去买些晚餐需要的食物，所以我希望你下班时能去接孩子。"

詹姆斯把报纸扔在桌子上："什么？你想回去上班，那么我就必须又当爸又当妈，把我的工作放一边？别忘了过去十年里一直是我的工作在支撑着这个家！"

"没错，我一直在照顾我们的孩子！"莎莉反驳道，"你认为这不叫工作吗？你试试看。"

莎莉话音未落，詹姆斯就站了起来。

"我乐意出去工作为这个家做贡献，这意味着现在需要有人帮我分担一些我以前做的事情。之前我们谈到我要回去工作时，我们说过这一点。难道你忘了？"莎莉继续说道。

玛吉端着她的碗，从厨房跑了出去。她在走廊碰到了正要去"战

3

场"的科瑞,她悄声跟他说:"我要是你,现在就不会去那儿。"

厨房里,詹姆斯摊开双手,坐了下来:"好吧,随便。我送他们去学校,我接玛吉去参加选拔赛。没问题。我要是丢了工作,不能支付家庭开销或孩子们的活动费用了,也许你就恢复理智了。"他火冒三丈地再次拿起报纸,把头埋在里面。

在詹姆斯假装看报纸时,莎莉僵硬地站在那里,瞪了他一会儿,然后抓起钥匙,风驰电掣地离开了房子,甚至都没和科瑞还有玛吉说再见。她怒气冲冲地坐进车里,"砰"的一声关上车门,满脑子都是对詹姆斯的怒火。"活见鬼了!"她大声对自己说,"我们谈过这个事情,他知道他需要帮我分担一些家里的事情,但真正到了需要的时候,他能做到吗?不!当然了,我应该是个女超人,平衡新的咨询工作和家庭。我的工作似乎毫无价值,我仍然要接孩子们,做所有的家务琐事。就像20世纪50年代的广告一样,我要准备好晚餐,打扫干净房子,热情地欢迎我的先生下班回家。"她咬紧牙关,心跳加速,把车钥匙塞进去,启动开关点火,随即把车子开出车道。

在有可能遇到的所有冲突中,无论是在工作中还是在家里,与关系最亲近的人之间发生的意见分歧,可能最容易引发矛盾,让人晕头转向。也许生活看起来风平浪静,可是突然间你就被卷入一场出乎意料的争论之中。如果双方有着长期的关系,冲突就会开始进入熟悉的模式,这时你会发现你们的争论已经持续几个月甚至好几年了。

人际冲突,也就是你和别人之间发生的冲突,常常是最难化解的。为什么呢?因为和亲近的人发生冲突可能会触发你在原生家庭中受到的心理创伤,这些创伤已经创建出你处理权力和控制问题的特定模式。在遇到冲突时,你可能会因为受到类似的刺激一下子陷入习惯性模式,而摆脱惯性模式是一项艰巨的任务。

然而,即使是最根深蒂固的冲突和关系模式也有改变的可能。当你学会处理这些冲突，你就能对自己的生活和周围的人产生最大的影响。

人际冲突终究是不可避免的。当两个人试图和谐共处，双方无论是同事、亲密伴侣还是父母，不同的打算和期待将不可避免地导致冲突。下面的例子对你来说一定司空见惯：

- 你想去山上度假，而你的爱人想去海岛。
- 办公室的同事总是让休息室里的咖啡壶空着，而你希望有人把它装满。
- 你的老板做出了一个直接影响你的决定，尽管之前她承诺会先询问你的意见。
- 你的孩子想玩电子游戏，而你想让他写作业。
- 你团队里的一个成员又没有按期完成项目任务。
- 你发现十几岁的女儿在宵禁后和她的男朋友出去了，之后又偷偷从她的卧室窗户溜回了家。
- 你十多岁的儿子对你和他的爷爷奶奶很粗鲁。
- 你妹妹在博客上发表尖锐的政治观点，在家庭假日聚会上坚持己见，引起家人之间的激烈争吵。

最容易发生的关系问题往往和与你一起生活和工作的人有关，然而，即使是那些你很少见面的人，甚至是陌生人，也会引发棘手的局面：

- 警察在你看来没有任何正当理由的情况下拦住你，并粗鲁地命令你下车。
- 你在一家零售店工作，碰到一个无理取闹的顾客。
- 你的社区正在讨论一个你特别关注的问题，你希望可以影响市议会的决定。
- 你的工作性质决定了你经常要和愤怒的客户打交道。

- 你是民选的官员，在公开会议上，你的一位选民对你进行口头攻击。

当与别人的意图不一致时，你的内心会如何做出反应？你会如何回应对方？你是想说服他们按你说的来，还是向对方妥协？你的反应可能会增强你们之间的连接，让每个人都感到幸福，也可能会破坏你们的关系，为未来的冲突埋下隐患。

本书谈的是你和他人的关系。我们在书中将提供工具，帮助你觉察自己在冲突中的应激反应模式。接下来，你将学习使用一种新的方式与自己和周围的人建立连接；同时，学会使用书中的"地图"，将帮助你探索人际冲突，创建双方的连接并找到解决方案。

简而言之，我们将帮助你从争论走向协作。

人际冲突的代价

与他人的分歧可能是潜在的，但当冲突白热化，双方陷入面红耳赤的争辩时，冲突的代价就显而易见了。你可能想跟那个人一刀两断，但是这将给自己同时也给对方带来某些让人不开心的后果。当冲突让你失去某些东西，比如一份工作、一个机会、一段婚姻、一场友谊，也许你才会意识到冲突所带来的代价，而且那时你可能会认为已经不可挽回了。

然而，并非所有的争议带来的后果都如此明显。詹姆斯和莎莉还远远没到离婚的地步，但由于莎莉重返职场，双方角色发生变化，导致他们陷入了长久的争吵。对很多人来说，这样的争吵并不明显，因为一方或双方都选择不说出自己真实的想法，都试图掩盖和平息争议。

然而，即使是很小的争议也会换来巨大的代价，因为随着时间的推移，一个个小小的厌恶会日积月累成为大的怨恨。小的争议会导致双方断开连接，慢慢地你甚至会觉得自己根本都不了解和你共同生活或工作的人。你可能会自责，或不明白自己为什么不能像往常一样和对方相处，所以与他人断开连接也会极大地影响你和自己的连接。

当人们缺乏处理冲突的知识和技能时，就会常常低估冲突的代价或者无视它的存在。意识到代价会让你很痛苦，或者你对改变不抱有希望，这种时候你很容易装作冲突不会产生代价。

然而，付出代价也可以成为改变的动力，转化冲突的经历也是一个收获成长的过程，能够让你与自己和周围的人建立连接，和谐相处。

练习时间

你为冲突付出过什么代价？

詹姆斯眼睛盯着报纸，但并没有真的在看，他觉察到了莎莉的怒视。然后莎莉抓起钥匙，"噔噔噔"地快步走出了房子，门在她身后"砰"的一声关上了。詹姆斯感到了沉默的重量，仿佛他们在沟通中释放出的所有情绪和期待都压在了他身上。他不再假装看报纸，而是把头埋进了手心里。

我真的不想这样。詹姆斯在心里说。难道工作中的压力还不够大吗？现在突然还要请假！健康中心目前有这么多事情发生，我不能让人觉得我"偷懒"或者无法胜任自己的工作，我的团队也那么需要我，爸爸还为科瑞的事找我麻烦……他揉了揉自己的脑袋。

当科瑞进来时，詹姆斯站了起来："我们几分钟后出发去学校。

你准备得差不多了吧？"

"是的。妈妈已经走了？"他问，"你们俩又吵架了？"

"没事，都挺好的。她只是今天早上有一个客户会议。"詹姆斯把咖啡杯放进水池里，没有看到科瑞投过来的怀疑的目光。想到他和妻子说的最后一句话，他感到胃在下沉。*我不应该说那些话*。他想。

冲突的问题其核心不在于冲突发生本身。在我们自己的生活经历中以及在我们和成千上万人一起工作的过程中，我们慢慢发现，冲突其实是让我们加深与自己和他人连接的大好机会，同时也让我们时刻拥抱我们内心鲜活的东西。

那么，问题出在哪里呢？

大部分人搞不懂冲突发生的原因，或者不能用令人满意的方式有效地化解冲突。我们看看这个问题的两个主要因素：冲突是如何产生的以及如何有效地化解冲突。

冲突的产生

你可能会想：我当然知道冲突是如何发生的！他们明明知道我不喜欢却还是做那些事，所以我们发生了冲突；或者认为"发生冲突是因为他不听我的话！"。冲突的双方经常长篇大论地解释双方的分歧，关注对方做了什么或者没做什么，说了什么或者没说什么，并试图把冲突的责任归咎于对方。

我们的工作是，希望大家关注可以真正发生改变的地方。我们发现，努力让别人改变通常是无效的。当对方抗拒我们"让他成为更好的人"的好意时，经常会发生更多的冲突。因此，我们建议你**关注自己做了什么让你陷入冲突**（以及化解冲突），而不是关注别人可以做什么或不可以做什么。

我们发现人们常常因为以下原因发生冲突：
- 他们有习惯性的思维模式和行为，这让他们与自己和他人断开连接。
- 他们被自己的应激反应掌控了。
- 应激反应和习惯性模式引发了制造和加剧冲突的行为。

当詹姆斯和莎莉在餐桌旁对话时，他们都在强调自己的观点。詹姆斯认为莎莉不够体贴，她的要求让人觉得不可理喻。莎莉也坚持自己的观点，认为詹姆斯是自私和迟钝的。记住，你对事情、对他人的言行所做的解读决定了你的反应。这种解读就是你的观点。

人们对发生的事情有自己的解读，而且坚持自己的观点。当情绪激动或自己的需要没有得到满足时，放下自己的观点尤为困难。坚持自己的观点非常普遍，尤其是我们大多数人并没有学过换位思考这项技能。我们并不是说你在一些事情上坚持自己的观点不好或是错误的，我们真正想要表明的是，坚持观点很有可能引发或者加剧冲突。

为什么会这样呢？

当人们发生冲突时，是双方的策略发生了冲突，并不是需要发生冲突。当你固守自己的观点时，你也被限制在了满足自己需要的策略上。你只看到了对方的反对，而没有把他当成一个和你一样有着共同需要的人。

你也可能陷入对自己和对方的评判中，这是引发冲突的另一种惯性思维模式。评判也许发生在潜意识里，或者你自动产生了对自己或他人的某些"诊断"和分析。在与别人发生冲突时，你可能会对别人有很多评判，与此同时，你可能也会评判自己处理事情的方式，或评判自己与别人发生了冲突这件事本身。这些评判往往基于你对事情的解读，并妨碍你与自己和他人的连接。

还有一种导致冲突的惯性思维模式，跟人们对权力的看法有关。

人们倾向于认为权力有两种：控制和服从。我们简要地剖析一下这种惯性思维模式。

不管是哪种惯性思维模式，当受到刺激时，你都会产生应激反应，即被一种叫作"战斗、逃跑或冻住"的反应模式所掌控。所有那些容易让人们陷入冲突的想法都会触发"战斗、逃跑或冻住"反应，这是人们因为感知到环境中的威胁而产生的反应。人类进化出神经化学和生物反应，是为了帮助我们充分应对威胁，保护我们的生命。不幸的是，当你感知到的威胁实际上并不会威胁生命时，应激反应依然会被启动。所以，当你感知到有人试图控制你，或者当你觉得必须让别人妥协才能得到你想要的东西时，你的应激反应就会被触发。固守对自己或他人的评判也会让你感知到危险，这时，你要么战斗，要么逃跑。

一旦产生应激反应，你就像失去控制一样，大脑更原始的部分开始工作，试图将你从感知到的威胁中拯救出来。一旦启动"战斗、逃跑或冻住"模式，你的言行便会引发一连串的误解和争吵。

总而言之，人们陷入冲突是因为他们跌进了惯性思维模式的陷阱，他们会坚守对自己和他人的评判，认为权力意味着某个人必须要控制另一个人。这类模式导致的直接结果是，体内发出危险警告，"战斗、逃跑或冻住"的生理反应占领阵地。当这种情况发生时，人们采取的行动往往不会减少冲突，反而会导致冲突升级。

如何化解冲突

如果这是人们产生冲突的原因，那么如何化解冲突呢？再进一步说，人们如何才能学会有效连接，不让冲突产生呢？

关于如何在人际互动中减少冲突，充满善意的建议比比皆是。长久以来，宗教传统教导信徒要与人为善，自助类书籍建议读者要善于理解他人，育儿类书籍则提醒人们，接纳和认可对培养快乐的孩子来说很重要。关于人际关系的研究也表明，如果夫妻彼此尊重，即使有争吵也不放弃尊重，那么他们的关系会更加牢固。

虽然我们同意这些建议，但我们发现大多数建议都败在"如何能做到"这个问题上：

- 当你生气和不安时，如何能做到善良和慈悲？
- 当你感到未被理解时，如何能做到依然表现出对别人的理解？
- 当你面对孩子连掐死他们的心都有时，如何能做到接纳和认可？
- 当双方观念大相径庭时，如何能做到依然向对方表示尊重？

在本书中，我们试图回答所有这些问题。更重要的是，我们将向你介绍一些方法，当你在生活中坠入险滩难以自拔，你能够凭借这些方法，将千古流传下来的圣贤箴言付诸实践。

按照我们所理解的冲突发生的机制，我们总结出了化解冲突的"秘钥"。凭借它们，即便在最困难的时刻，你也能够心怀善良、慈悲、理解、接纳和尊重去行动：

- 改变为"权力共享"的思维模式。
- 即使在情绪激烈的情况下，也有意愿和能力接纳不同的观点（体现"调解人思维"）。
- 任何情况下都知道如何与自己连接。
- 知道如何在特定情形下抑制应激反应的产生。
- 改变与自己和他人互动的惯性模式。
- 觉察对自己和他人的评判，学会如何转化评判。
- 在困难对话时使用通过实践验证的有效流程，将对话导向创建连接和共同解决问题的方向。
- 善于从困难对话中学习，不断提升自己的技巧和能力。

这个列表也许很长,但实际上,如果你对本书的内容认真加以练习,你将能够理解并在生活中用好每一把"秘钥"。我们将首先探讨权力和观点,随后通过地图和练习活动帮助你内化以上这些"秘钥",学会在棘手的冲突中寻求转变之道,最终达成内外一致,重获良好而完整的人际关系。

权力在谁手中?

权力是人际冲突的核心,而人际冲突说到底就是权力斗争。学会处理困难对话意味着要能够看到自己目前与权力的关系,并能够对其他权力关系模式保持开放态度。大部分人在发生冲突时习惯使用某种特定的方式,要么努力让对方听自己的,要么感到自己被迫服从于对方。在长久的关系中,不管你是处于强势还是被动的那一方,这可能会变成一种可预测的模式。不管你倾向于哪种模式,你都是在用权力控制或服从模式来处理冲突。看看以下两种情境。

—— 情境 1 ——

你的伴侣让你去参加他公司的活动。忙碌了一周,你特别渴望蜷缩在壁炉前,喝杯茶,看本书,度过一个安静的夜晚,但你还是强忍着不快去参加活动了,你告诉自己说,伴侣的活动很重要,而且,他是家里的经济支柱,你希望给予他支持。活动似乎无休无止,你强颜欢笑,装出愉快的样子和他的同事们聊天。

—— 情境 2 ——

你朝女儿的房间里看了一眼，发现她在玩电脑游戏，并没有写作业。你感到很生气，走进她的房间，命令她停止玩游戏，马上写作业。她愠怒的脸色说明了一切，她慢吞吞地打完那一关的游戏才停下来。

在第一种情境中，你感知到你的伴侣有更多的权力，你想要多给他一些支持，所以你去参加他公司的活动，这是一种服从权力的关系模式；在第二种情境中，你运用自己的角色获取自己想要的东西，这是权力控制模式。

在冲突中，你怎么知道自己是处于权力控制模式还是服从权力的模式呢？可以用下面这些指标来评估：

· 你已经对沟通结果有所预设。
· 认为如果你妥协，对方就会"占上风"。
· 不愿意倾听和考虑对方的需要。
· 觉得对方不关心你的需要。
· 相信你需要的东西只能从对方那里索取，只有这样才能让自己的需要得到满足。
· 认为对方是为了获得什么而强迫你。
· 认为你必须妥协才能让对方开心，或得到对方的爱。
· 不确定努力去为自己想要的东西提出请求是不是值得。

"调解人生"作为一种冲突处理方式，聚焦于找到你行为背后的动机，我们称之为需要。需要是马歇尔·卢森堡在《非暴力沟通》中所描述的沟通四要素之一。在思考和讲话的时候使用这四个要素，能够使你的表达更加清晰，有利于与对方的沟通和连接。这里是四个要素的简要回顾：

- **观察**是指你观察到的外部世界和内在世界所触发你的体验，不同于你对所发生的事情的评判或解读。
- **感受**是一种身体上的感觉，来自你对已经发生的事情的无意识评估，以及对你的需要是否已经得到满足或正在被满足所做出的评估。此外，感受可能是而且通常是你的想法在脑海中起起伏伏所产生的直接后果。
- **需要**是所有人类生存和发展的基本要素，不同于满足它们的策略。
- **请求**是你为了满足需要而对自己或他人提出的满足需要的具体方法。请求不是命令。

所有四个要素，帮助人们彼此连接。需要对建立连接来说尤为重要，因为需要往往隐藏在策略之下——需要是人们渴望得到某些东西的原因。人人都有共通的需要，例如：每个人都想要爱、尊重、食物、居所、自主权，等等（请查看文后附录 1 和附录 2 中的感受列表和需要列表）。

冲突是因策略而起的。当人们关注策略时，讨论便很容易聚焦在谁能胜出，而不是如何通过共同努力以满足深层的需要上。冲突双方都力图按照自己的想法行事，因为他们相信只有自己的策略更好或者是正确的。

例如：

- 你想待在家里（满足休息和关爱的需要），而你的伴侣想让你参加公司活动（满足陪伴和支持的需要）。
- 你想让孩子写作业（满足关心和支持的需要），而她想玩电子游戏（满足娱乐和玩耍的需要）。
- 你想让家庭成员马上把碗刷干净而不是放在水槽里（满足清洁

和秩序的需要），而他们更乐意攒着之后一起刷（满足效率的需要）。

当人们认为（即使是无意识的）有人不关心他们的需要，他们会倾向于固执己见，不想放弃任何东西。在控制或服从的思维模式下，这个问题变成了：我要使用我的策略（因为这是唯一可以满足我需要的策略），还是要放弃我的策略（和我的需要）？当我们不明白为什么别人想要他们想要的东西，冲突就会继续或者经常发生。厨房、日程和要做的家务活都可能成为战场，怨恨在这里酝酿，一丁点儿事情都可能成为引爆冲突的导火索。

分歧的双方如果能找出各自的策略背后有着什么需要，他们将会发现彼此之间会产生一种新的理解，有很多共同点。因为需要并不依附于策略（满足同一个需要可以有很多策略），专注于需要不仅能够帮助人们彼此连接，也能同时开启富有创造力和合作的对话，考虑新的想法，最终使每个人的需要都得到满足。

摆脱权力斗争

你可能会问，**如果其中一个人的权力确实比另一个人的大呢？** 有些情况下确实存在权力的差别，尤其是在关系中不同的角色带来的权力差别。如果你和老板产生了分歧，你可能会很自然地认为对方更有权力；而在和孩子发生冲突时，你可能就会以用权力控制孩子为手段。

在其他关系，例如和同事或家庭成员之间的关系中，认为哪个人拥有更大的权力可能就决定了关系的模式：一个专横跋扈的丈夫和一个不言不语的妻子可能就会形成一种惯常的模式，那就是丈夫凌驾于妻子和其他家庭成员之上。权力也可能随着情况的不同而发生变化：精通会计的丈夫在家庭财务方面可能比妻子拥有更大的权力，但是在家务或者孩子方面，妻子可能有更多的发言权。

然而，因为每个人满足需要的策略不同，人际冲突可能是不可避免的，但是控制和服从的权力斗争却是可以避免的。即使在长期关系中已经形成使用权力的固定模式，你也依然可以转换这些模式。我们在本书中展示的模式，就是为了帮助你摆脱那种每个人都争着要满足自我需要的权力斗争。人际冲突的核心问题是：**你能以一种对每个人都有效的方式运用你的权力吗？**我们的方法是，把冲突转化为创建连接的机会，并在连接的基础上找到满足自己和他人需要的方法。这意味着要共同创造对每个人都行之有效的策略，也把**控制或服从的权力模式转化为权力共享**。

莎莉把车停在了她潜在客户办公楼前的一个停车位上，想到她和詹姆斯的对话，她仍然余怒未消。她看了看手表，发现自己还有几分钟的空闲时间。她想，这次会议太重要了，我不能就这样进去。

莎莉松开紧握在方向盘上的双手，深吸了一口气。她回想起早上的对话，开始思考自己为什么如此烦躁。我想确保家里有人照顾，家里的事有人做，我也想要关心我的梦想，渴望自己通过工作创造不同的世界。

愤怒之下她涌起一阵悲伤。莎莉知道，做全职妈妈时她曾经感到多么的无能为力，一是因为不能给家里带来收入，二是无法给家庭之外的世界做出贡献。尽管她觉得自己已经在竭尽所能地用最好的方式养育孩子，而且也已经看到了积极的影响，但是这种努力得不到社会的认可，这让她很难对自己的贡献充满信心。而且她也想在工作方面做出更多的贡献。

但是重返职场也是充满挑战的。莎莉隐隐感到担忧，这种担忧从她开始新的咨询工作以来就一直在困扰着她。是不是重返职场就意味着我不是一个好妈妈？这种想法让她落泪了。我真心希望这对我们每个人都好，孩子们看到我去做我在这个世界上所热爱的事情，他们也能受到积极的影响。当她连接到自己想做个好妈妈和想要实现职业梦想时，她做了几次深呼吸。

　　了解自己内心的想法以后，想到早上和詹姆斯的对话，莎莉感到腹部发紧。她重返工作是他们的家庭当前面临的主要变化，在此之前，他们的家庭生活一直很有规律。破坏这种安逸让莎莉感到内疚并觉得自己负有责任，这和她的愿望背道而驰。有时她会为此大发雷霆，每当她感到来自詹姆斯的抗拒，她就越发想迫使对方按照自己的方式行事。她确实对詹姆斯的回应很失望，尤其是当她认为詹姆斯是支持她重返职场的时候。她叹了口气，内心思虑重重。我们能不能别再为这些事情吵架了？现在我们总是在较劲。我对工作做出了承诺，我希望自己能言行一致，并让自己十分可靠。为了使事业和家庭两不误，我们该做些什么来让双方得到共同认可，创造一种新的可能性呢？虽然莎莉不知道这个问题的答案，但当她开始思考自己内心的渴望以及如何与对方一起努力去满足它的时候，几分钟前那种不可遏制的愤怒和受伤的感觉似乎减轻了。她又吸了一口气，收拾好东西下了车。她意识到自己有了一个新的视角，抬起头，她感到空气如此清新，当她走向门口时，她看到阳光洒在大楼的玻璃窗上，熠熠生辉。

观点的力量

　　人们很难只靠单纯的努力转变模式，实现权力共享；然而，仅仅改变你的思考方式，就能自然地实现。我们建议的方式是，拓宽视野，内化"调解人思维"。在进一步解释说明之前，我们先看看这里所说的**调解**是什么意思。

　　如果一段时间以后，詹姆斯和莎莉发现他们仍旧不能成功地解决分歧，他们可能会寻求其他人的帮助。这个人作为调解人的角色，会协助他们相互倾听并与他们共同努力解决他们夫妻之间的冲突。

调解在过去几十年里逐渐兴起，成为一种替代法庭解决冲突的强有力的方式。人们倾向于把调解看成具有专业背景才可以使用的手段，也许是一种绕开法庭的替代性做法，因为不用找律师，也可以省下一笔巨额的费用。

我们这里所指的调解是日常生活的一部分。你可以借用调解人的基本方法帮助两个人化解冲突，生活中的各种冲突都可以用这种方法来解决。

**从调解自己和他人之间的连接这个角度入手，
你能够处理你经历的每一次冲突。**

即使你觉得已经避免了冲突，并不代表你就没有任何冲突了。当你和他人建立了某种关系，你们之间不可避免地会出现分歧，那些分歧会引发你内在的冲突。当你目睹他人之间的冲突时，你的内心也会做出某种反应。学会我们在本书以及其他关于本主题的系列书中所提供的技能，你将能够更有效地处理任何人际冲突，甚至预防潜在的冲突，这意味着你在任何人际互动中面对任何冲突都能够得心应手。

调解的基本模式可以用三把椅子表示。两把相对的椅子代表冲突的双方，第三把椅子和其他椅子呈 90° 角，代表调解人。

这些椅子代表正式调解场景中的人，也代表不同的观点。面对面摆放的椅子代表相冲突的两种不同的观点，第三把椅子代表冲突之外的人的观点，他有足够的空间从本质上把握冲突双方的观点，从而使他们建立连接与合作。这种情况下，你可以坐上任何一把椅子，从争论中的任何一方的视角看问题，同时你也可以坐上调解人的椅子，听到每一方的观点，并帮助他们彼此倾听。

例如，假设你和你的妈妈起了冲突，她想和你有更多的连接。你可以轻松地想象坐在自己的椅子上——这代表你的观点，你有一部分被刺激到而做出反应。你可能会想：她真是烦人。她在我工作期间打电话过来，希望我把手头的工作放下和她聊天。她想聊的就是她的狗，还有烦她的愚蠢的邻居。第二天她又打电话过来说同一件事！我爱她，但老天呀，她就是不明白！我忙得根本没空跟她聊。

首先，你可以使用观察、感受和需要连接到自己的观点，这会帮助你走出自动产生的反应：

- 观察："妈妈在我工作的时候打电话给我。她说的都是我不想聊的事。每次打电话，她都说同样的事。"
- 感受：恼火、沮丧，也许还有些悲伤
- 需要：对我和我的时间的尊重、效率、谈谈你关心的事情并希望建立更有意义的连接

现在，请你换到代表你妈妈观点的椅子上。站在她的角度，看看你想到了什么。你（扮演她的角色）会在电话里讲什么？也许类似于"我爱我的女儿，我把一生都奉献给了我的家庭，现在她几乎整天都不跟我沟通。我给她打电话，她三言两语打发我一下就挂掉电话，我几乎没听到她说什么。我教育孩子要尊重长辈，但看来我并没有教会她。对她来说，我就是个惹人烦的唠叨老太太。她不想在我身上花一丁点儿精力"。

再次使用观察、感受和需要连接你妈妈的观点：
- 观察："我的女儿不给我打电话。当我给她打电话时，几分钟后她就告诉我：'妈妈，我得挂了。'我发现我从她的语气里听出了她的不耐烦和恼火，我想她的生活里没有我存在的位置。"
- 感受：难过、愤怒、受伤
- 需要：连接、尊重、认可我为家庭的付出（贡献，爱）

> **练习时间**
>
> 用你真实经历的冲突做上面的练习。"坐"在每把椅子上——首先你自己的，然后是对方的——使用观察、感受和需要连接到不同的观点。
>
> 最后坐在调解人的椅子上，抱持两种观点。你注意到了什么？现在，你对冲突有不同的感受吗？

现在，想象一下你坐上了调解人的椅子。在这里，你可以看到你的观点和你妈妈的观点。你可以同时抱持这两种观点吗？你能看到是什么引发了所有的评判吗？这些评判如何驱动每个人的行为？感受和需要在这种关系模式中扮演了什么角色呢？

在培训时，我们就是让人们按照上述方式轮流坐在不同的椅子上，即使是同一个场景，每个人也都可以体验到每一个视角。这个练习是一个特别有力量的方式。当你把自己当前正在经历的冲突用在这个练习里，看到包括与你有冲突的人在内的三方的观点，你对经历的冲突将会获得新的理解和洞见，你也将内化"调解人思维"这种新的方式。

做自己的调解人

当你和别人发生冲突时，如果能有人坐下来和你们聊一聊，会对你们有所帮助，哪怕只是有一个朋友来帮助你们相互倾听，也能多少帮到你们。然而，大多数情况下，可能没有第三个人存在。这时，你依然可以运用三把椅子的模式，即在内心设一把调解人的椅子，运用"调解人思维"，帮助你转化在冲突中的状态，从而帮助你找到一个让自己舒服的解决方案。让我们来进一步看看如何在困难对话中使用调解人思维。

想象一下你刚刚和一个朋友打完电话，他说了一些让你觉得很受伤的话。如果可能的话，找一个发生过的真实案例，闭上眼睛，回想一下当时发生冲突的场景。比如，你的一个朋友说了一些事，让你感到很痛苦，或许他的话像是在某种程度上贬低了你。当时你可能注意到自己的应激反应模式马上要被触发了。你会怎么样？你的身体有什么感觉？脑海里会出现哪些想法？你想马上采取什么行动？你想回电话朝他大喊大叫吗？你会想象下次再见到他时挖苦他一句吗？或者你想就此一笔勾销，决定再也不见他了？

我们再次鼓励你在想象发生的场景时，要特别注意觉察你的身体感觉。在你体验了练习中的情绪后，记下你留意到的身体感觉和脑海中的想法。

现在，想象一个不同的场景。回想一次令你喜悦和放松的经历，看看你的身体感觉如何。可能你在一个最喜欢的地方度假，或者刚刚结束一件让你陶醉的事情，比如刚泡完温泉，刚结束和一个好友的结伴出游，或者蜷缩在壁炉旁读一本喜欢的书，你感到踏实和安定，保持着与自己和世界的连接，心态很开放。留意你身体的感觉以及大脑里的想法，闭上眼睛去体会，然后将你身体的感觉和想法写下来。

现在，在这种放松的状态下，再次回想之前的场景，想想此时你可能会如何回应你的朋友。

当你哪怕身处应激反应中也依然能够找回踏实、安定和放松的感觉时，能够选择以一种安定的状态，心怀慈悲地回应处在应激反应中的自己和对方；在战斗或逃跑反应之外能够有所选择，即使还会有些应激反应，也能够不受化学反应的操控而是从价值观的角度进行回应。这是一种什么样的状态？

这样的状态会对你有帮助吗？

如果是这样，这本书就是为你而写的。我们教你在与他人的冲突中内化调解人的观点。我们将向你展示如何清楚地看到自己内心的需要以及对方的需要，把所有的需要都摆在冲突双方的椅子中间。我们教你做自己的调解人。

> **名词解释**
>
> **调解人思维**
>
> 了解多个观点，即使在困难对话中，也有能力做出选择并进行连接。

当你内化了调解人思维，你将能做到：

- 即使你对自己说冲突不可能解决，也有能力解决它。
- 更容易看到自己的立场和策略，而不会被它们掌控。
- 不再固执于自己的观点，不与其他人的观点对抗。
- 能清楚地看到双方的需要。
- 摆脱非此即彼的思维模式。
- 有一系列强有力的选择来帮你找到一个让你感觉良好的解决方法。
- 能够和冲突方展开对话，建立双方的连接，彼此倾听，相互理解，允许关系中出现新的可能性。

在本书中，我们将通过"换椅子"的方法，帮助你分别从自身和调解人的角度体验冲突过程，也就是说，既能够看到自己的观点，也能够抱持所有其他的观点。通过本书，你将学会内化调解人思维，保持安定和放松，即使处于困难或有压力的对话中也能如此。当你放松下来后，就可以跳出**控制**或**服从**的模式，拥有**权力共享**的思维模式。

当你回忆之前在想象情境时发生的反应，或者你最近生活中实际经历的冲突中发生的反应，你可能会觉得这是一项艰巨的任务，怀疑自己是否能学会调解人思维。然而，在阅读完本书时，你将拥有工具、技能和知识，会开始逐步内化自己的调解人思维，并掌握调解人思维所带给你的其他技能、观点和能力。

你能够学会成为自己的调解人。

"权力共享"的力量

当你练习和使用本书的内容时，会发生什么呢？当你具备了调解人思维，又会出现什么可能性呢？让我们重新回顾之前的情境，探索这些工具将如何带给你更有连接、更开心的生活。

—— 情境1（消极后果）——

你的伴侣让你去参加他公司的活动。忙碌了一周，你特别渴望蜷缩在壁炉前，喝杯茶，看本书，度过一个安静的夜晚，但你还是强忍着不快去参加活动了，你告诉自己说，伴侣的活动很重要，而且，他是家里的经济支柱，你希望给予他支持。活动似乎无休无止，你强颜欢笑，装出愉快的样子和他的同事们聊天。

你有没有发现，和亲近的人发生冲突时，你会担心对方比你强势，让你不得不放弃一些东西，或者担心他们会让你违背你的意愿做出妥协？即使这些恐惧来自潜意识，也常常会让人们屈服。而当你和对方建立连接，这些想法和感受会逐渐消失，就好像它们从未存在过。有时候，你甚至很难想起你曾有过这样不舒服的经历，你现在已经从混乱中走出来了。

当你连接到自己的需要和意愿，并能够和伴侣沟通，你可能会经历如下的转机。

—— 情境 1（积极后果）——

你的伴侣让你去参加他公司的活动。忙碌了一周，你特别渴望蜷缩在壁炉前，喝杯茶，看本书，度过一个安静的夜晚。你告诉他自己需要休息、安静和关爱。你的伴侣说，如果你去参加活动，将会极大地满足他对于陪伴和支持的需要。由于你们都想继续聊聊，关注自己和对方的需要，你开始感到自己更愿意去参加他公司的活动了。你也注意到你的伴侣放松了，他说他也希望留在家里，但他担心如果不参加活动会给老板留下不好的印象。你们两人慢慢地意识到，至少可以露个面短暂停留一会儿，和大家打个招呼，并且同意你们两人中的任何一位都可以决定什么时候离开。你对这个决定感到很开心，很高兴陪你的伴侣去参加活动。你发现自己比想象中更享受这次活动，回家后你们两人都尽情享受和对方在一起的轻松时光。

当你觉察到你的行为是要满足自己的需要，同时也想让别人的需要得到满足，你就不再有焦虑或好斗的感觉。与自己的需要连接意味着你觉察到，必须在自己点头同意之后才可以达成任何协议，协议也必须满足你的需要。即使你的伴侣要求你必须参加活动，你仍然可以连接到你们双方的需要，就此进行讨论，直到双方都满意为止。

当你知道一个事情怎么做才是对的，在某种情况下应该发生什么时，你可能不会做出妥协，而是尝试通过各种手段，包括操纵或威胁，来得到自己想要的东西。

—— 情境2（消极后果）——

你朝女儿的房间里看了一眼，发现她在玩电脑游戏，并没有写作业。你感到很生气，走进她的房间，命令她停止玩游戏，马上写作业。她愠怒的脸色说明了一切，她慢吞吞地打完那一关的游戏才停下来。

在开始一场谈话时，如果你已经在头脑中决定了谈话的结果，那么你就进入了**控制**的思维模式。于是你带着命令开始对话，而不是敞开心扉倾听和考虑对方的需要。人们很容易因自己对结果的预想发生冲突。如果你的最终目标是逼迫女儿做她的家庭作业，用命令的方式也许可以达到目的，但是会付出什么样的代价呢？全身心地投入到对话中，真正与对方产生连接，这种意愿才是最有力量的。

—— 情境2（积极后果）——

你朝女儿的房间里看了一眼，发现她在玩电脑游戏，并没有写作业。走进她房间时，你感到很生气，这时你启动了调解人思维。你没有冲她吼叫让她去写作业，而是做了个深呼吸，告诉她你很担心，如果她继续玩电脑游戏，可能会无法完成作业。你说了一些她玩电脑游戏可能会满足的需要，她叹了口气，说她只是想自己决定什么时间做什么事情。当你们两个人交谈时，她透露她的一门课出现了一些问题，不想做作业是因为不懂怎么做。听到她的尴尬和对这门课的恐惧，你们两个人开始想一些策略来帮助她。她主动表示想要完成作业，做好功课，你们达成了双方都满意的协议——你希望她幸福，她希望自主选择，这两种需要都得到了满足。

在这个情境里，你通过敞开心扉进行连接而非强迫对方接受某个结果，让女儿说出了更多自己内心的想法。

当你很清晰自己内心正在真实发生的事情并与它相连接时，你就能对结果保持开放。在做出最终的决定前，你都会保持开放的心态，因为你想确保无论发生什么，都是对你们双方最好的结果。你不只关心自己的需要得到满足，也关心对方的需要得到满足。这种思维方式有着强大的力量，与控制不同，你不会强迫别人接受你的决定，也不打算抗拒别人的决定，你是开放的。

这里有一点需要强调：对结果保持开放，并不是说你对自己不满意的结果也开放地接受，而是意味着要接受在对话之前你没有想到的结果。对话之前你可能无法预料对方的需要，而对方的需要在对话的过程中可能会变得清晰起来，所以在对话的过程中，也许会出现其他可能的策略。因此，你可以坚持自己，不是以否决的方式，而是出于持久的信心，知道如果你能明确如何同时满足自己和对方的需要，你们彼此都会对那个结果更加满意。是的，这需要信任。如果你坚持让每个人都满意，你就会喜欢意想不到的策略；在信任的同时，你也能够开放地接受预料不到的结果。

以权力共享的思维模式对话，也不一定意味着你的需要就会得到满足，或者对方就会重视你的需要。如果你带着这种期待和对方对话，你可能会命令对方。但是，权力共享的思维模式给予你自由，使你真诚地朝着满足所有需要的方向努力，这包括你自己的需要和对方的需要。你知道自己不会放弃什么，当你听别人讲话时，你可能最终愿意在谈话中转变，以某种特定的态度，以一种新的方式进行对话。就像我们说的，即使这不能保证你的需要一定会得到满足，但提升了需要得到满足的可能性。一旦你和对方建立连接，事情就会像被施了魔法一样突然转向，产生新的可能性，在此之前谁也不曾料想到。

总的来说，这种新的思维模式意味着，不是假设关系中的一方拥有权力，而是要意识到在出现分歧时双方都有权力，也就是清楚自己的需要、处在当下、与自己和他人连接的权力。能够与对方建立权力共享的关系，是从相互争论到达成协作的关键。当你学习、练习和应用本书中的技能和知识，你将在与自己保持连接的同时，不断提升进行困难对话的能力。你将愿意理解对方，敞开心扉，朝着可能不可预测但会令人非常满意的连接和解决方案而努力。

"好的，孩子们，祝今天上学愉快，"詹姆斯把车停在路边，"玛吉，下午我来接你去踢足球。科瑞，你坐公交车回家可以吗？"

玛吉从后座跳起来，往前探着身子，从后面快速给了詹姆斯一个拥抱："好的，爸爸。一会儿见，鳄鱼。"科瑞开车门下车时只是点了点头，朝后面挥了挥手。

詹姆斯继续开车去办公室，路上他依然感到早上和莎莉的对话带来的沉重感。开始这一天的工作前，他给肖恩打了个电话。艾丽西亚和肖恩是他和莎莉的好朋友，两个人都能熟练使用"调解"的技能。

詹姆斯和肖恩的对话谈的基本都是莎莉："我知道我不应该那么说，也许她已经想通了，但我当时只是太不安了。我不知道她开始工作后，我们该怎么处理家里的事情。我看不到方向。"

肖恩说："所以你感到无望，现在你对自己说的话后悔了？"

詹姆斯叹了口气："是的。但是现在我有很多工作要做，我的团队里来了个新人，因为医疗制度的改革，我们现在都很有压力……我不能总是为了家务事耽误工作。"

"听起来你很关心能否做好你的工作，而且你希望别人觉得你是负责任的。"

"就是这样。而且，因为莎莉现在还没有客户，我们需要依赖我的工作付账单。"

"嗯，"肖恩说，"听起来你很担心如何维持家计，因为你的工作是家庭收入的主要来源。你觉得莎莉是怎么想的？"

"我知道对她来说重新开始工作很重要。我觉得做全职妈妈让她坐立不安。"詹姆斯悲伤地说，"我听她多次说到她感觉没有成就感，我跟她说她做的事情很重要，但是我想我最担心的事现在正在发生，我想莎莉肯定认为我对她的担忧不管不顾。"

肖恩平静地说："也许要问问她是不是这样想的。如果她确实是这么认为的，你觉得这对你们今天早上的对话有影响，是吗？"

詹姆斯叹口气说："可能吧。尽管如此，我还是不知道该怎么解决这个问题。"他摩挲着脸颊："我知道我应该能够找出一个解决办法，但我有点儿不知所措。"

"这给你造成了很大的压力，"肖恩说，"这不是你一个人的事情，你们两个人都有责任。也许这不能靠你一个人想办法，而是要更多地去尝试你们两个人进行对话，从对话中找到解决方法。你觉得呢？"

詹姆斯停了一会儿，想了想："这是个办法。当我们彼此疏远时，我很难想到这一点。"

肖恩和詹姆斯继续聊了几分钟，关于詹姆斯如何与自己连接，然后再和莎莉连接。詹姆斯感到心头没有那么沉重了，在进办公室之前，他拨通了莎莉的电话，知道她当时正在会议中，所以给她用语音留了言："嗨，亲爱的，我想说，我很后悔我早上说的话……我想让你知道，我为你感到很自豪。我知道我们需要进一步聊聊，但是现在，我只想说，我很爱你，希望你的会议进展顺利。回头聊！"

第二章

由内开始：自我连接

> 你无法改变周围发生的事，除非你开始改变你的内心。
>
> ——佚名

第二章 由内开始：自我连接

詹姆斯紧紧地关上了办公室的门。和亚伦开的第一次部门会议进展得非常不顺利，亚伦的行为让人很恼火，詹姆斯拼命克制才没把订书机丢出去。

"他觉得自己是谁啊？"詹姆斯自言自语道，"他是部门里的新人，却完全不尊重人，太傲慢无礼了。真难以置信斯科特会把他调到我的部门。他怎么想的？做这个决定的时候他应该让我有更多发言权，我没法跟这么无知的人一起工作。"

詹姆斯在办公室里踱着步。"我现在应该马上给斯科特打电话，"他大声说，"亚伦来我的部门只是因为他在公司工作时间长，他还以为他是被请来主持大局的，太傲慢了。"

詹姆斯继续踱着步，回想起他们现在面临的所有困难。医疗改革一直在进行，每个星期他的部门都要给公司管理的诊所下发很多政策。詹姆斯感到了来自他老板斯科特和其他高层领导的压力，他们希望更快速有效地完成政策下发工作，因为不遵守政策可能会带来严重的后果。

我需要部门里的人好好配合工作，他想，我不希望在一个策略已经确定后，有人再站出来说这个策略会如何如何无效。我没想到亚伦会变成这样。詹姆斯认识亚伦好些年了，他们在公司的活动上打过几次照面，虽然他们之间很友好，但没有在一起密切合作过，所以詹姆斯对他不是很了解。詹姆斯的部门有一个人刚刚离任，公司进行重组，就把亚伦分到了他的部门。他的老板斯科特事先没有问过他的意见，也没让他面试亚伦，就直接通知他亚伦调到了他的部门。

"真让人惊讶，"詹姆斯说，"你认识一个人好几年，但是完全不知道他这么傲慢无礼。"他突然意识到，他一时搞不清楚自己指的是亚伦还是斯科特……或者是指他们两个。

回想上次你与某人发生了争执，你想听听对方是怎么想的吗？

如果你和大多数人一样，可能你更关注的是自己是不是被别人理解了，而不太关心对方的想法。这种不考虑后果只想让别人倾听自己的冲动，往往会导致进一步的伤害和疏远。然而，如我们在第一章所说的，能够倾听对方，同时以一种连接的态度表达你自己的观点，才有可能去解决问题。

那么，如何从想要别人倾听自己转变为倾听他人呢？如何从对别人的漠不关心转变为乐意以开放的心态考虑别人的体验，或者，真正去关心他们的幸福？

在接下来的三章里，我们将列出可以帮助你做到这一点的工具和地图。从这一章起，我们将探讨无论周围发生什么情况，如何连接到自己；在第三章，我们会提供一个练习支持你脱离"战斗、逃跑或冻住"的反应模式，让你不那么容易被触发；在第四章，我们将介绍一张地图，帮助你降低对自己或别人的评判所带来的冲击。

这三章要介绍的地图和工具都是关注我们内在的。虽然在一本书里把这么多时间花在内在地图上看起来很奇怪，但是想要成功地与他人化解冲突，其关键就是从内在开始。就像你接下来要看到的，如果你无法和自己连接，如果你不能觉察到应激反应并减少它的影响，无法放下评判，就算不是毫无可能，你也至少很难与他人建立连接。然而，如果你使用这些工具，你会真正开始对对方的体验、感受和需要产生好奇。

内在工作

要想敞开心扉倾听他人，你要从内在工作开始。当你善待自己的时候，你就会有兴趣倾听别人，理解他们的情况。化解与他人的冲突从自我连接开始。

当你与某人发生冲突，或者只是在心里想到某个分歧，如果以下

状况符合你的情况,你就可以知道你没有与自己连接:
- 不想知道冲突是怎么发生的。
- 有诸如愤怒或恐惧之类的强烈情绪影响着你的行为。
- 不确定自己想要什么样的解决方案。
- 因为觉得无论如何也得不到想要的,所以不提请求。
- 提出请求后,不愿意听到除对方接受以外的其他任何答案。
- 你的行为出自控制或服从的权力模式。

在本章开头的故事中,詹姆斯对亚伦的行为有自己的解读,他的想法和感受说明他既没有和自己连接也没有和别人连接,他陷入了自己的习惯性反应里。在情绪的驱使下,他没有兴趣了解亚伦或斯科特那里发生了什么。还有一部分原因是,他是部门负责人,被困在了控制的权力模式中。

进行内在工作是与自己和对方连接的核心,而进行内在工作,要从能够注意到并应对冲突发生时自己体验到的压力开始。

> **练习时间**
>
> 当失去和自己的连接时,你最明显的表现是什么?看看你能否找出几个在你与自己断开连接时,你在精神上、身体上和行为上的表现。

冲突中的"战斗、逃跑或冻住"

战斗、逃跑或冻住是人类在进化过程中形成的应对压力的生理反应。当面临危险时，身体会自动准备好为生存斗争，表现为采取战斗、逃跑、冻住或晕倒的形式。当这种情况发生时，身体会释放出一种特定的荷尔蒙——儿茶酚胺，产生一系列的生理反应，包括心跳加速、脸色苍白、满脸通红，或者这些症状交替出现，还有消化变缓、身体某些部位的血管收缩以及瞳孔放大等。当面对一头发怒的犀牛或一头饥饿的母狮时，我们需要这样的进化反应。生理反应的目的是让身体为接下来要发生的剧烈的肌肉运动做好准备，帮助我们脱离危险。

虽然这些应激反应在真正发生人身危险时依然产生作用，但现代生活中大部分人很少遇到这样的挑战。可问题在于，只要认为有危险，人体就会出现同样的反应。如此一来，当你被你的伴侣刺激到、和同事发生冲突或者感到被老板威胁时，你的身体就会产生同样的生理反应。

对大多数人来说，与他人发生冲突引发的应激反应与目睹车祸时发生的反应很相似，只不过前者持续的时间更长，可能会持续几天、几个星期甚至几个月或几年。和你亲近的人发生争执可能会成为特别强大的导火索，引发连锁反应，导致你丧失做出有意识的选择的能力。

出现冲突时你的应激反应模式由你自己的个人经历和性格决定。即使在相似的环境中长大，两个人也可能会发展出不同的战斗或逃跑反应。我们看一看以下两个例子。

—— 案例1：布莱恩 ——

布莱恩在家中三个孩子里排行第二，在成长的过程中，他的父亲很爱生气，总是控制他、他的母亲还有他的兄弟姐妹们。布莱恩害怕他的父亲，常常在他父亲发脾气的时候躲起来。现在他已经成年了，当他遭遇冲突（甚至想到可能会与人发生冲突）时，他倾向于冻住或逃跑。如此一来，他高度回避冲突，以至于他的关系陷入僵局。他没有继续突破自己的模式，而是回避任何可能产生分歧的事情。

—— 案例2：莎拉 ——

莎拉在家中的三个孩子里也排行第二，她的父亲非常挑剔，喜怒无常。她还是个孩子时，每当她的父亲用愤怒和挑剔控制家里其他人时，她都会很生气。她很早就知道，对她父亲表示愤怒是不明智的，但她从她父亲身上学到，愤怒和批评也是得到自己想要的东西的方式，这种方式是可以接受的。现在莎拉是成年人了，在遇到冲突时她倾向于战斗，使用她小时候看到的那种权力控制策略。她看起来几乎像是在找人打架，而她也确实随时都准备好战斗，哪怕是对于任何可能出现的微小分歧她都充满期待。她利用愤怒，运用任何可能的权力以及她性格的力量，把自己的策略强加在对方身上，这往往既损害了她自己的健康，也破坏了她的人际关系。

> **练习时间**
>
> 这些例子是否引起了你的共鸣？面对冲突时，你主要的"战斗、逃跑或冻住"反应是什么？

当面对冲突时，你可能会使用儿时学会的让你感到安全、帮助你生存的方式，而不是以平静、理智的方式做出反应。这种反应已经成为习惯，当你与他人发生冲突时，这种习惯性模式就会限制你的选择。

如同你在前一章看到的，莎莉在和詹姆斯发生冲突时倾向于战斗。她离开家门时心跳加速，想法在脑海中盘旋，身体感受到紧张，这些都是她的应激反应。詹姆斯倾向于逃跑，在出现分歧时看起来像是要放弃和妥协，就像他同意送玛吉一样。然而在对待他的儿子科瑞时，就像在《选择和平》中所描述的那样，他却是一副战斗的架势。他使用身为父亲的权力，就像当年他的父亲对待他一样。科瑞开始时倾向于冻住，在詹姆斯看来，科瑞一直沉着脸不合作，但是如果詹姆斯继续施压，科瑞就会爆发和反击。

这些模式导致家里的冲突以同样的方式重复上演。莎莉提出要求，詹姆斯让步，两个人都很生气和沮丧。詹姆斯对科瑞发脾气并大喊大叫，科瑞冻住。然后，如果詹姆斯继续施压，科瑞就会战斗。不管什么情况，这种模式总会一再重复，莎莉、詹姆斯或者科瑞都觉得自己没有被理解，没有人能明白他们最看重的是什么。

就像詹姆斯那样，人们在不同的冲突中，或者和不同的人发生冲突时，会有不同的应激反应。詹姆斯回应莎莉和科瑞的方式完全不同，而回应亚伦的方式则介于两者之间。他的愤怒和想法暗示出他的战斗模式，然而在会议中他没有和亚伦发生直接冲突，但是等他跑回办公室后，他的真实反应就显露无遗了。这种介于两者之间的反应可能会视情况而定，也可能是因为詹姆斯已经了解了自己典型的应激反应，学会了用比习惯性模式更有效的新方式面对冲突。

练习时间

你典型的"战斗、逃跑或冻住"反应可能会因为你面对不同的人或所处不同的情况而发生改变。

想想三个和你有关系的人，也许是父母、孩子、伴侣、老板或朋友。想象一下，当你和每个人发生冲突时，你的战斗或逃跑反应有何相同或不同之处？

第二章　由内开始：自我连接

了解你面对冲突时典型的战斗或逃跑反应，会让你对它更保持警觉，从而有能力使用本章和后面章节所介绍的工具进行干预。进行干预能帮你跳出习惯性模式，而习惯性模式会阻碍你和别人产生真正的连接。

当陷入应激反应时，你的选择会变得很有限。你受身体内的生化反应驱使，要么勃然大怒，要么因恐惧而冻住，要么只是一味躲避。那么，你如何才能有更多的选择呢？

首先，你必须意识到自己正处于应激反应的模式中。通常，人被刺激到，并以自己不喜欢的方式做出了反应后，才会意识到自己起了应激反应。这很正常。如果使用本书和本系列的其他书中所推荐的地图（而不陷入指责、羞愧和惩罚中），在受到刺激时，你将会以更快的速度识别出自己的"战斗、逃跑或冻住"反应。

一旦有所觉察，你就能回到当下，感到更踏实和安定。一旦回到当下，你就能看到更多的选项，并选择那个符合你的、能够为这个世界创造价值的选项。

每一个地图都是基于下面这个看似简单实则不易执行的步骤：

1. 觉察
2. 回到当下
3. 做出选择

这个步骤和我们在第一章介绍的三把椅子模型以及调解人思维有着直接关系。这三步代表坐在调解人的第三把椅子上，转换为调解人思维。在第三把椅子上，你有意识地让自己从相互冲突的各个观点中抽离出来。你处在当下，能够为了创造连接做出选择。

> **名词解释**
>
> **自我连接**
>
> 从生理、情感和精神层面觉察内心发生的一切并处在当下的能力。

37

你和他人的连接是自我连接的延伸

做出更佳选择的核心是能够处在当下。那么，该如何处在当下呢？有很多方式可以帮助我们做到这一点，事实上，你很有可能已经掌握几种方式了。在本书中，我们提供一个地图，我们称之为"自我连接流程"，这是练习转换为调解人思维的一种方式。我们邀请你试试这个工具，然后决定自己最喜欢哪种方式。

自我连接流程（SCP）

跳出你在面对冲突时产生的应激反应和习惯性反应，将给予你更多的空间看清自己面临的各种选择，你可以决定如何回应对方。有很多方式能帮助我们从应激反应回到当下，我们提供的方式是一个叫作"自我连接流程"（Self-Connection Process，简称 SCP）的地图。这个地图的三个步骤是：

1. 呼吸
2. 身体
3. 需要

干预应激反应最有效的方式之一是从身体开始。这个练习的非语言部分，是受到世界流行的灵修传统里类似习俗的启发。在灵性成长和冥想传统中我们看到，当我们用呼吸和身体进行连接时，可以及时应对"战斗、逃跑或冻住"模式。从非语言、生理上的干预开始，你将进入本练习的语言部分，即用感受和需要去命名你当下的体验。将这些元素相结合，也就是将生理和语言相结合，将提供一个极为有力的方法，让你在受到刺激而产生战斗或逃跑反应时能够重新与自己连接。

自我连接流程（SCP）

1. 呼吸

关注你的呼吸。深深地吸气，呼气时比吸气时间更长一些。连续进行几次这样的呼吸，同时觉察你的呼吸。

2. 身体

关注你的感受。体会你的身体感觉和情绪，和自己的身体相处，全然地体验它的鲜活与能量。在这一步，你只是跟你的感觉共处，体会它们，扫描你的身体，留意你的感受以及身体的什么部位有感觉。然后，使用任何你喜欢的语言向自己描述你的体验。最后，说出你当下体验到的感受（可参考附录1的感受列表）。

3. 需要

与当下已经得到满足或尚未得到满足的需要连接。步骤2中你觉察到的是你的感受，现在看看是什么需要促使你有那样的感受。其中一种方式是问自己："如果我有这样的感受，那么我潜意识里认为是什么需要得到了满足或没有得到满足呢？"在内心出现战斗或逃跑反应时，在心里用这种方式与自己的需要相连接，能极大地帮助你回到当下（可参考附录2的需要列表）。

詹姆斯很快冷静下来，意识到他被刺激到了。他凭借足够的经验意识到，在这种状态下和斯科特或亚伦谈话并非上策，他需要首先和自己有更多连接，把事情从头到尾梳理一下。虽然不确定几分钟能带来什么变化，但他还是决定试试自我连接流程。

詹姆斯开始留意自己的呼吸。他发现自己呼吸急促，基本都在上胸腔。他先觉察了几次自己的呼吸，然后稍稍延长了呼气的时间，这帮助他的呼吸深入到了下腹部。他能感到脖子和肩膀部位的肌肉紧绷，后背僵硬。他慢慢地转动脖子和肩膀，稍微伸展自己的身体来减缓紧张感。詹姆斯依然能感到身体里的能量涌动，他认为这是自己的愤怒造成的。尽管和这种感受相处很难，但他还是选择把注意力放在允许它的存在上，没有试图去改变它。

愤怒促使詹姆斯思考，自己的什么需要未得到满足？他的脑海中第一个蹦出来的词语是尊重。我非常希望别人尊重我作为部门领导的角色以及我的工作方式，他想，但也不只是尊重的问题，我觉得他是在动摇我的权威。这不是尊重的需要，更像是……詹姆斯停了下来，开始思索是什么让他产生亚伦小觑他的想法。

我想是因为我真的希望得到支持和合作。他猜测道。我想要一种感觉，那就是整个部门齐心协力实现共同目标。我的反应说明我不只是需要支持。詹姆斯一时有点被难住了，然后他意识到，在说亚伦小觑他时，他心里想要的是胜任力和成效，或者是他希望自己在会议上表现出来的专业性得到大家认可。他认为，被部门成员看到和认可会让他感到满足，因为这样他就知道自己在做出实质性的贡献，而且他相信自己有能力做到这一点。

詹姆斯又花了一分钟来"潜入"那些在早上的会议中没有被满足的需要，全身心地想象和体会当这些需要在生活中全部得到满足时会是什么样子。当他这么做时，他发现自己的呼吸更顺畅了，愤怒也减少了一些。

练习自我连接流程

自我连接流程是你在日常生活中被刺激时使用的地图。当事情发生而你正处于应激反应时，就可以使用这个地图。然而，想要确保在情况真正发生时能做到自我连接，你需要不断地练习。如果没有在无压力状态下对陷入战斗或逃跑模式时如何反应进行过练习，那么当你真正身处强烈的生理反应之中时，也不太可能自动按照这个流程采取行动。为此，我们建议采取两种练习方式，帮助你在最需要的时候能够按照流程进行自我连接。

首先，我们建议你在日常生活中选取固定时间练习自我连接流程。也许你已经有晨练的习惯，有可能是冥想、祈祷、瑜伽、一些仪式或做其他身体运动，那么，你可以在晨练开始时花几分钟时间，使用上面的步骤和自己进行连接。如果你没有定期冥想的习惯或没有做类似的练习，你可以每天预留出一点时间来练习这个技巧。时间不需要太长，5分钟就足够了。在未受刺激的情况下练习这个连接过程，能够帮助你养成新习惯，形成新的神经通路，这样在需要的时候你就能够依靠它们。

其次，利用你已有的习惯。例如，利用你每天都做的几件简单的事情来提醒自己，比如当你穿过办公室或家中的走廊、通过一扇门、刷牙、洗手、排队、打开电脑、等电话、淋浴、上厕所，都可以提醒自己做练习。另外一种类似的提醒方式是，在你做完一件事情要做另一件事情时，可以利用中间短暂的空档进行这个练习。在转换任务之前，这是一个很好的重新集中注意力的方法，它会提醒你在一天中的大部分时间里都要处在当下。

每日的冥想或者使用某种暗示，都能帮助你和自己建立连接。在你没有陷入应激反应时，这样的练习有助于深化你的觉察，增强你处在当下和做出选择的能力。利用这些感觉来帮助你确定，在某一特定时刻发生的事情中，你喜欢什么或不喜欢什么。问问你自己"到底是什么让我有这种感受？"或者"我现在真正需要的是什么？"，不要去想任何特定的人、地点、时间或事物，看看你能否单纯来回答这个问题。这样做的目的是，从人类共通的生命意义出发，明确在这种情况下你的需要是什么。越是能构建自我连接的身体记忆，你就越容易留意它，记住它，并在丢失它的时候把它找回来。

每天做几次这样的练习，连接你的感受和需要，你就会开始注意到，你的需要是以何种模式出现的。这种自我觉察能培养自我认知，促进个人成长，在发生新情况时，你能更好地使用这项正在增长的技能。

> **练习时间**
>
> 列出一天内至少三件你可以用来提醒自己练习自我连接流程的事情。每次做完练习后，一定要记得庆祝自己做到了！

强化自我连接流程

呼吸、身体和需要三个步骤，包括了我们推荐你在受到刺激时以及日常练习时都可以使用的基本过程。然而，还有一些其他方法可以帮助你连接呼吸、身体和需要。使用这些方法也能帮助你深化你与自我的连接。

当专注于第一步即呼吸时，一个方法是把气吸入到身体某个特定的部位。纵观历史，各种思想体系都意识到身体有三个重要部位——腹部、心脏和头部。当你把注意力放在呼吸上时，首先向腹部呼吸几次，然后呼吸到你的心脏，最后把注意力放在头部。你可以想象你的呼吸在这三个部位中自由穿梭，你也可以在呼吸时只把注意力集中在其中一个部位上。关注身体这些部位的呼吸可以帮助你自然而然地进入第二步——身体。

如果你发现在第二步很难把注意力集中在身体上，你可以从放松练习开始。让你的腹部下垂，放松腹肌；舌头伸平，舌尖轻抵下牙龈；嘴巴微张，用鼻子吸气，用嘴巴呼气，放松下巴；肩膀自

第二章 由内开始：自我连接

然平放，两臂自然下垂，让身体的紧张感从你的双脚流向大地。使用这些放松技巧能帮助你更好地体会身体的感觉。

当你把自我连接流程当作日常冥想练习，开始探索自己的需要时，关注三个核心需要——幸福、连接和自我表达，使其进一步强化。当你向自己说出这些需要时，继续觉察你的呼吸，并感受身体的感觉。你也可以把这些需要与身体的三个中心部位，即腹部、心脏和头部分别联系起来。

例如，当你默念"幸福"时，把注意力放在腹部，并注意那里的呼吸；然后，默念"连接"的需要，把注意力放在心脏并转移呼吸至那里。最后，关注"自我表达"的需要，把注意力和呼吸转向整个头部，包括喉咙、前额和头顶。

使用视觉形象，例如快乐的童年记忆、喜欢的大自然或者你正爱着的人，也会有所帮助。你可以把视觉形象和每种需要以及身体中心联系起来，帮助你与需要得到满足时出现的感受，如和平、爱、喜悦相连接。这样，即使当前外部正在发生的事情没有让你的需要得到满足，你也能在内心体验到需要被满足时的感受。这是一种不受外部环境影响的体验和平与快乐的方式。通过这个练习，你会发现自己每时每刻都有巨大的力量将注意力集中在满足自己的需要上面。

如果你正在处理被刺激后产生的战斗或逃跑反应，你可以先连接到那些没有被满足的需要上，然后通过专注于三个核心需要来加深你的自我连接。试试不同的方式，看看哪种方法能帮助你重新找回平静和踏实的感觉。不管你选取哪种对你最有效的方式练习自我连接流程，你都要确保你不是单纯专注于呼吸和身体，而是同时深入地与你的内在需要连接，这可以是当时得到满足或者没有得到满足的需要，也可以是幸福、连接和自我表达的需要。

当詹姆斯连接到自己对于尊重、合作和胜任力的需要后，内心感到更加敞亮了。这时他把注意力放在腹部，也就是幸福的需要上。他脑海中浮现出象征着幸福的形象，那是他小时候经常光顾的一个度假胜地。傍晚的湖边，码头上有个小木屋，年幼的詹姆斯刚刚结束一天的钓鱼、游泳等游戏时间，平静的湖面上映着落日的余晖。回忆这样的图景让詹姆斯感到非常充实。当他将呼吸集中到自己的腹部时，他体验到了完全的幸福感，一种舒畅满足的感觉充满了他的身体。

然后，他把注意力放在心脏和连接的需要上。这时他脑海里出现了新的图像。他看到并感受到他的部门成员正在亲密无间地工作，相互之间充满理解和关爱，他们在为共同的目标而努力。他让那种图像渗透到他的心脏。

最后，他开始关注自己的头部和自我表达的需要。对詹姆斯来说，工作是自我表达的重要元素，工作让他的生命有了意义，让他能够为更伟大的事情做出贡献。当他脑海里浮现出自己在医疗体系中所扮演的关爱他人的角色时，他感到一种喜悦，因为他知道自己正在做的事情有着重要的意义。

压力下的自我连接

以上介绍的过程是我们建议的自我连接练习，但是，当你受到刺激并被触发"战斗、逃跑或冻住"反应时，该怎么办呢？

首先，重要的是要认识到，如果你还没有充分进行练习，有时身处某种情境下你可能记不起来你想要做什么，就更别指望去真正做些什么了。你可能会深陷情绪和习惯性反应之中，直到事后你才会意识到，其实你知道一个能帮助自己摆脱应激反应的流程，就像詹姆斯在他的办公室里踱步时意识到的那样。

当你重新找回觉察时，看看你是否能够意识到这一点。通常，人们会开始指责自己说："我知道这个流程，为什么在我需要的时候没想起来呢？我怎么这么笨？"不断指责会让你与自己失去连接，也无法帮助你在下一次情况发生时更快地想到这个流程。当你发现自己在进行严厉的自我批评时，请继续完成自我连接的整个流程，让自己回到当下，找找对自己进行评判是在满足哪些需要。然后，你要为自己意识到这一点而感到自豪。不管什么时候找到这些需要，哪怕是一周以后，也一定要为自己有了这样的觉察而多多鼓励自己。练习过程中对自己的认可会帮助你在下次更快地记起流程。在你做到这一点之前，你会更加留心此事，这样在产生应激反应时，你会有新的选择。

当有人刺激你并引发你的习惯性反应时，如果你知道你想做出不同的选择，却又觉得无从下手，这时你可以暂停下来，独自进行自我连接流程的练习。或者就像本章开始时詹姆斯所做的那样，你可以在被刺激并产生"战斗、逃跑或冻住"反应时，自然地暂停一下，花几分钟进行自我连接流程。一旦你再次感觉到和自己产生连接，你就可以继续回到对话中，这时你会更加处于当下，也会有更多的选择。

如果你能够对此有所觉察，你可能就会发现，在正处于冲突之中的情况下进行完整的自我连接流程是不可行的。就像我们所说，在你未被刺激时做练习，是在创造自我连接的身体记忆。等到你被触发反应时，你就能记起在进行完整练习时体验到的那种平静安宁的身体记忆，这样你就能快速地转换到自我连接的状态。

我们发现，在被刺激时要连接到身体记忆，最有效的方法是关注你的呼吸。改变你的呼吸不仅对镇定神经系统有明显的生理作用，也有恢复理智的作用。把注意力转移到呼吸上，让你从驱使自己做出战斗或逃跑反应的想法中解脱出来，好让你有更多的空间去做出不同的选择。那时，你也许能很快地连接到一个或两个需要，让自己完全转化被刺激的状态。尝试一下，看看哪种方法对你有效。

冥想也提倡通过较长时间的练习来巩固身体记忆。当你练习让呼吸进入腹部和心脏，并专注于你喜欢的或让你感觉良好的事物时，它就会成为你的一部分，让你能够直接进入呼吸并抵达自己的感受。这往往发生在一瞬间，但要做到这一点，你需要经常进行完整的练习。有规律地练习会让你马上连接到你身体的感觉，这样你就能迅速回到当下。当你被刺激到，处于战斗或逃跑的生理状态时，你能充分进入身体记忆，重新获得觉察，回到当下状态并有所选择。这就是你想要的效果。

换言之，每天进行这些练习，你就在发展新的神经通路。有了基础之后，你可以学习其他方法来激活这些神经通路。例如，你可以使用身体暗示，或者回想你之前的感觉以激发处在当下的状态。然后，当你意识到自己处于"战斗、逃跑或冻住"模式时，你可以选择做点什么，以你自己特定的方式进入身体记忆。

就像你可以定期花更长的时间练习自我连接流程一样，你也可以练习快速转换到自我连接，即使在没有受到刺激的情况下也可以进行自我连接。在一天中的任何时候，看看你是否记得自我连接，把注意力转移到呼吸上，并进入身体对那个连接状态的记忆。当你练习快速回到自我连接时，你可能会找到适合自己的快捷方式，帮助你快速与自己重新建立连接。

我们提供这些练习，是考虑到你可能还没有可以运用的身体记忆和暗示，但你也可以通过自己的方式建立、识别或记住能够带你回到当下的身体线索。如果你已经有自己的方式，我们鼓励你继续使用它，也许锻炼、瑜伽或祈祷，都能帮助你进入一种平静和谐的状态，在那种状态下，你会感到自己和世界的连接。找到让你记住那种状态的最好的方法，并在需要的时候记得运用它。

已经和自己连接了——现在做什么？

自我连接流程是我们提供的基础方法，我们总是会建议从这一步开始，因为任何与他人的连接都是从自我连接开始的。我们大部分用来化解冲突的地图，要么是把自我连接流程当作第一步，要么就是用其他自我同理的方式达到同样的目的。

就像了解与自己失去连接的迹象很重要一样，了解与自己产生连接的迹象，并为接下来选择要做什么事情做好准备，也同样重要。这些迹象可以作为你在日常生活中使用自我连接流程的基准。当你能够熟练地进行自我连接而处于当下时，请留意你的身心体验，体会在那种情境下你的感受或想法。

例如，你可能会发现，当你和自己建立连接时，你的身体会感觉更轻快、更开放、更舒展，你的呼吸也更加自由，总的来说你的紧张感减少了。你也可能感觉到对自己的温柔和关爱，纷繁杂乱的想法减少了，感觉更平衡、更开阔。

当你反思是什么情况促使你做出应激反应时，你可能会发现你对别人的态度开始发生变化，从对别人的各种评判转向天然的好奇心：对方发生了什么？他们为什么会那样？

在第四章，我们将探讨当你发现自己产生好奇心时可以做什么。但是现在，请注意你变得好奇和感觉更开放，这些状态表明你和自己建立了连接。处在这种平静安宁的状态下，你会更自由地选择接下来要做的事。虽然你的选择取决于具体情况，但我们还是会在本书中提供多种工具和地图，帮助你继续探索任何有挑战的人际互动。

詹姆斯继续深入到自己关于幸福、连接和自我表达的需要中，同时还有和亚伦开会时引发的尊重、支持和胜任力的需要。当他感受自己的身体时，他注意到有一种放松舒适的感觉。他的呼吸更加自在深入，肩膀和脖子上的紧张和僵硬感也消失了。

在这种开放的心态下，詹姆斯意识到亚伦也许并没有试图小觑他。当他思考开会时亚伦的行为以及他对这种行为的解读时，他认为亚伦是傲慢无礼的，但当他回想亚伦实际上做了什么时，他突然意识到亚伦可能只是紧张。当大家讨论詹姆斯提出的问题时，亚伦很安静，然后，当詹姆斯提出一项建议并询问大家是否同意时，亚伦突然脱口而出，说这个建议不可行。当时他和大家没有眼神交流，只是快速扫视了一下房间里的人。

詹姆斯意识到，他认为亚伦是想让别人看到他自己的观点比詹姆斯的重要，因此他觉得亚伦不尊重他。虽然有这种可能性，但是詹姆斯现在觉得也不一定是这样。詹姆斯想，也许亚伦只是感到紧张，因为他是部门的新人，所以当他表达自己的观点时有点生硬。我还记得我紧张的时候，说话就会受到影响，不能像平常那样自如地与人交流。

詹姆斯想起了一件特别痛苦的事情，不觉摇了摇头。有一次他说话特别紧张，还差点因此丢了工作。

当他从亚伦令人恼火的行为上看到自己的影子时，他承认也许有必要和亚伦谈一谈，看看到底发生了什么。虽然亚伦可能只是有点紧张，但是詹姆斯仍然对斯科特强迫他接受亚伦到他的部门工作感到不满。他突然感到体内升起一股怒气，于是他迅速地通过呼吸、身体和需要，重新连接到他关于自我连接的身体记忆。

那么，我真正想要的是什么呢？詹姆斯问自己。我想参与决策，对影响我部门的事情有发言权。詹姆斯随后开始想象当他参与决策过程时会是什么样子，尝试通过呼吸连接到身体的三个中心部位。现在他内心体验到了一种开阔的感觉，他开始好奇亚伦和斯科特到底发生了什么，他决定采取一些行动去找出真相。

第二章　由内开始：自我连接

知道如何与自己连接是一个非常有力量的工具，但是当你面临某些情况时你可能还是会觉得无法真正做到自我连接。当有人刺激到了你，你和你的行为被应激反应所掌控，此时，自我连接就好比一个遥不可及的记忆。在下一章，你将学习在这样的时刻可以通过什么练习来增强自我连接的能力。

第三章

保持力量：
面对冲突时回到当下

> 自由是停在刺激和反应之间的能力。
> ——罗洛·梅

与潜在客户会面后，莎莉离开了大楼，她感到筋疲力尽。虽然大家都很愉快，看起来建立了不错的关系，但莎莉对自己的业务是否熟练并没有信心。在会议上，她不止一次地感到怀疑。先是怀疑如果客户给她这个机会，接受它到底好不好，然后怀疑自己是否有能力做顾问这份新工作。

莎莉打开手机，看到詹姆斯给她留言了，心里咯噔一下，好奇他会说什么。她点击了语音留言，听到他的声音说："嗨，亲爱的，我想说，我很后悔我早上说的话……我想让你知道，我为你感到很自豪。我知道我们需要好好聊聊，但是现在，我只想说，我很爱你，希望你的会议进展顺利。回头聊！"

听完留言，莎莉早上愤怒的感觉又回来了。她猛摁手机屏幕想删除信息，却没删成。*他怎么敢这样！* 她怒气冲冲地回忆起早上的谈话，想象着这样回电话给他："你到底后悔什么？你后悔说你不能因为孩子放下工作而我可以？还是后悔说你又当爸又当妈？不，我知道了，你是后悔说只有你的工作才是重要的，是吧？也许，你是后悔曾暗示我我疯了，一切都是我的错？"莎莉摇了摇头，不知道如何缓解从詹姆斯那里受到的伤害和对他的愤怒，同时她也怀疑自己的转型是否正确，不确定这将对家庭带来什么影响。

你知道什么会刺激到你吗？你的生活中有没有某个特定的人，他说的话或做的事特别容易刺激到你？当你被刺激到时，应激反应就掌控了你，你会心跳加速、火冒三丈、眉头紧锁、下巴收紧、双手紧握。

在莎莉和詹姆斯争吵时，她听到丈夫说他又当爸又当妈，她就是这种感受；她认为他在贬低她的工作时，也是这种感受。另一方面，詹姆斯在听到莎莉说他必须放下工作把玛吉送到训练场时有同样的感受；当詹姆斯告诉科瑞做什么事情，而对方没有反应的时候，他也经常会有这种感受。当玛吉不听他们的话时，两人都会有类似的感受。

我们已经知道，在冲突进行到白热化时，应激反应使我们很难平心静气地说话做事。当心平气和时，你可能最想以想要的方式采取行动。当你觉察到某种特定的情况经常会导致你陷入习惯性的应激反应模式时，你可能会想：好吧，下一次我不会再这样做了，我会保持平静，掌控自己的反应，我会表现出友善、慈悲和善解人意。

但是你如何才能真正做到这些呢？"下次见到我妈妈时，我会表现得很友善并理解她。"这说起来很容易，但是，当她站在你面前再次批评你的穿着时，你还是会再次感觉受到伤害，当初的良好意图也就不复存在了。你可能曾经暗下决心，心想如果下次孩子去商店时再见到什么要什么，你会在做出反应之前先做三次深呼吸，但是等真正到了商店，在那个"灾难"降临的时刻，当其他购物者向你投来各种目光时，你可能连怎么呼吸都快忘记了，更不要说深呼吸三次了。

> **练习时间**
>
> 什么时候你会被刺激到？
> 至少说出一个具体的、反复出现的情况。在这种情况下，你的应激反应会被激发，你的行为方式会让你在事后感到后悔。

被刺激到

在上一章，我们探讨了在日常生活中，当你被刺激到并被激发了

"战斗、逃跑或冻住"反应时,你可以选择使用自我连接流程地图。在未被刺激到时,定期练习自我连接流程,可以帮助你锁定身体记忆,能够快速进行自我连接。但是尽管有意识,也练习了自我连接,当生活中有某个人刺激到你时,你可能会发现,身体记忆并不总是能发挥作用。

当这种情况发生时,不要灰心!如果你真的不想陷入应激反应却仍然被刺激到而做出进一步导致伤害和疏远的行为,这也并不意味着你是一个坏人或缺乏意志力,也不意味着你注定永远不会成功。在这些情况下,你需要做的是脱敏,以及进行以下这些具体实践:

· 发现刺激你的人或事

· 发现你特定的应激反应

· 觉察

· 回到当下

· 能够在当下的状态里做出反应或做出选择

在本章,你会学到强度练习,这是个强有力的练习,不仅帮助你在受到强烈刺激时与自己重新连接,也会降低你被刺激到的可能性。这个强度练习是设定某个很容易让自己产生不安情绪的情境,有意识地按照自我连接流程进行练习,体验回到当下的内在转化过程。定期地进行强度练习,会提升你在受到刺激后妥善应对的能力。最终,你会发现自己对刺激的免疫力增强了。

关系模拟器

你是否曾经后悔过自己对别人做出的举动,然后想:我可以让时光倒流吗?我真希望能重新来过!接下来我们要介绍的强度练习,以及其他我们提供的练习,其力量就在于提供机会让你一次又一次地进行尝试。这些练习将会模拟真实世界发生的事情,你可以安全地练习在那些情况发生时你想做的事情。它们就像人际关系的"飞行模拟器"。

飞行员在把自己和他人的生命托付给自己前,需要先在模拟的真实环境中学习驾驶飞机所需要的技能。在模拟环境下的训练现在也成为其他领域的前沿项目,例如现场急救人员、急诊室救助人员和特种部队的训练等。在这些领域,人们经常需要在遇到应激反应时仍然能够保证工作顺利进行。

虽然冲突和困难对话不一定涉及生死攸关的事情,但能够按自己的意愿行事,对你的幸福和人际关系有着深远的影响。例如在关系模拟器中,你可以通过设置和模拟真实生活中的场景重新来过。换句话说,你可以把事情搞砸,然后回到过去,这样一遍又一遍地练习,直到你能够很自如地在人生那些关键的时刻做出你想要的反应。

飞行模拟器可以根据你的技术水平调整难度,我们建议的模拟练习也是如此。这个练习关键不是看你崩溃、爆发或是能承受多少次,而是学习在有压力的情况下可以使用哪些新技能和新方法。这种学习是循序渐进的,因此,强度练习的设计考虑到了与真实生活的相似之处,会让你产生同样的生理反应,比如肾上腺素飙升,你的身体兴奋起来,感到有些压力,这样你可以充分练习在那些时刻做你想做的事情。只有当你对自己所体验的压力程度有所控制,这样你才能保证安全并保持最佳的学习状态,学习才会真正有效果。

应对冲突的能力

在强度练习中,你会有意识地让自己在一个安全的环境中体验被刺激到的情形,然后通过练习使用自我连接流程回到自我连接和当下的状态。这项练习有三个好处：

1. 你会对"战斗、逃跑或冻住"状态下的生理反应保持高度敏感。
2. 学会融入调解人思维。
3. 减少对刺激你的人或事的敏感度。

练习的第一部分要求你留意产生应激反应的第一个信号，然后停止练习。这两个步骤帮助你意识到生理反应的更细微差别。例如，一开始你可能意识到心跳加快，但当重复这个练习时，你可能发现，在你的心跳加速之前，你会感觉到一股能量流经你的身体，或者你会感觉到你全身有短暂的震动。这些细微的差别让你能更早意识到自己被刺激到时的状态，这样你就可以更有效地进行干预。

强度练习还使用了三把椅子调解模式，帮助你逐步融入调解人思维。即使只有你和你的练习搭档两个人，我们也建议你放三把椅子，你们每人一把，还有一把留给调解人。在进行练习时，当你被刺激到时，就坐到调解人椅子上，练习本次练习的相关部分。

在练习中，当你设置不同的椅子并真的把身体移动到调解人的椅子上时，这个练习过程能够帮助你区分两个不同的你：在冲突中强烈坚持自己观点的正处于应激反应下的你，还有记得自我连接、能够回到当下并做出选择的你。

从一把椅子移动到另一把椅子，这个过程会帮助你跳出在应激反应下的各种想法，减少冲突的内在体验。你的"战斗、逃跑或冻住"反应会发生改变，多少都会发生一些改变，同时你会进入一种可选择的状态，即根据你的价值观，而不是在化学反应的影响下做出选择。

一旦你通过在椅子之间来回移动充分练习并体察每个角色之后，你将不用再移动到另一个椅子那里就能摆脱应激反应。为什么呢？因为你通过练习已经将椅子内化了，你大脑的一部分已经与调解人的角色关联在了一起。最终，如果在真实生活中发生类似的情况，你就会连接到自己的这部分，并做出相应的选择。简而言之，你将能够将调解人思维内化并运用到生活中。

随着不断练习被刺激和重新连接的过程，你可能会发现刺激你的人或事正逐渐远离你。也就是说，它不再会刺激到你，或者对你的刺激程度大大降低。

想象你对某种刺激非常敏感。当你遇到那个刺激，例如伴侣的某种眼神、老板以某种口吻说的一句话，甚至是你对自己说的话，你的大脑和身体会立即对你解读到的危险产生反应。在本练习中，你将训练自己的神经系统，在遇到语言或非语言的刺激暗示时能够快速回到平静放松的状态，并通过这种方式提升你对刺激的忍耐力。你的大脑和身体随后会知道，其实危险并不存在，或者至少不像你认为的那么严重。随着练习的进行，这种忍耐力会得以扩展，直到在现实生活中遇到某些类似的事情时，你可以和自己保持连接，能够选择以善良、慈悲、体贴之心做出回应，而不是被激怒而做出一些随后会让自己后悔的事情。

总的来说，这个练习有三个好处：对自己的生理应激反应变得敏锐；融入调解人思维；实现对刺激的脱敏。强度练习是我们至今为止发现的、能够提升应对压力的能力并能够以自己希望的方式做出反应的最有效的方式。作为一种培养能力的练习，它可以帮助你摆脱旧的习惯性应激反应模式，以更健康的方式处理人际冲突，提升你的情绪管理能力。经常使用它，一定能帮助你提高应对冲突的能力，并得到自己期待的结果。

> **练习时间**
>
> 想想你被反复刺激到的情况。如果你在那些时候保持冷静和平和，并能够遵循自己的价值观选择如何做出回应，你的生活会有什么改善？

莎莉开车回到她的办公室。她原本计划为下个电话会议做准备，但是现在她觉得，她需要好好想一想早晨和詹姆斯那场让她不安的对话。光是听到他的留言就再次被刺激到，她知道自己真的需要帮助，于是拨通了朋友艾丽西亚的电话。

莎莉和艾丽西亚聊了一上午，当说起詹姆斯说的那些话时莎莉的眼泪止不住地流下来。艾丽西亚带着同理心倾听她，问她是不是觉得詹姆斯在贬低她的工作，并因此让她感到受伤。

莎莉回答时声音都变了："是的，不过我也很沮丧。我的意思是，我们之前谈过重返职场对于我的意义，但到了最后关头，他却不能挺身而出。"

"那么，你是因为没有看到他言行一致而感到沮丧是吗？"

莎莉耸了耸肩："我想是这样。"

"嗯，"艾丽西亚继续说，"这件事似乎一直在重复发生。我想之前我听你说过，当你听到詹姆斯说这类话时你有多生气。你觉得是这样吗？"

莎莉叹了口气："是的，我知道他说这种话的时候我很生气，简直就要发疯。就像我记得他曾经说我的工作'很随意'，暗示他的工作很严肃，而我的不是。"

"我可以提个建议吗？"艾丽西亚问，"当你听到这种话的时候，或者当你认为詹姆斯在贬低你的工作时，不要生气，这会对你有帮助吗？我的意思是，如果你能回到当下，保持平静的状态，也许你能找到对双方都有利的回应方式。"

"我不太确定是否可以，但是当然了，我想最好不要做出那么糟糕的反应。也许能找到一个比离开房间更好的回应方式。"莎莉想起了早上的感受，"我的意思是，转身离开可能是我当时能做出的最好回应，否则我们会陷入更大的麻烦。但这并不能帮助我们渡过难关，这是肯定的。"

"听起来你认为自己当时已经尽了最大的努力，这种理解让你松了口气。你还说当时很难采取别的做法，但似乎你还是想找到另一种方法，是吗？"

"是的，我很想找到其他方法。"

"有什么你现在能做，而且对你有帮助的事情吗？"艾丽西亚问。

"也许有。我之前在和玛吉发生不愉快时，不是和你做过强度练习吗？我现在都不记得她具体做过什么事情了，但我确实记得，当同样的事情再次发生时，我居然没有感到困扰，这令我非常惊讶。也许这种方法也能帮到我和詹姆斯。你愿意陪我做一次练习吗？"

艾丽西亚同意了，而莎莉顿时感觉充满了活力，因为她正期待找到一种能改变自己反应的方式。

设定强度练习

在这个练习中，你可以选择去处理任何一件曾经令你在与人沟通中觉得紧张的事情，比如，你的老板在会议上打断了你，或者你的女儿在你说话的时候翻白眼，你都可以把这些带入到强度练习中。如果你发现你对自己说的话令你心烦，比如告诉自己你很笨，那么你也可以拿来进行练习，通过练习去处理它。

这个练习的目的是选择一些事情，当它发生到你身上时，它会刺激你产生典型的战斗或逃跑模式的荷尔蒙连锁反应。通过这种方式，你坐在你的练习搭档对面，就能实实在在体验到那些感受。有时候，刺激你的可能不是语言，而是肢体语言或者说话的口气，这些我们在练习里也会考虑到。

> **练习时间**
>
> 你可以请求谁来做你的搭档并进行练习？你希望通过强度练习消除哪些具体的刺激因素？

在你的生活中找一个也对改变应激反应感兴趣的人来做你的练习搭档。把你们的练习时间分成两半，这样你们每个人都能体验到受刺激的人和刺激别人的人各自所处的状态。在练习开始之前先放好三把椅子，两把给你和你的练习搭档，另一把代表调解人。就像练习的每部分的步骤所写的，作为受刺激的人，即被刺激到并希望练习回到当下的人，将坐到那把椅子上练习调解人思维。（在附录中，我们列出了练习步骤和总结的备忘列表。）

开始练习时，刺激接收者告诉刺激发送者他所观察到的想要处理的刺激。不用把来龙去脉讲得面面俱到，可以是一个类似这样的简短陈述：

"我的伴侣说：'为什么你就不能把这件事做了呢？'他说这句话时提高了嗓门，身体向我靠过来。"

或者：

"我女儿说：'天啊，妈妈，你非得要让人难堪吗？'她语气很轻蔑，还翻着白眼。"

我们鼓励你使用某人说过的原话，但如果你记不清了也没关系，可以用你认为你听到的、让你感觉更受刺激的话（换句话说，就是对方所说的话被你解读之后的版本），然后把它当成刺激你的话。

你也可以和你的练习搭档讨论一些约定，包括你给出的停止刺激的信号，以及任何让你感觉到练习安全的举措。

尽管大部分练习都是面对面进行更有效，但你也可以和练习搭档进行远程练习。通过电话练习的时候，你们将难以看到非语言的暗示，但是练习仍然会有效果。你也可以使用在线会议的方式进行练习，会更加接近面对面的形式。不管采用哪种方式，你们都要多放置一把椅子，以便在练习的各步骤中加以使用。

因为这是一个练习，我们建议你不要试图与当初刺激你的人一起练习。你选择的搭档，最好是不会对你的练习过程进行评判，也不会教育你当时应该怎么做以及以后应该怎么做的人。

强度练习

在开始进行练习时，我们建议你分成几个部分来完成。按照顺序依次练习这几个部分，直到你完成整个练习。这些部分包括：

第一阶段第一部分：无语言内容练习

第一阶段第二部分：有语言内容练习

第二阶段：回应第一个刺激

第三阶段：回应第二个刺激

接下来，我们先列出这些步骤以及一些针对每个步骤的说明，但你也可以查看附录4中的步骤列表，你可以把这些步骤打印出来，在练习的时候作为参考。

第一阶段第一部分：无语言内容练习

当你被刺激到时，能够进行干预的第一步是识别你的"战斗、逃跑或冻住"的生理反应模式，并将被刺激的体验与刺激本身进行区分。为了区分这两者，我们请你首先进行非语言内容的练习。通过这种方式，你可以学习被刺激到时的感觉体验。这一步要了解的不是别人说了什么内容，而只是它的强度，包括语调、音量、肢体语言，或者还有其他一些非语言的东西刺激到了你。人们常常对别人的肢体语言和语调添加自己的理解，就像解读别人说的话一样，所以把这个作为第一个练习，能帮助我们把说话的内容和非语言的东西区分开来。这么做会让你发现真正刺激到你的东西是什么以及被刺激到时你的反应如何。

以下是本练习的步骤：

1. 刺激接收者先进行自我连接流程，然后让刺激发送者开始发出刺激。
2. 刺激发送者用平常的语气说一句中性的话，例如"水是湿的"或者"雪是白色的"，暂停，然后重复，逐渐提高嗓门，并增加强度以及攻击性色彩，慢慢提高强度。
3. 一旦刺激接收者留意到，在受到某个程度的刺激时他的身体产生了反应，就用非语言的方式让练习搭档停止发出刺激，比如举手示意。
4. 刺激接收者移到调解人椅子上，大声地进行自我连接流程，直到感觉平静，身体放松下来，不再处于"战斗、逃跑或冻住"的反应模式里。

5. 刺激接收者坐回自己的椅子，让刺激发送者继续发出刺激。
6. 刺激发送者继续重复同样的话，强烈程度比刚才刺激到接收者时的强度略低一些，然后再逐步提高强度。
7. 重复步骤 3—6，直到刺激接收者练习到他想要的程度，或者发现不管受到多强的刺激，都不会再被刺激到为止。
8. 相互分享你们的练习体会（可查看后面的"给予和接收反馈"）。

也许你有自己的方法进行自我连接，但在一开始，我们推荐大家使用以下方式，在举手示意让对方停止刺激时，与自己重新建立连接。

首先，像我们在第二章所描述的自我连接流程那样，关注你的呼吸，也许通过你的心脏。然后，开始同理你自己并大声说出来，为你的想法和感受找到相应的词汇描述，接着说出在那个时刻你的什么需要没有得到满足，你的渴望是什么。你可以请求你的练习搭档以某种方式支持你进行自我连接，比如可以请对方告诉你他们听到了什么。我们请你在进行这个过程时大声表达，这样你的练习搭档也能参与到这个过程中，支持你完成所有的步骤，包括明确你未被满足的需要。

再说一遍，这么做是为了让你回到你在自我连接流程中形成的身体记忆，学会在遇到刺激时能越来越快速地连接到那种身体记忆。

我们发现，在进行本练习的自我连接部分时，找到真正的需要是至关重要的。跳过这个步骤或者只做表面文章有可能无法消除你对刺激的敏感。说出需要，与之连接，并体会满足它的感觉。需要是让你受刺激的强度水平发生改变的关键。

当你感到平静、身体放松下来时，让你的练习搭档从低强度重新开始，逐渐增加刺激的强度，直到你再次体验到被刺激到的感觉。通常，在你下一次被刺激到之前，你能接受的刺激强度都会有所提高。重复这个过程，直到你感觉到舒服为止。

这里的目的并不是为了让刺激接收者证明他们可以"接受"，或者能够承受更大的强度。练习的目标是，从完全不会受到刺激的低强度开始，让刺激接收者注意到第一个刺激。这会让发送刺激的练习搭档更敏锐地发现，自己会在什么时候对刺激产生反应，进而能够更有效地进行干预。

低强度的刺激比更高强度的刺激让人更容易回到当下。如果你能适应低强度的刺激，就能在被应激反应控制之前，一步步增加对自己反应的觉察，慢慢减弱刺激对你的影响，重新与自己建立连接。

第一阶段第二部分：有语言内容练习

在这个练习里，除了把无意义的短语替换成你不乐意听到的或者容易引起你的应激反应的话之外，其他和上一个练习基本一样。刺激的话可以是对自己说的话，例如尖锐地评判自己的话，或者其他人说出的引起你应激反应的话。比如，你发现有时候你会对自己说"真的好蠢"或"你全搞砸了"或"你脑袋进水了吗？"，你可以把其中一个告诉你的搭档作为练习的内容。或者，如果你发现伴侣对你说"你总是那么麻木不仁，只顾自己"的时候你会产生应激反应，你也可以用这句话来做练习。练习的时候，可以加上之前会刺激到你的肢体语言和非语言的暗示，如某些面部表情、声调、姿势等。

我们请你在开始时通过自我连接流程先与自己建立连接。为什么呢？因为通常的情况是，仅仅只是想到或者只是向你的练习搭档转述可以用来做练习的那句话以及使用的口气，就已经会刺激到你。如果真的是这样，你可以把这种情况当作你遭遇到的第一个刺激，直接跳到步骤 4。

以下是本练习的步骤：

1. 刺激接收者告诉练习搭档，自己希望对方使用哪句话来跟自己做练习,并告诉对方说这句话的时候要用什么特定的语气、音量或配以什么样的肢体语言。例如,真实生活中另一个人说这些话时常常带着哪些特定的身体姿势和语气,刺激发送者在说这些话时也要结合相应的身体姿势和语气。

2. 刺激接收者先进行自我连接流程,然后请练习搭档开始发出刺激。

3. 刺激发送者开始给出低强度的刺激,并逐渐提高刺激强度。

4. 一旦刺激接收者留意到,在受到某个程度的刺激时他的身体产生了反应,就用非语言的方式让练习搭档停止发出刺激,比如举手示意。

5. 刺激接收者移到调解人椅子上,大声地进行自我连接流程,直到感觉平静、身体放松下来,不再处于"战斗、逃跑或冻住"的反应模式里。当觉得可以选择回应的方式时,就准备好继续进行练习。

6. 刺激接收者坐回自己的椅子,让刺激发送者继续发出刺激。

7. 刺激发送者继续重复同样的话,强烈程度比刚才刺激到接收者时的强度略低一点,然后再逐步提高强度。

8. 重复步骤 4—7,直到刺激接收者练习到他想要的强度,或者发现不管受到多强的刺激,都不会再被刺激到为止。

9. 相互分享你们的练习体会(可查看后面的"给予和接收反馈")。

总结一下:练习搭档开始时发出刺激的目的不是为了引发负面反应,而是让刺激接收者发现没有被刺激到和被刺激到的明显区别。就像在第一阶段第一部分中所讲的那样,刺激接收者练习与自己重新连接,然后再进入下一轮的练习。

第二阶段：回应第一个刺激

这一阶段的练习内容是，在自我连接之后，如何回应刺激发送者。让我们来看看，你可以和你的搭档按照什么步骤进行练习。

1. 刺激接收者告诉练习搭档，自己希望对方使用哪句话来跟自己做练习，并告诉对方说这句话的时候要用什么特定的语气、音量或配以什么样的肢体语言。

2. 刺激接收者先进行自我连接流程，然后请练习搭档开始发出刺激。

3. 刺激发送者开始给出低强度的刺激，并逐渐提高刺激强度。

4. 一旦刺激接收者留意到，在受到某个程度的刺激时他的身体产生了反应，就用非语言的方式让练习搭档停止发出刺激，比如举手示意。

5. 刺激接收者移到调解人椅子上，大声地进行自我连接流程，直到感觉平静、身体放松下来，不再处于"战斗、逃跑或冻住"的反应模式里。当觉得可以选择回应的方式时，就准备好继续进行练习。

6. 当再次接收到刺激时，刺激接收者选择同理倾听或者自我表达，然后将他们选择的回应方式大声说出来（仍然坐在调解人椅子上）。

7. 刺激接收者坐回自己的椅子，给出相应的回应，并让刺激发送者继续发出刺激。

8. 刺激发送者继续重复同样的话，强烈程度比刚才刺激到接收者时的强度略低一点，然后逐步提高强度。

9. 重复步骤4—8，直到刺激接收者练习到他想要的强度，或者发现不管受到多强的刺激，都不会再被刺激到为止。

10. 相互分享你们的练习体会（可查看后面的"给予和接收反馈"）。

如果你选择的回应是同理倾听，就把对方的话"翻译"成感受和需要告诉对方。如果你选择自我表达，你就把自己的需要和愿望表达出来。

我们建议你大声地说出你的选择，然后把它作为学习的一个步骤加以练习，但是以后是否执行你所做的选择并不重要。这里的重点是先要学会有意识地做出选择，并表达出来。

简而言之，要么关注对方，进行同理倾听，要么努力表达自己的需要。

不要过于担心自己的技巧，或者担心是否做到了"正确地"同理倾听或表达。这个练习的目的是发展你的能力——在受到刺激时能够回到当下，并有意识地选择下一步。之后，我们提供的练习将围绕如何执行你的选择。

第三阶段：回应第二个刺激

在这个阶段，我们引入了第二个刺激，即刺激发送者对刺激接收者的同理倾听或自我表达做出回应时再给出的刺激。心理学家大卫·伯恩斯和认知疗法领域的其他人把这称为"恐惧幻想"，也就是你最害怕的事情会发生。

作为刺激接收者，你可以提前告诉你的练习搭档你最不想听的回答是什么，也可以让对方自发做出反应。在经历恐惧幻想后，进行自我连接练习，然后相应地做出反应，会让它不再那么可怕。

以下是练习步骤：

1. 刺激接收者告诉练习搭档，自己希望对方使用哪句话来跟自己做练习，并告诉对方说这句话的时候要用什么特定的语气、音量或配以什么样的肢体语言。

2. 刺激接收者先进行自我连接流程，然后请练习搭档开始发出刺激。
3. 刺激发送者开始给出低强度的刺激，并逐渐提高刺激强度。
4. 一旦刺激接收者留意到，在受到某个程度的刺激时他的身体产生了反应，就用非语言的方式让练习搭档停止发出刺激，比如举手示意。
5. 刺激接收者移到调解人椅子上，大声地进行自我连接流程，直到感觉平静、身体放松下来，不再处于"战斗、逃跑或冻住"的反应模式里。当觉得可以选择回应的方式时，就准备好继续进行练习。
6. 当再次接收到刺激时，刺激接收者选择同理倾听或者自我表达，然后将他们选择的回应方式大声说出来（仍然坐在调解人椅子上）。
7. 刺激接收者坐回自己的椅子，给出与第6步相同的回应，并让刺激发送者继续发出刺激。
8. 刺激发送者再次发出一个刺激，说一些刺激接收者可能不愿意听到的话。
9. 刺激接收者再次坐到调解人椅子上，然后大声地进行自我连接，直到感觉平静、身体放松下来，不再处于"战斗、逃跑和冻住"的反应模式里。当觉得可以选择回应的方式时，就准备好继续进行练习。
10. 当刺激发送者再次发出刺激时，刺激接收者选择同理倾听或者自我表达，然后将他们选择的回应方式大声说出来（仍然坐在调解人椅子上）。
11. 刺激接收者坐回自己的椅子，给出相应的回应，并让刺激发送者继续发出刺激。

12. 刺激发送者继续重复同样的话，强烈程度比刚才刺激到接收者时的强度略低一点，然后逐步提高强度。
13. 重复步骤4—12，直到刺激接收者练习到他想要的强度，或者发现不管受到多强的刺激，都不会再被刺激到为止。
14. 相互分享你们的练习体会（可查看后面的"给予和接收反馈"）。

刺激发送者的角色

在以上的练习中，刺激发送者看起来似乎没做太多事情，但是我们发现，其实这个角色也有非常显著的学习效果。当刺激接收者受到刺激，刺激发送者就从给出刺激的人转换为支持对方重新建立连接的人。当一个人身处困境时，以他希望的方式给予他支持是人们要学习的一项相当重要的技能。因此，刺激发送者有机会提升支持他人的技能。

与此同时，当刺激接收者进行自我连接时，如果可能的话，我们建议他们提前请求获得语言上的或沉默的支持。刺激发送者可以思考他们的搭档想要什么样的支持，密切关注对方给出的暗示。

例如，刺激发送者可以问："你想让我重复你说的话，还是让我保持沉默？"

刺激发送者在做出回应的同时，也可以留意对方的肢体语言和其他迹象，看看刺激接收者是否需要同理倾听以及希望以何种方式得到同理倾听。如果刺激接收者想要在那一刻体会自己内在的状态，刺激发送者可以用这个机会练习处在当下和静默倾听，或者根据对对方的肢体语言和所说的话的解读，猜测他的感受和需要。这样，刺激发送者将学会与刺激接收者一同处在当下并给予他支持的技能。

给予和接收反馈

反馈是促进学习的重要因素。因此，不要错过这最后一步，即互相分享各自在练习过程中的感悟，这是一个不可忽视的环节。学习的效果取决于在练习结束后尽快收到反馈，这样会让你学得更快。你们也可以讨论如何改进练习，并且可以马上尝试新方法。

在日常生活中，你也许可以把别人的态度也当作一种反馈，但你有多少机会能够讨论你在沟通中的做法是如何建立连接或切断连接的呢？这个练习提供了一个宝贵的机会，让你能够找到这个问题的答案。

让我们明确一下：我们所说的反馈，不是指评估、评判或者分析。人们通常将反馈理解为评判，因为在其他语境中经常如此，但我们所说的反馈完全不同，我们把它比喻为"生物反应"。我们鼓励大家在和搭档进行不同的练习时，要描述自己的身体反应。听起来可能是这样的：

- "当你对我进行了同理倾听并对我说'所以，你真的想要得到尊重？'时，我敞开了心扉。"
- "当你……时，我觉得我的心门关闭了。"
- "当你问我需要什么时，我退缩了，还感到有些恼火。"
- "在第二个刺激后，你说'我感到害怕，因为我想知道你在乎我'，这时我感到一种释放，之后我的心态更开放了。"

在给予反馈时，要尽量说出具体的观察，如对方做了什么、说了什么，关注感受，并且关注你与对方的连接增进了还是减少了，这些都很重要。

这种反馈能够衡量你与对方连接的品质。"调解人生"这个项目就根植于这样的理念：当你活在当下，就可以做出创造连接的选择。

在这个强度练习中，你可以从两个方面进行权衡。第一，你要衡量自己是否处在当下，当你发现受到刺激的时候，要通过自我连接流程与自己重新建立连接。第二，你从对方那里得到反馈，从而判断你的选择是否支持到你与他的连接。

进入反馈阶段，最简单的方法就是问对方："你感觉怎么样？"刺激接收者可以分享自己在听到刺激、重新建立连接和努力做出新选择这整个过程中的感受。刺激发送者同样可以分享在发出刺激和练习过程中提供支持的体验。这样的分享结束后，你可以进入更具体的反馈或生物反应阶段，比如刺激发送者在选择同理倾听或自我表达时各自有什么感受，或者刺激接收者也可以谈一谈，刺激发送者的支持对自己意味着什么。

虽然我们以线性的方式列出了练习的步骤，鼓励你按部就班进行练习，但我们希望你能在一轮练习结束后抓住机会听取来自搭档的反馈，然后尝试选择不同的方法重新练习，并再次寻求反馈意见。这将使练习变得更加灵活。

最后，我们还想再提两个关键的关于反馈的建议。

首先，永远不要假设你的搭档想要你给出反馈。即使你确信你的回应将有可能改变对方的人生，会对你的搭档有所贡献，也要先问问他们是否需要。只有当人们敞开心扉时才能学有所得。你可能认为你的反馈很棒，但如果你的搭档仍然只关注自身的体验，他们可能无法接受你的反馈，哪怕是积极的建议，也可能会刺激到对方。你可以问对方"你想要一些反馈吗？"或者类似的问题，看看对方是否欢迎你给出建议。如果对方欢迎，可以接着问问他希望你用什么方式提出建议。

其次，我们建议你首先给出积极反馈，而且有的时候只给出积极反馈。尽管很多人觉得指出对方哪里做得不好会更有利于他的学习，但我们不这么看。知道哪些方面有效果会让我们成长，成功的做法能够增加人们继续提升技能的信心。如果反馈是积极的，人们也更容易听得进去，不会有太多防备心。所以，要让你的练习搭档知道哪些是有效果的，他们的哪些选择可以和你产生连接。通常这种反馈是所有人都需要的，尤其是在学习过程的早期阶段。

一旦你有了一些练习经验，并与练习搭档建立了一定程度的信任，你可能会发现自己渴望了解更多的信息，如哪些方面没有效果。尽管开口去问吧！信任取决于你知道你的搭档不会评判或评估你有多"好"。当你们都沉浸于探索和试验的兴奋之中，愿意尝试做各种练习，然后从搭档那里得到反馈，知道他们的身体产生了什么反应，这就是最好的学习了。如此一来，当你们彼此都给予反馈并听到对方的反馈，练习就成了沟通实验室，在这里你们双方都会发现新的创造连接的机会，并将其整合到自己的学习中。

老实说，你的练习搭档回应你的方式也许是他特有的，其他人的回应方式不一定相同。但是就学习而言，这真的没有关系。收到这样的反馈是一份礼物，它能让你尝试多种选择，建立自己的选择储备库，从日常生活中汲取经验。虽然在练习之外你通常通过别人的肢体语言来得到反馈，但当你的能力得到提升，不管面临什么强度的刺激你都能活在当下并能够做出多种选择时，你会发现自己可以把这些技能运用到日常生活中。

人们刚开始学习一种新技能时，常常想要一种能够屡试不爽的公式，但是在沟通中并没有特定的公式。尽管这听起来不那么鼓舞人心，但实际上是非常自由的！为什么呢？因为如果你的猜测没有创造你所希望的连接，那就意味着你不需要浪费时间和精力为没有得到"正确"的答案而苦恼，你只需要将最新的反应作为有价值的信息，来帮助你做出另一个也许更明智的选择。这能让你在放松的状态下做出最佳猜测，因为你正处在当下，正在对当下正在发生的事情做出反应。

在日常生活中体验强度

在你的日常生活中你会发现,当受到刺激时你会表现出"战斗、逃跑或冻住"反应。当你为这种反应命名,并把它与你曾经做的强度练习联系起来时,你在那一刻的应激反应将不再那么具有威胁性。你会记起在"飞行模拟器"中你被故意刺激到、体验刺激的强度,然后通过自我连接流程来处理这个刺激反应,并做出新的选择。

当你身处日常生活中,在毫无准备的情况下被刺激到时,你可以把它当成强度练习,这可以帮你消除一些紧张感,让反应不再那么可怕。这时它变得更像是游戏,把它当成你已经经历过的事情去对待,你甚至可能会享受这个过程。然后,你可以带着同样的好奇心和冒险的感觉,去处理现实中你真正被刺激到的那些时刻。

前面的练习都是和搭档一起进行的,当你发现在现实生活中被刺激到时,你也可以独自练习,并从中获益。通过想象那个人说了什么让你觉得很有挑战,你可以在脑海中进行强度练习。虽然有一个人给你发出刺激会更加有力量,但这种做法并不一定总是很实际。通过想象经历这个过程,你仍然可以回到自我连接和调解人思维上,从而消除刺激。

攀爬强度的山峰

强度练习的目的是,让你最终不会再被同样的行为或者语言刺激到。也许一次强度练习是不够的,需要经过一段时间的练习才可以做到。也许你觉得这对你来说不太可能,但我们还是鼓励你尝试一下。正如我们所说,练习会产生叠加效应——每当你被刺激到,然后与自己重新连接,那么当你再次被刺激到时你就能够承受更大强度的刺激。经过充分的练习,不管别人的话语、语气和肢体语言的刺激强度有多激烈,你都能处在安定和踏实的状态中。

我们想强调的是，我们提供这个练习，是为了让你知道，你在任何情况下都是有选择的。我们并不是说，如果有人以在你看来很不尊重的方式对待你，你最好的选择就是学会被动地接受这种行为。我们的目的是让大家知道，我们总是有选择的。如果你对别人的行为做出应激反应，你就会受到他们行为的支配。在你进行强度练习后，你就不会如此。简而言之，这个练习并不是要你成为受气包，而是让你能够活在当下，选择你的回应方式，这将帮助你更有效地实现你想要的改变。

莎莉把另一把椅子放在旁边，并与艾丽西亚在电话中进行了一些约定，包括当她开始感到受刺激时，就会示意艾丽西亚停下来。这时艾丽西亚会问："你想让我说什么？"

"嗯，詹姆斯最后的话大概是说我疯了。我想那句话对我影响最大。"莎莉开始讲述。

艾丽西亚努力想要明确她的观察："他真的说了'你疯了吗'这句话？"

莎莉回想："不……不完全是。好像是'在我们失去一切之后，也许你会恢复理智'。他说的时候语气很愤怒，带着那么一丝轻蔑。然后他就去看报纸了，就好像他对这件事最终得出了一个结论。"

"你看我这样说行吗，'也许你会恢复理智'，我就用你刚才使用的那种口吻？"艾丽西亚问。

"行。我们试试。"

艾丽西亚用对话的口气向莎莉发出刺激，她的刺激基本没有带任何情绪，莎莉感到身体开始紧张，就像被坚硬的壳包住了。她示意艾丽西亚停下来。莎莉坐到调解人椅子上开始进行自我连接流程。首先，她把注意力集中在呼吸上，然后体会身体的感觉。她说："我发现我身体很紧张，感到愤怒，但也感到很恐惧。我愤怒是因为我认为他说我想要的不重要，所以我希望知道我是重要的，希望他能尊重我的梦想。而且，我也担心他说的是对的，我做的都是不可理喻的，所以我想我需要一些信心，我希望自己相信我做的事情对我和我的家庭来说都是对的。"莎莉又进行了几次深呼吸并了解那些需要后，觉得自己的身体放松了，她感到自己渐渐平静下来。然后，她开始思考如何回应。

"我觉得我实际上想自我表达一下。"她说着就坐到了另一张椅子上。

"詹姆斯，当我听你说'也许你会恢复理智'时，我感到愤怒和害怕，因为我真的很想知道我的需要很重要。我希望相信自己做出的决定是正确的，尽管对我们而言，做出这种转变并不容易。"

莎莉深吸了一口气，请艾丽西亚重新开始。每一轮练习结束后，莎莉都需要更长的时间才能感到再次紧张，她的兴奋感也随之增长。在探索如何以同理倾听和自我表达来回应时，她尝试了不同的选择，并在回应第一个刺激后，很快让艾丽西亚再给出另一个刺激。

在结束时，莎莉向艾丽西亚反馈："我感觉好多了！我不知道下一次和詹姆斯会发生什么，但我更有信心面对这一切了，而不是愤怒地离开。我想这也会帮助我主动向他提出请求，我和他需要好好谈谈。"

莎莉向艾丽西亚表示感谢并挂了电话，这时她想起了詹姆斯给她的电话语音留言。她又听了一遍，这次她只听到他话语里的关心。她面带微笑，开始准备她的下一个会议。

因为人们通常认为，他们不可能做到不被任何发生的事情刺激到，所以我们喜欢用爬山来比喻这种练习的目的。这个比喻来自1996年4月出版的《美国国家地理》杂志，它讲述了一个登山队攀登巴基斯坦境内一座陡峭的垂直岩壁——特兰戈塔的故事。在托德·斯金纳的带领下，这些登山者被训练在美国和其他地方寻找最难攀登的

20~40英尺高的岩石，他们的理论是，如果他们能爬上那些斜坡，他们就可以挑战更高难度的斜坡，直到爬上9000英尺高的特兰戈塔顶端。

虽然这似乎是一个极端的例子，但实际上它和你在强度练习中所做的是一样的道理。从第一个20英尺——最低强度的刺激开始，并且在那个强度水平和自己重新连接，一旦掌握了它，就攀登下一个难度更高一些的20英尺。当你持续这样做，每一步就都让下一步有了实现的可能性，最终你会爬上9000英尺的高峰。到那个时候，你即使在白热化的冲突中也能够与自己建立连接，而这在你现在看来就是不可能做到的。

即使你能消除最亲近的人带给你的最棘手的刺激，你依然可能会发现你对他们是有评判的，而这会造成双方的隔阂。在下一章，你将学习到转化评判的流程，这样你就能以更宽容的态度处在当下，并带着关爱与他人产生连接。

第四章

从评判中获得自由：
化解敌人形象

> 当我走出那扇通向自由之门的时候，
> 我知道，如果不把痛苦和仇恨留在身后，
> 我仍然生活在监狱里。
> ——纳尔逊·曼德拉

第四章　从评判中获得自由：化解敌人形象

詹姆斯盯着他的电脑屏幕，上面是他正在写的报告。他瞥了一眼办公室墙上的钟表，叹了口气，还没到中午。尽管进行自我连接流程后感觉好了一点，但不管是在家里和莎莉的争吵，还是工作中和亚伦以及斯科特之间的矛盾，一个都没有解决，这让他有些心神不宁。他靠在椅背上，琢磨着开会前给莎莉打个电话，想着如何跟她谈论他对于在工作时间外出的担忧。"话又说回来，"他自言自语道，"我在工作的时候不能集中精力，这一点好处也没有。"他摇了摇头，把注意力转移到电脑上，这时电话响了。

他希望是莎莉，拿起话筒说："我是詹姆斯。"

电话那头传来他父亲丹粗糙沙哑的声音。"嗨，吉米！"他说。詹姆斯顿时一把抓住了桌子边缘。"我打电话只是想知道你什么时候过来，你妈妈等不及要见你和她的孙子孙女了。"

"是的，爸爸，"詹姆斯说，努力让自己听起来不那么生气，"我告诉过你，我们会回去的。我们得看看我们俩什么时候可以休假，也要看看孩子们的日程。"

"嗯。我猜当你让你的妻子去上班的时候，就会发生这种事情。"丹说，"你知道，当你还是个孩子的时候，都是我来决定我们什么时候去旅行，根本不必考虑'每个人的日程都合适吗'之类的问题。"

詹姆斯握紧了电话，脑子里飞快地闪过几句反驳的话。他忍住了，只是简单地说："时代不同了，爸爸。"

"是的，我想是这样。"丹停顿了一下，"科瑞好吗？他的成绩提高了吗？"

詹姆斯想：哦，现在才说到正题上了。他犹豫了一下，回想他和科瑞之间关于成绩和学校的谈话。他停顿的时间有些过长了。

"我就知道，"丹叹了口气说，"他没有长进，是吗？"

詹姆斯感到他的精力在耗尽，他也预料到即将发生的事情，并试图阻止它："爸爸，我们之前已经谈过了，我真的需要回到——"

81

"不，你听着。"丹打断了他，"很明显，你的办法没有用。孩子们需要界限和规则，他们需要知道谁是老板，该怎么做……如果他们不这么做，他们需要承担严重的后果。他们需要知道上帝在看着他们，上帝不会容忍傻瓜和懒虫。记住我的话，如果你现在不把这事扼杀在萌芽阶段，只会变得更糟。接下来你该知道，就是毒品和偷窃了。听我说，我的男孩儿，我知道我在说什么。是我把你和你哥哥养大的，记得吗？"

在听丹滔滔不绝讲话的过程中，詹姆斯感到血液开始沸腾，身体越来越紧绷，他觉得自己快要爆炸了。听到父亲叫他"男孩儿"，他终于受不了了。

"是的，还记得结果如何吗？你逼得我们两个都想跟你一刀两断。我走了，好几年没跟你说过话，记得吗？你所有的规则和后果以及'上帝在看着你'的说法并没有让内森能够遵守法律。顺便问一下，你最后一次跟他说话是什么时候？不用谢，爸爸。现在，如果你不介意的话，我得回去工作了。"

挂断电话时，詹姆斯只听到电话那头一片寂静，他的手在颤抖。

当你在评判自己或他人的时候，你有没有监控过自己的想法，留意过这一点？有时走在街上，你看到一个人，也许会想：那个家伙该把自己收拾一下了。或者，在聚会上和朋友的伴侣交谈后，你回想谈话时，心里会想：她有点粗鲁，我的朋友可以找个更好的伴侣。再或者，当某个同事跟你说话时，你发现自己在想：哇，她升职后变得越来越专横了。本来我应该得到那个职位的。我想我还不够好。

评判是生活的一部分。大多数人在他们的一生中都在不知不觉地评判自己和周围的人，即使不是经常，也肯定有很多时候在这样做。这些评判的想法有许多转瞬即逝，看起来似乎无关紧要，而另一些则占据了你的思想，破坏着你的幸福和人际关系。在最坏的情况下，评判会成为人际冲突的核心，会造成误解和持久的分歧。

当你和他人，例如家人、同事和朋友持续沟通时，你可能会对他们有更多的了解，但你对他们的评判也可能更持久，更根深蒂固。例如，当你的伴侣忘记在商店买东西时，你的脑海中可能会闪过这样的想法：又来了！为什么他就不能看看购物清单？它就在那里放着呢！你对家人的评判不仅变得根深蒂固，而且往往还有多年相处积攒下来的大量"证据"在支持它们。詹姆斯和他的父亲都陷入了长久相处而产生的评判里。

评判性的想法，不管是针对你不认识的人还是和自己亲近的人，指的都是我们所说的"敌人形象"。当我们谈论"敌人形象"时，我们指的并不是字面意义上的战争中的一个可恨的对手，这个术语要宽泛得多。任何时候，只要你的想法制造了障碍，阻碍你看到别人的本来面目，你就形成了一个"敌人形象"。这个障碍让你与自己和他人断开连接，阻碍你感受到与对方之间的连接以及对那个人产生的慈悲之心。

> **名词解释**
>
> **敌人形象**
>
> 导致与自己和他人失去连接、阻碍你看清真相的任何想象、想法或评判。

正如这个定义所言，每当你感觉与某人断开连接时，你可能会对他们产生一些印象，也许是你告诉自己的一个故事、判断、分析或诊断，这些都妨碍了你与他们之间的联系。

> **练习时间**
>
> 想一想你生活中的某个人，你对他有评判性的想法。那个人在你心目中的"敌人形象"是怎样的？

敌人形象付出的代价

评判是日常思维中如此被忽视的一部分，以至于许多人都低估了评判要付出的代价。你可能会认为，它们只是想法而已，它们会有什么影响呢？但是实际上，你心目中的"敌人形象"会对你的内心以及你与他人之间的关系产生巨大的影响。

想想你过去或现在的生活中，你对某个人有所评判，当你想着那个人的时候，注意你身体里发生了什么。你觉得自己心胸开阔吗？是充满信任和关怀？还是心门紧闭，感到压力和紧张？

因为身体和心智是相连的，所以你的心智反映了你身体的状态。你可能已经注意到，当你有强烈的评判时，你的思维就会自动驾驶：同一个想法像轮子上的仓鼠一样不停地转来转去。也许你会一遍又一遍地在脑海中重演发生的事情，总是得出同样的结论，即你认为你对所发生的事情和他人行为的分析是正确的。如果你意识到你在评判，并想要改变，那么你可能会试图说服自己放弃这些想法或忽略它们。虽然这种方法有时会转移你的注意力，但它并不能让你重新与你自己或你所评判的人建立连接。

你的生理机能和思想会影响你的行为。你可能会想：只要我不当面说他是个混蛋，我怎么想都没关系，他永远也不会知道。问题是，一旦你树立了敌人形象，不管你是否意识到，你都是在依据它采取行动。即使你没有大声说出你的评判，但你的肢体语言也传达了你内心的想法。你的想法和感受会通过你的面部表情、语气和手势流露出来，而其他人会无意识地捕捉到这些微妙的暗示。

例如，在与父亲交谈时，詹姆斯感到紧张和愤怒，他的声音听起来很紧绷又很短促。如果丹在现场的话，他无疑会从詹姆斯的肩膀、姿势和面部表情等身体暗示看出他的不安。此外，内心的评判常常会导致公开的行动，就像詹姆斯"怒火中烧"并与父亲顶嘴时那样，而这又会进一步加剧冲突。

当你对某人持有敌人形象时，你和对方之间共有的人性就变得模糊了。对你所评判的那个人，你很难感到关心、慈悲和善良。就像把他们放进一个标有"异类"的盒子里，然后盖上盖子。随后，你的行为对他人就会更具伤害性。

打个比方，敌人形象就好比你肩上的负重。在这个世界上，你感受健康、幸福、和平和快乐的程度取决于你脑海中那个让你断开连接的敌人形象对你的影响。你怎么能处理这些头脑中的形象，放下那个负重，甚至完全化解它？在这一章中，我们将介绍转化敌人形象的流程，这个工具专门帮助我们摆脱评判带给我们的负重。

"敌人形象"一词，以及通过非暴力沟通转化敌人形象的技巧，都直接来自马歇尔·卢森堡的研究工作。在此基础上，我们创建了一个框架和地图，即化解敌人形象流程(Enemy Image Process，简称EIP)，通过这个流程，我们可以应用这些技巧，转化那些让人失去连接的形象。

练习时间

在上一个"练习时间"中，对想到的人持有敌人形象时，你付出的代价是什么？从自己的幸福和与对方的关系这两个方面进行考虑。

詹姆斯挂断与丹的电话后，他有一种冲动想打电话给莎莉，告诉她自己对父亲的恼火以及他对父亲的不信任，但他克制住了自己。他和莎莉两人之间的事情还没解决，他不想再添别的事情。他又回想起刚才和父亲的通话。他居然还敢告诉我应该怎么养孩子？他真是爱管闲事。他是不是现在退休了不用布道了，觉得百无聊赖，就管起闲事

来了？他完全不懂现在人们怎么养孩子，而且他当年作为一个传教士，拿着《圣经》用传道的方式当父亲，也没好到哪里去。而他居然仍然坚持他的方法是抚养孩子唯一正确的方式。他当然不可能承认自己错了，所以他利用我孩子身上的不完美强迫我接受他的观点。这个老头子第一次养孩子就搞砸了，现在却认为他可以对我指指点点。

詹姆斯继续在心里咆哮了几分钟，直到他精疲力竭。在短暂的内心平静中，他意识到对现状做出正确的判断是多么美好，但同时他也意识到这是徒劳无益的。丹的电话让他这一天更加混乱，他觉得自己的身心都紧张不安。丹的长篇大论都是老调重弹，他经历过很多次这样的对话了。重复这样的对话，重提他孩童时代的心灵伤痛，这改变不了任何事情。尽管他渴望父亲做出改变，但是他知道他控制不了父亲。相反，他需要把注意力集中在他能控制的事情上，改变自己的想法、感受和行动。

化解敌人形象流程（EIP）

所有一切都是为了满足需要的策略，哪怕是评判性的想法。当你停留在评判性思维时，你意识不到自己为什么要评判，也发现不了那些想法背后的动机，以及未得到满足的一个或多个需要。只是简单地告诉自己不要评判，或要求自己转变想法，你依旧发现不了你试图满足的需要是什么。当你能认识到那些需要时，你就能重新与自己连接。

同样，你所评判的对象，他的语言或行为也是满足需要的策略。当你连接到对方可能想要满足的需要时，你就能消除敌人形象，哪怕对方并没有出现在你眼前。然后你就可以摆脱评判对自己的影响，自由地考虑下一步该怎么做。

因此，从评判和断开连接走向连接和自由，需要的三个步骤是：

自我同理、同理他人、新的可能性。化解敌人形象流程的步骤可简述如下。

化解敌人形象流程（EIP）

1. 自我同理
（1）留意对自己或他人的评判或诊断式的想法。
（2）体会你的感受，并找到适合的词汇来描述它。
（3）问问自己：这些想法尝试去满足的人类共通的需要是什么？多多体验寻找和确认需要的过程。

2. 同理他人
（1）思考自己在评判对方的哪些言行。
（2）思考对方可能有什么感受。
（3）问问自己：他们的行为想要满足哪些人类共通的需要？试着深入去了解这些需要。

3. 新的可能性
（1）学习：当你意识到自己的需要时，你有什么发现？
（2）计划：根据你的发现，你想做什么？这一步可能包含了你对自己或对方的请求。展现出同理心所带来的有品质的自我连接，能够帮助你看到新的思维方式以及采取更高效行动的可能性。
（3）练习：如果你向自己提的请求包含采取某个行动或改变某个行为，你可能要先练习一下，以便在需要的时候更有可能做到。

如果是第一次学习化解敌人形象流程，可以详细浏览前面的流程，在前两个同理的步骤中，使用非暴力沟通四个要素中的前三个——观察、感受和需要，会有所帮助。在这个过程中，你将继续练习和这些要素相关的关键区分，如果需要复习这些关键区分，可以参考《选择和平》。当你使用化解敌人形象流程的经验越来越丰富，你就能够通过关注自己和他人的需要，更快速地实行它。

为了应用化解敌人形象流程，必须要首先发现你的评判。这可能需要做一些练习，观察你的想法、你的感受（激动、不舒服、生气、紧张等），或与别人的互动。其中一个常见的切入点是，向内探求，寻找内心深处的你自己或那些正在造成隔阂的敌人形象。

下面，让我们通过例子来介绍和说明化解敌人形象流程的各个步骤。比如，你的同事经常把办公室的茶水间弄得一团糟，你对他有所评判。除此之外，你还将跟随詹姆斯，一步步地化解他对父亲的评判。

自我同理

在化解敌人形象流程的第一步，你要把注意力放在自己身上。当你发现自己对别人有所评判的时候，先了解一下自己的内心，你观察到了什么？这可能是对你自己想法的观察，也可能是对别人的观察，但是注意不要在你的观察中掺杂评判，否则你的努力不太可能让你改变敌人形象。

例如，对你同事的观察不应该是"他们是如此懒惰"或"这些人根本不懂得清洁"，而更像是这样的句子："这星期我看到四次水槽里有脏盘子，台面上有面包屑和洒出来的咖啡。"注意**评判**和**观察**的区别，观察是指你看到的，不添加自己的解读。你的观察也可以从自己的想法开始，听起来也许是这样的："我觉得人们都在等着他们的妈妈来给他们收拾干净。"虽然你的评判（人们都在等着他们的妈妈来……）可能根深蒂固，但如果表达成："我有个想法，人们都在等着他们的妈妈来给他们收拾干净"，它就变成了一种观察。这时你可能会意识到，也许正是这样的想法刺激你产生了当下的感受。

在明晰你的观察之后，检查一下你的感受。首先，简单地体会你身体里的感觉，然后用某个词汇来描述它。如果你需要帮助，可以参考附录1中的感受列表。例如，当你站在茶水间时，你可能感到不舒服、生气、失望或厌恶。

接下来，思考你为什么会有这种感觉。你有什么需要没有得到满足？如果你需要帮助，可以参考附录2中的需要列表。在你同事的这个例子中，你可能需要体谅、善良、尊重、清洁或秩序。当你说出自己的需要时，想想它们被满足后是什么感觉。

这时，你可能会开始感觉到自己的转变。也许你会感觉更放松，不再那么焦虑，或者更了解什么在激励你。如果是这样，你接下来就可以开始同理对方。如果不是，确定你是否需要更多地同理自己，即你是否需要连接更多的感受和需要？

詹姆斯意识到，如果不处理内心的混乱，他什么都做不了。他决定今天早些去吃午餐。吃饭的时候，他拿出一个笔记本，帮助他完成化解敌人形象流程。他把"观察""感受"和"需要"写在一页纸的最上方。他看着空白的"观察"一栏，思考他对父亲所有的评判。最后，他写出了以下几点：

- 我觉得爸爸告诉我如何养育我的孩子是在多管闲事。
- 我认为他一开始就做错了，现在却还在试图证明他是对的。
- 我觉得他说我是个失败的父亲。
- 我觉得他还在向我灌输宗教信仰。

詹姆斯把他的注意力转到自己的感受上，首先体会到的是生气和恼火。当他继续探究，他发现还有害怕——害怕他承认自己做父亲实际是失败的。他还感到难过，觉得自己和科瑞还有父亲断开了连接。詹姆斯回忆起自己小时候是如何尊敬丹的，但那种尊敬在很久以前就被恐惧取代了，接着就是反抗和愤怒。尽管近年来他采取了一些措施，努力与丹重新建立连接，但他不确定是否有可能建立真正的连接。这一思路使詹姆斯将注意力集中在需要上，他在"需要"那一栏中写道：

- 我希望被父亲理解和接纳。
- 我希望被当成成年人对待（我希望他称呼我为詹姆斯，不是吉米或"男孩儿"）。
- 我对科瑞所做的一切以及我对他的关心，想要得到认可。
- 作为一个父亲，我希望自己能够胜任。

当詹姆斯浏览这个列表时，他怀疑"被当作成年人对待"是否是一个需要。当他深入理解时，他意识到自己的意思是，想要被看作一个能够做出自己的选择并为之负责的人，并因此得到尊重，并且和他的父亲有一种平等的感觉。他对列表进行了修改，把重点放在自己真正的需要上：

- 理解和接纳
- 尊重和平等
- 认可和欣赏
- 胜任的能力

在思考这些需要时，詹姆斯觉得要满足所有这些需要几乎不太可能，但他还是想要找到一个方法，所以他把"赋能"也添加到了列表上。

同理他人

当你把注意力转向同理他人时,你也会用到同样的流程。

首先,记下你的观察结果,但这次要更具体地说明对方做了什么。如果把现场录下来,会显示什么内容?当你回想起办公室茶水间的场景时,也许你注意到了人们把盘子留在水槽里的动作很快,或者他们一边倒咖啡一边聊天。

现在到了感受这一步,想象一下你的同事可能有什么感受。也许有人正感到心烦意乱、匆匆忙忙、漠不关心,甚至是有所渴望。将这些感受与你内心的那些感受连接——当你匆忙或心烦意乱时,你觉得如何?

接下来,探究一下他们可能有什么需要。也许有人在满足效率的需要,另一个人和同事聊天,可能在满足连接的需要,而第三个人急于完成工作任务,在满足对产能的需要。

当你想到所有可能的需要时,记住不要在意你的猜测是否准确——猜测不是为了别人,而是为了让你能够转变自己的内在体验,转变你固有的评判。由于他人的需要你也一定有(否则你猜测的就不是共通的需要),当你把注意力放在他们身上时,你会感到更平和、更有同理心,更少被刺激到和产生应激反应。

如果你想要更大的挑战,在第二步问问你自己:"在当时的情况下,我所做的没有满足他们的什么需要?"如果你发现这个问题让你感到自责或羞愧,在继续练习之前,回到第一步。这里的重点不是让你觉得自己犯错了,而是让你连接他人的体验。这个问题不适用于你断开连接时的所有情况,但是如果最近你和亲近的人刚刚发生冲突,这个问题就会非常有力量。你此时的洞察力会让你对他们在冲突中的反应产生更深刻的慈悲和理解。

同理自己之后，詹姆斯觉得更平静了。他在关于父亲的另一页上写下了同样的三栏。回想他们的通话，在"观察"一栏，他写道：
- 爸爸叫我"吉米"和"男孩儿"。
- 他说我对待科瑞的方式是错误的。
- 他说我让莎莉去上班，说他以前自己独自决定全家的假期。我觉得他在暗示我应该掌控我的家庭，但是我没有。

当詹姆斯写下这些的时候，他再次感觉被刺激到了，在继续思索丹为什么说这些话之前，他必须更多地同理自己。当他可以继续第二步的时候，他才有更多的空间去真正思考丹的感受。他首先想到的是，丹可能真的很想念他们，想要见到他们。詹姆斯记得，丹打电话时确实谈到了旅行的事，虽然他说是妈妈迫不及待地想见他们，但我不知道他是不是也一样。

詹姆斯想到其他的观察，他想知道他父亲是否对自己和两个儿子的关系感到悲伤或尴尬。也许他想保护我，不想让我和科瑞发生同样的事。詹姆斯意识到保护是一种需要，并把它写了下来。

突然，一个新的想法让他感到震惊。这些都是他表达关心的方式吗？洞察到这一点让詹姆斯觉得自己整个世界都被颠覆了。同时，他想知道为什么他以前没有想到这一点。虽然詹姆斯不喜欢爸爸的表现，但他突然发现丹是出于对他和科瑞的关心才这样做的。有了这个新的想法，詹姆斯在"需要"一栏下面加上了"关心"和"连接"，他认为丹也许是把这样的谈话作为和他连接的一种方式，这样他就可以把他当父亲的经验分享给他的儿子。

詹姆斯感到父亲的育儿方式带给他的伤害，以及他想要用不同的方式养育科瑞的强烈愿望，这时他再次回到第一步。现在他看了看父亲的需要列表，在里面加上了"贡献"和"意义"。詹姆斯知道宗教一直是丹的人生指南针，作为传教士，这是他为别人做贡献和帮助别人的方式。重新浏览他列出的丹的需要列表，他现在看到了保护、关心、连接、贡献和意义。

在同理自己和他人后，查看一下自己当下的感受。如果自己心目中的敌人形象没有明显的转化，那么可以在进入最后一步前，重新对自己和他人进行同理。当与你自己的感受和需要连接，并想象他人有怎样的感受和需要时，你很可能会变得更加开放，甚至对双方都产生慈悲之感。

在确定了一个或多个需要之后，我们建议你不要直接跳到搞清应该做什么。在这些需要上停留一段时间，在你想要满足的需要和对方想要满足的需要之间辗转体会，看看你能否把它们融合在一起，直到你感到心目中的敌人形象消失。如果没有，说明你可能还没有充分地同理自己或他人。如果你发现自己很难做到这一点，就寻求别人的帮助。当你陷入自己无法化解的敌人形象时，一个同理倾听的伙伴有时可以帮助你深化同理心。一旦完成自我同理和同理他人的步骤，接下来发生的事情不仅很复杂，而且有点神奇。人们常常发现，当他们与自己和他人的需要紧密连接时，就会有一种"换位"的感觉。你开始把他们当作和你一样的人来看待。人们会说这样的话：

- "哦，现在我的看法不同了！"
- "原来，当时是那样的！"
- "你知道吗，当时我觉得似乎没有任何选择，或者那些选择让人无法接受，但是现在我看到了其他的选择。"

当你感觉到这些新的可能性开始出现时，你通常可以知道，什么时候你已经准备好走出前两步，进入最后一步。当你用另一种方式看待世界的时候，就是学习的顿悟时刻。

从顿悟的那一刻起，你就会知道下一步该做什么。世界看起来不一样了，之前对你来说不可能的一些可能性出现了。你可能之前就想到过这些可能性，但你觉得它们是不可能的，从而很快放弃了，或者你根本就没有想到它们。然而，现在这些都完全有可能发生。当你与需要连接，就会有更多的创意空间来产生新的想法。这些将成为你提出请求的基础。

完成前两步后，思考一下你有什么发现。你对自己或他人有什么新的洞察？你领悟到了什么？思考这些洞察会指引你做出自己想要的新选择。

想想我们一直在用的关于你同事的例子，如果不使用化解敌人形象流程你会怎么做。也许你会在茶水间里贴个告示，让人们自己清理干净。当你碰巧和他们相遇时，如果你对他们仍抱有敌人形象，你可能会抱怨他们把盘子到处乱放，希望他们能听懂你的暗示。即使你什么都不说，你的肢体语言也会传达你的想法——你的行为可能会更唐突，当你擦拭台面时，你的面部表情会表现出不快。

然而，当你完成化解敌人形象流程，你将看到新的选择，你采取的行动会有所不同。出于对需要的连接，你也许会决定继续打扫茶水间，也许你已经这么做了，但你的做法会有明显的不同。为什么会这样？因为你此时的行动是基于和需要的连接，而非敌人形象。

另一个选择可能是向办公室里的人提出请求。请求是这个过程的重要组成部分，请求能够把你所选择的新的可能性变成现实。这个请求通常是对你自己提出的，即使你决定向他人提出请求，你也一定首先是向自己提出了采取必要行动的请求。

一旦你决定想做什么，你会发现计划和练习都是有帮助的。这两个步骤让你专注于如何在保持你的价值观的同时实现你的请求。如果你决定对别人提出请求，你可以计划好要说什么，然后和朋友或愿意帮忙的同事一起练习。

当你处于一段长久的关系中时，你提出的请求可能是和对方进行一次谈话。当你知道你们将有进一步的交流时，你可以提前计划一下谈话的内容和方式。这可能包括对你自己提出请求，比如安排与对方交谈的时间，也可以对他人提出请求，比如在必要的时候计划一次会议，从支持团队那里获得额外的帮助。

如果你认为接下来的谈话对你很重要，你可能想练习一下你期待自己在谈话中如何表现。这可能意味着在你的脑海里会播放不同的剧本，直到你找到能够帮助你感到满意、能够让你敞开心扉地处在当下的剧本。或者你可以和愿意支持你练习的人进行角色扮演。在角色扮演时，你可以练习你想说的内容和表达方式，同时练习如何回应对方有可能提出的各种意见。

练习的目的不是让你在与他人的谈话中使用和练习时一模一样的话语，而是建立一个在特定情况下可以使用的词汇库，并熟悉彼此可能给出的各种回应。你可能会发现，在真正的谈话中，这些零碎的东西会突然出现在你的脑海中，因为你已经通过练习创造出这种心智状态了。

当你考虑可能采取的各种行动时，很有可能在练习化解敌人形象流程的前两步时已经出现了多个选项。将每个选择与你在过程中确定的需要进行权衡。当你这样做的时候，允许自己倾听内心的声音，而不是受制于大脑的理性思考。跟随那个在当下感觉最对的选择——一个最有生命力的选择。当我们与需要连接时，我们将发现可以毫无保留地相信自己的直觉。

詹姆斯靠在椅子上伸展身体，感觉和父亲的连接更紧密了。他反思了自己对当前处境的看法。实际上他父亲有可能是想要表现他的关心和担心，以成年人的方式和他连接，尽管事实上他唯一知道的方式就是把自己的观点强加给自己的儿子。就连他抚养我和内森的方式，也是他表达关心的方式。当詹姆斯想到，丹想要表达关心却悲剧性地导致了对立，也就是分离和疏远时，他感到一阵悲伤。詹姆斯发现，他和他的哥哥都没有意识到，丹的行为可能是源于关心。花了这么长时间才意识到这一点，詹姆斯对此感到悲哀；与此同时，他感到如释重负，因为这种顿悟让他重新燃起了希望。他大声说："我真的很想找到一种和他真正交流的方式，而不是他认为的表达关心的方式。"

詹姆斯知道他很快就会和丹再次沟通，他必须收拾他制造的烂摊子，并思考如何为此做准备，可以请谁来进行角色扮演。当他考虑丹可能会说什么引发他产生应激反应时，他意识到他可以通过强度练习来消除丹叫他"男孩儿"带给他的刺激。他决定问肖恩是否愿意进行角色扮演，并让莎莉和他一起做强度练习。

练习化解敌人形象流程

练习化解敌人形象流程一个最好的方式就是利用自己对陌生人的评判。平时走在街上，我们看到谁通常都会自动引发我们的评判：他们的穿着、他们正在做的事情、银行出纳员"粗鲁"、商店收银员速度太慢或者马路上开车的人太慢或太快等。即使你离开了那个环境，你也依然带着这些敌人形象。另外，对陌生人使用化解敌人形象流程，通常比与你认识的人或以后还会再交流的人使用更容易。

列出这个流程的基本结构是一回事，实际体验是另一回事。因此，我们总是建议你在学一个新地图时，要设定时间进行练习，严格按照步骤进行，并注意它是如何改变你的体验的。当你这样做时，你将熟悉每一个步骤，但使用地图处理真正的敌人形象时，通常不是按照步骤来的。在下一节中，我们尝试用富有经验的方式看待这个过程，以及它将如何展开。

这里再次列出化解敌人形象流程的步骤以供参考：

1. 自我同理

（1）留意对自己或他人的评判或诊断式的想法。

（2）体会你的感受，并找到适合的词汇来描述它。

（3）问问自己：这些想法尝试去满足的人类共通的需要是什么？多多体验寻找和确认需要的过程。

2. 同理他人

（1）思考自己在评判对方的哪些言行。

（2）思考对方可能有什么感受。

（3）问问自己：他们的行为想要满足哪些人类共通的需要？试着深入去了解这些需要。

3. 新的可能性

（1）学习：当你意识到自己的需要时，你有什么发现？

（2）计划：根据你的发现，你想做什么？这一步可能包含了你对自己或对方的请求。展现出同理心所带来的有品质的自我连接，能够帮助你看到新的思维方式以及采取更高效行动的可能性。

（3）练习：如果你向自己提的请求包含采取某个行动或改变某个行为，你可能要先练习一下，以便在需要的时候更有可能做到。

在化解敌人形象流程的第一部分，即自我同理，你学习使用非暴力沟通的要素——观察、感受和需要，深入地进行自我连接。观察你的想法，与它们保持一定的距离，这样你就不会完全认同你是对的，其他人是错的。当你退后一步观察自己的想法，这将会帮助你开始转变。

然后，关注你的身体，单纯地体会此时此刻身体的感觉和情绪。你观察到的想法和你当下的身体感受会告诉你，你现在的需要是什么。这时，你也会明确哪些需要没有得到满足。记住，此时你的目标是体会需要，与特定的人或策略无关，你只需要专注需要本身。

例如，我们设想一个情形，有人在唠叨你。一旦你发现自己的心目中出现"他真唠叨"或"他咄咄逼人"等这样的敌人形象，你就可以寻找他做了什么让你称之为唠叨。也许他这周已经提醒过你三次，让园丁来清扫院子。当你觉得他咄咄逼人或唠叨时，或者当他提醒你处理这些琐事时，你的感受如何？也许你会感到沮丧或恼火。观察或感受（也许两者都有）就好比入口，可以帮助你通往你潜在的、未被满足的需要，比如自给自足的需要或自主做出选择的需要。

当你经历这个过程时，如果想进一步观察，想体会更多感受，这是正常的。之后，当你重新关注需要时，可能会发现又有新的需要浮出水面了，或者你会重新关注那些你已经意识到的需要。最终，你会发现你的应激反应开始减弱。

现在，进入化解敌人形象流程的第二部分，试着同理他人的观察、感受和需要。有时候，仅仅考虑他们的观点都会再次刺激到你，让你产生更多的评判。如果是这样，重新观察你的想法，体会你的感受，然后探究你的需要。这样，你可以进一步连接到对方有可能正在经历什么（第二步）。进入第三步考虑请求时也可能会引发进一步的应激反应，那么就再次返回第一步和第二步。

化解敌人形象流程是一个循环往复的过程。在尝试连接自己的需要以及想象对方的需要时，你会交替想到自己和对方。想象一下，用撬棍让一块巨石松动，然后前后摇晃，直到有足够的动力把它掀翻。化解敌人形象流程也是这样一个动感的过程，在连接你的需要和对方的需要之间来回摇摆，直到敌人形象被推翻。

> **练习时间**
>
> 如果你对某个人持有评判，可以试着用化解敌人形象流程去进行处理。在流程结束后，你感觉如何？有什么新的可能性出现？

积极的"敌人形象"

到现在为止，我们形容的敌人形象都是负面的，这是化解敌人形象流程常见的用法。尽管如此，值得注意的是，评判也可能是积极的。

你可能会想，等一下，如果我认为我的老板让人超乎想象，或者当地的某个名人长得很美，这有什么问题呢？承认别人的天赋和贡献，当然是满足你和他们需要的好方法。然而，这也可能会成为问题，因为有时这会导致你和他们断开连接。

让我们以让人超乎想象的老板和当地的名人为例，看看这种情况会如何发生。

以下是一个人看待老板的两种不同方式：

"查尔斯真了不起，他是个完美的老板！我无法想象能像他一样。他对每个人都很好，似乎总是有时间陪我们，同时还能把事情做完。我看着他，心里充满敬畏。我希望我也能像他那样。"

或者：

"我非常尊敬查尔斯。他似乎真的在倾听我们所有人的意见，在做决定时考虑我们的需要。我很喜欢和他一起工作，我感到自己在工作中的贡献得到了认可和尊重。通过观察他与人相处的方式，我学到了很多。"

虽然这两种说法都表达了对老板的积极看法，但请注意，你觉得哪一种说法让讲话者与自己和查尔斯产生了更多的连接呢？在第一种表达中，讲话者把查尔斯置于神坛之上，表达了对自己的一种微妙的消极看法，说自己不可能与之媲美。在这里，讲话者可能会感到与查尔斯和自己都断开了连接。

在第二种表达中，讲话者表达了他的感受和需要，同时仍然承认查尔斯所做的积极的事情。他并没有把查尔斯放在高于自己的位置上，那会导致他与查尔斯断开连接，而是看到他可以从查尔斯的做法中有所学习。

与名人见面也会给人们带来积极的形象，把人们置于一个削弱共通人性的盒子里：

"我的天啊，我太喜欢你的作品了。我现在跟你说话紧张得舌头都打结了。我觉得你很棒。你的生活一定很精彩，可以周游世界，和那些有钱有势的人一起工作和聚会。"

或者：

"很高兴见到你！我一直很欣赏你的工作。我真的被你在电影中对角色的刻画感动了。它帮助我以全新的方式理解我和世界的关系。你愿意告诉我是什么促使你接受这个角色吗？"

人们经常崇拜名人，把他们自己的梦想投射到名人身上，比如成为富人或名人是什么样子，或者成为名人如何解决他们所有的问题。如果你这样做了，那么你对理想中的名人形象的看法与你对自己的看法之间的反差，就会使你与自己和他们之间断开连接。你让名人凌驾于你之上，而不是认识到他们只是有相同需要的人。虽然你可能没有意识到，但你所做的事情切断了你对他们和对你自己人性的慈悲。

第二种表达仍然承认自己的欣赏之情，但把它与特定的观察（角色和电影）和需要（了解）联系起来了。讲话者是自我连接的状态，同时以一种更容易与名人增进连接的方式表达自己。

当你发现你持有的一些积极的"敌人形象"使你与自己和他人断开连接时，你同样可以使用化解敌人形象流程，就像你处理负面评判时一样。转化积极形象将使你与自己和对方产生更深入的连接和慈悲之心，并使你因连接而与对方互动。

练习时间

你对谁持有积极形象，从某种程度上让你与自己或他人断开连接？使用化解敌人形象流程转化你对自己和对方的评判。

化解敌人形象流程的蓝图

在我们看来，化解敌人形象流程为人们从冲突走向连接提供了自然的蓝图。为了解释这一点，我们将使用两个比喻：俄罗斯套娃和子整体来说明。正如肯·威尔伯所定义的，子整体是另一个更大整体的一部分。整个宇宙都是由子整体组成的。从原子、分子、细胞、器官到生物，从字母、单词、句子、段落到书籍，每个层面都有更大的整体，是超越了之前组织的新组织，是更多东西的统合。

在使用化解敌人形象流程时，你可以想象自己从一个整体到更大、更复杂的组织层次，在自己的脑海中重新演示这个运动。你从一种"其他"的意识出发，在内心把自己的一部分划分为"其他"，把评判的对象也当作"其他"。在这里，你是俄罗斯套娃中最小的，或者是子整体中最小的那个部分。

在化解敌人形象流程的第一部分，你通过练习自我同理，治愈你内心的分裂，使你不再有评判。当你的内在变得完整时，你就可以转移到下一个更大的俄罗斯娃娃，但你仍然会感到与他人的割裂。他们在某种意义上仍然是"敌人"，以某种方式与你保持对立。

在进行化解敌人形象流程的第二部分也就是同理他人的过程中，你再次感觉到你仍然是一个个体，但也是更大整体的一部分。当你超越到达子整体的下一个层次，你的自我意识里现在就会包括"其他"。这时你不再是割裂的，所以在努力寻找策略时，新的可能性就会出现。你的需要里包含了他人的需要。

自由行动、自由转换

到目前为止，我们已经介绍了三个关注内在的流程。第二章中的自我连接流程让你在被刺激到并产生战斗或逃跑反应时，能够快速地与自己重新连接；第三章中的强度练习可以帮助你消除强烈的刺激，练习快速重建连接，做出新的选择；在这一章中，化解敌人形象流程让你卸下了一直背负的对他人的评判所产生的负担。

所有这些内在工作的流程，会使你在思考某一情况或某个人时，感到更有慈悲心，内心更平和。这种感受的变化本身，已经是让你在你的生活中使用这些流程的强大动机，但好处还不止于此，因为你的感受不可避免地会影响你的行为方式。

做你的内在工作，并且让感觉更好，这带来的一个好处就是，可以用更符合自己价值观的方式在这个世界上采取行动，而且之后你不太可能感到后悔。到达同理心的另一面，可以让你进入自己的内在导航系统。虽然人们倾向于认为内在导航会导致人们以自私的方式行事，但我们不同意这种观点。事实上，当人们与自己失去连接，尝试去符合某种绝对"真理"的时候，他们更有可能以自私的方式行事。而在真正与自己的内在不断进行连接时，他们却不会这样。第2—4章所介绍的内在工作流程将帮助你提升使用这些方法的可能性。

你怎么知道什么时候你的内在工作"完成"了，你准备好再次与他人互动了？从某种意义上来说，内在的工作永远不会结束。与他人一起生活和互动是持续的过程，一次又一次断开连接，再一次又一次重新连接。尽管如此，我们还是发现，有一些迹象可以让你知道什么时候你与自己建立了连接，什么时候你更有可能与他人建立连接。

他们不再是敌人

建立自我连接的一个重要指标是，和别人在一起时，你不会把对方当作敌人。假如你仍然对他们有很多评判、分析和诊断，你可能会发现，除非你先做更多的内在工作，否则这些想法会在你的言语或行动中表露出来。在这种情况下，你需要回到化解敌人形象流程，要么靠自己练习，要么在一位支持者的帮助下进行练习，来转化这些评判。

不急于被听到

建立连接的另一个迹象是，你不再迫切地让他人倾听你的需要。通常，当与别人发生摩擦时，人们最希望得到倾听，而不愿去倾听别人。你有没有注意到，当你陷入冲突时，你是多么迫切地想让对方知道你如何看待情况，以及这种情况对你的影响是什么。当你有了足够的自我连接和自我同理，受伤的感觉和急于被倾听的渴望就会消散。你会觉得心胸开阔，更愿意在得到别人理解之前，先理解别人。

就像马歇尔在《和平谈话》的电台节目中所说：

当有人说了什么，特别是当他们说的是我们不相信或不同意的事情时，我们就想要跳出来纠正他们，或者我们想要为自己辩护，所有这些都不是与那个人连接的最好方式。我们可以先做个深呼吸，如果做不到，至少花一点时间看看自己的内心是什么状态。给自己足够的同理心，看看是什么刺激了你。学着先将注意力放在自己身上，这样接下来你就可以把你的全部注意力放在别人身上。

被倾听是一个请求

即使你真的想被倾听，甚至这也许是你最想做的事，如果你已经完成了内在工作，你就不再可能把它当成一种请求。你可以倾听别人讲话，然后表达你想说的，你在倾听对方并给出反馈和表达自己之间流畅自由地切换。

你可能会发现，当你的内心逐渐开放，能够真诚地倾听他人时，你就没有太多可"被倾听"的东西了。即使还有，专注地听对方讲话，也会让对方更容易接受你要说的话。这样的转变就为你提供了讲话的空间。这样下来，比起不听对方说却强迫对方听自己说，你反而更有可能对你们之间发生的事情感到满意。

轻持观点

当你不断使用这些内在流程，你会发现自己持有的观点会发生微妙的变化。你的视角会变得更清晰，你会更愿意承担责任，也愿意改变观点。倾听并真正努力去理解别人的观点，会让你带着一种开放的心态改变自己的观点。你不但愿意改变你的观点，而且愿意寻找改变的可能性。你可以拓宽视角，并以新的方式看待它。

当你一次次地发现自己的观点并不是唯一的，你会开始认为，如果断开连接，很可能是因为你没有以他人的方式感知某件事。如果想要重建连接，你必须敞开心扉，通过考虑别人的想法来扩展自己的观点，你知道理解对方并不一定意味着赞同对方。即使你继续以不同的方式看待事物，理解他人的观点也会让你受益匪浅。这样你就会有空间欣赏多样性和独特性以及作为人类的共性和连接。

当你与他人在有分歧或冲突的情况下展开对话时，你的意图会影响你与他人交流的方式。如果你的目的是真正达成解决方案，这意味着你要敞开心扉去倾听他人的观点。你不能假设别人拥有和你同样的技能，事实上，最好是假设他们没有，然后自己承担起责任。

这就是为什么我们强烈建议在开始困难对话之前，先使用内在技能，尤其是化解敌人形象流程。如果你处在一段长期的关系中，发现自己与对方发生了冲突，那么在与对方进行任何互动之前，尤其是就有争议的问题进行对话之前，一定要先进行化解敌人形象流程。这会极大地影响你们对话的走向。对于任何你认为困难的对话，试着做好充分的准备：让你自己的需要得到同理，猜测对方的需要，然后计划和练习如何与他们互动。

当你与他人互动时，你会发现你的行为发生了变化——这是你的意图和自我连接所导致的结果。如果你真的完成了你的内在工作，你就可以以全新的方式和对方互动。你的肢体语言会有所不同——你的身体姿态看起来更柔和、开放；如果对话是通过电话进行的，那么你说话的方式和选择的措辞也会不同。即使是无意识的，对方也会注意到这些暗示，你们的对话更有可能走向连接，得到妥善解决。

詹姆斯看了看表，发现在回去工作之前还有时间散散步。他步伐轻快地离开大楼，穿过办公室旁边的公园，和煦的阳光和微风映射出他此时轻松的心情。一到户外，他感到身体瞬间注满了能量，他开始思考自己是如何在30分钟左右的时间里完成化解敌人形象的，连他的绝望感都消失了，他现在只期待着实行他的计划并看看结果如何。他想知道自己对父亲的猜测是否准确，他希望在谈话时可以问一下，或者至少能够从需要的角度听听丹怎么说，而不仅仅是对痛苦和伤害做出反应。

现在你已经和自己建立了连接，转化了你的冲突对象在你心目中的敌人形象，你已经准备好进行困难对话了。用人际调解地图进行对话，将帮助你实现与他们的连接并解决问题。在下一章中，你将学习这张地图以及轻松驾驭困难对话的技能。

第五章

解决问题路线图：进行困难对话

> 当你和别人发生冲突时，有一个因素可以决定你们的关系是破裂还是增进感情。这个因素就是态度。
>
> ——威廉·詹姆斯

第五章 解决问题路线图：进行困难对话

詹姆斯整理着他的办公桌。他喜欢在一天工作结束的时候，把所有的东西清理归位。时钟显示现在是晚上 7 点钟，下班时间比他预期的要晚。他今天下午离开了工作岗位，带玛吉去参加选拔赛，所以工作到很晚才完成今天的工作。

他微笑着回忆起玛吉在足球场上的情景，看到她重拾以前做过的事真有趣。看她比赛总会让他想起自己踢足球的日子，他似乎又从中找回了一些竞争精神。离开工作岗位并没有那么糟糕，尤其是莎莉的妹妹佩格愿意在玛吉参加完选拔赛之后去接她。他也没离开工作太久，还很高兴地看到玛吉在她想加入的队中占了一席之地。之后，玛吉还有时间和她的姨妈、外祖母一起共度美好时光。总之，一切顺利。

当詹姆斯走出大楼时，迎面碰上了他的老板斯科特。

"现在有亚伦在你的团队里，一定很棒吧！"斯科特友好地拍拍詹姆斯的肩膀说。

詹姆斯感到有点吃惊。"事实上，"他说，"我想和你谈谈这件事。今天不太顺利。"

斯科特看起来很惊讶："真的吗？那就奇怪了。在我看来他是个完美的人选。他对公司很了解，你不需要带一个新人跟上团队进度。有可能是什么问题呢？"

詹姆斯浑身发冷，他的舌头好像打结了。他试图清一清突然发紧的喉咙："嗯，嗯，我也不知道，他看起来，也许不太愿意加入我的团队。"

斯科特耸了耸肩："好吧，詹姆斯，让你的团队团结起来是你的职责，这就是管理的意义。明天见！"

詹姆斯看着斯科特离开，感到自己的脸涨得通红。回家的路上，他时而生斯科特的气，时而想要躲起来，时而又对自己耿耿于怀。

驾驭一场困难对话，就像坐在筏子上置身于激流之中，让你感觉失去控制。前方突然出现石头，筏子开始旋转，最终你迷失了方向。最好的状况是，你精疲力竭地设法浮在水面上，让筏子顺流而下；最坏的状况是，你会在中途翻船。你是否能够成功航行，取决于你筏子的坚固程度，以及你当下面对冲突时所具有的技能和能力。本章提供的工具，将帮助你建立牢固的筏子，并让你有能力成功地完成困难对话。

这个工作胆小的人无法胜任，愿意置身于冲突之火需要勇气和决心。你需要勇气敞开心扉接受别人的观点，去面对你的战斗或逃跑反应，去选择新的回应方式，去说出你的真心话。当你很容易按照惯性反应处理冲突时，你需要下定决心以新的方式保持你的意图。不管对话里发生了什么，都从中学习并进行练习，这样你的技能和能力会持续增强。

你可能觉得这太困难了，怀疑是不是值得这样努力。我们向你保证，这是可以做到的，也是非常值得的。当你全身心地投入对话，并确保你和对方都会得到倾听时，你会获得巨大的回报。在我们的培训中，我们经常听到人们讲述感人的故事：长期的冲突解决了、关系疏远的家庭成员之间和解了，还有人们享受到与最亲近的人之间深入的连接与互动。但是不要只是盲目地相信我们的话，你要自己去尝试。

使用前三章中的地图和练习——自我连接流程、强度练习、化解敌人形象流程，你就做好了面对一场困难对话所需要做的准备。这一章将概述你在冲突中可能会面临的主要挑战以及如何克服它们，包括提供对话的路线图，以及一些实用技能。在本章后面部分，我们将探讨如何在日常生活中使用和实践这张地图，以及如何练习，以便在你需要的时候可以用得上。

什么是困难对话？

有些困难对话是显而易见的：老板把一个重要机会给了别人，你想跟他谈谈；你妈妈说了一些让你觉得受伤的话，你想告诉她你的感受；你的伴侣说他想和你聊聊搬到别的城市去寻找工作机会的事情，而你喜欢现在居住的地方。有时，很明显你要进行一场棘手的谈话，当这种情况发生时，你可以轻松地使用本书中的技能和地图。

然而，有一些情况不是那么明显。想想我们在上一章中使用的例子，你的同事把盘子留在水槽里。如果你在做完化解敌人形象流程后决定提出请求，让对方洗碗，也许你不觉得对话很有挑战性，但你还是会对此感到紧张。

为了明确起见，困难对话是指任何让你感到困难的谈话。它可能是会改变你的生活的重要话题，也可能只是对你产生很小影响的事情。你可能事先就知道要和谁谈话，也可能有人突然来跟你提出谈话的请求，让你意外地一头栽进洪流里。

但是，无论是计划好的谈话，还是当下发生的谈话，你只有意识到你能在什么情况下使用这些工具时，才能更好地使用本章中的工具。你如何能让自己意识到呢？

回想一下你最近参与过的几次困难对话。可以是任何谈话，重点是你对那些谈话以及你的谈话对象有什么想法和感受。在谈话前和过程中你都有什么感受？有什么想法？你的想法和感受可以成为未来的里程碑，提醒你你正在有挑战的对话中航行。

例如，在和某人谈论一个问题前，你可能会感到恐惧或焦虑。你可能会反复考量对话内容，或者回想之前发生的事情。经过前面几章的练习后，你更能觉察到自己的应激反应。你的应激反应可能会再次出现，让你知道你身体的某些部分感知到了危险。识别你在困难对话中有什么具体的身体、情绪和心理反应，用适当的词汇来描述这些反应，这样当它们发生时你就可以注意到，并促使你在谈话过程中应用这些地图和技能。

> **练习时间**
>
> 什么会提示你正在进行或者即将进行一场困难对话？在你的身体感觉、情绪和你的想法中，至少每个领域都该明确一个"标志"。

挑战

困难对话所面临的主要挑战（如果你愿意，可以称之为"拦路石"）如下：

- 迷失方向，不知道如何抵达你想去的地方。
- 管理你的应激反应。
- 相信"我是对的！"，不愿意听对方的观点。
- 害怕听到对方的观点后，自己的立场"崩塌"或让你放弃立场。
- 担心说出自己真实的心声后对方所做出的反应。
- 专注于问题、策略和解决方案，而并没有首先建立连接。

让我们来看看这些困难，以及如何克服它们，这样你就可以轻松地进行困难对话。

迷失方向

有些突然发生的冲突是由现在或过去受到的伤害引发的，这种情况下你会突然陷入应激反应，被卷入一场争论。你的注意力被分散，一会儿在感知和解读对方当下的体验，一会儿又在关注他们的反应，注意力的频繁转移让你感到云里雾里不知所措。你感到迷失了方向，对谈话的方向感到困惑，忘记了自己为什么生气，甚至不确定整个事情是如何开始的，更不用说以一种让你感觉良好的方式来解决它。

指导框架和系列步骤能让你在对话过程中做出选择，很好地帮助你处理迷失方向的问题。本章中的调解人思维和人际调解地图（Interpersonal Mediation Map，简称 IPM）为你提供了框架和步骤。与我们其他的地图一样，人际调解地图是一种专门的技能流程，可以当作查核清单使用；这个路线图在当你处于激烈的困难对话时使用，让你更有可能到达理想的目的地。当你有自信在对话中创造出你想要的东西时，你就能将迷失的感觉控制在一定的范围内。有了这张地图，你在对话中的每一个关键点上就拥有了有限的选择，而这些选择很可能会促进连接。有了连接，你和对方将更有可能创造出双方都满意的结果。

管理应激反应

关于应激反应我们已经谈了很多。习惯性的刺激可能会让你在第一时间陷入冲突，如果你和对方处于持久的关系之中，你在对话中很可能会被多次刺激到。对这一点有所预示，当它发生时，注意不要赋予它意义。当你被刺激到时，它只是在那一刻原原本本的样子，你可以选择各种工具来管理它。

如果可能的话，在对话之前做好前三章的内在工作，将有助于你在整个对话中更加集中注意力。它也会让你继续巩固自我连接的身体记忆，让你能够快速回到当下并做出选择。人际调解地图还包括帮助你记住利用自己的身体记忆进行自我连接。如果你发现你的战斗或逃跑反应让你无法按照希望的方式继续进行对话，你可以请求暂停，这样你就可以做更多的内在工作，然后重新开始对话。

相信"我是对的"和不愿意听到其他观点

当你处于冲突中时，你是否认为自己是对的，而对方只是没有看到事情的真相，没有足够的理解？如果是这样，你不是唯一这么想的人。但当你相信自己是对的，就在暗示别人是错的。固守这一观点，并拼命地想要别人听到和理解你认为的事实，你就没有空间去听别人认为的事实。这就是冲突的悖论：双方都有自己认定的事实，他们希望对方不仅能够理解，而且能够同意。难怪冲突经常会变得根深蒂固！

调解人思维和三把椅子模型是不执着于自己是对的、并且愿意倾听他人的关键。当你从调解人的角度看待人际冲突时，你扮演了两个角色。因为没有人会作为调解人帮助你处理争议，你就是自己的调解人。你在与他人的冲突中扮演自己的角色，同时也扮演调解人的角色，努力促进同理连接，合作解决问题。

这就是三把椅子模型适用之处。因为你在扮演两个角色，你可以想象有第三把椅子，你在它们之间来回移动。有时，你坐在"自己"这把椅子上，你对冲突有自己的想法、观点和情绪，包括被触发了评判、情绪反应和冲突模式。当你移动到内在调解人的椅子上时，你将进入调解人思维，使用调解技能，跟踪对话过程，并选择接下来做什么。然后你再从调解人的椅子回到"自己"的椅子上，执行你所做的选择，同理对方并表达你自己的观点。你练习自我连接流程、强度练习和化解敌人形象流程的次数越多，你就越能舒服地把调解人的思维带回到"自己"的椅子上，并从宽广的视角与他人互动。

当你能记住三把椅子模型和调解人的角色时，它就会提醒你，对方可能和你想的完全一样：他们知道他们自己是对的，而你就是不理解！练习时你的身体可以坐上不同的椅子，这个过程可以帮助你融入调解人的视角，理解双方都需要被倾听的重要性。它帮助你不再执着于自己的想法是"正确"的，支持你们建立连接并共同解决问题。

> **练习时间**
>
> 你是否愿意跳出你的顽固信念，至少尝试去理解和看到他人的观点？你相信自己能学会吗？

害怕听到不同的观点后放弃身份或丧失身份

想想你最近经历的一次冲突，找到冲突中的核心观点。例如，在某个关于孩子的决定上，也许你和你的伴侣有不同的意见，或者你和同事在某个项目的最佳推进方式上存在分歧。如果什么也想不起来，那就想一个你持有的强有力的政治或道德观念。深入你的观念，全然置身其中，然后想象自己现在能够敞开心扉，真诚地倾听冲突中的其他人，或者政治或道德观念与你完全不同的人。当你这么做的时候，会发生什么？你的身体感觉如何？你是否有类似于被束缚的紧张感，或者对于倾听对方的想法有些抵触？

很难倾听他人观点的原因之一是，大多数人都有一种深深的恐惧，害怕他们愿意接受另一种观点，就不得不放弃某些东西。当你真正倾听并试着以他人的角度看世界时，你必须稍微放下自己的观点。为了进入他们的世界，你要让自己对待真相的信念以及看待世界的方式更加放松一些。

身份和观点是紧密交织在一起的。你的观点和信仰构成了你的身份很大的一部分，如果放松你对它们的抱持，或者它们对你的加持，你会感觉像是对你的身份的一种威胁。当你扩展你的视野时，你很容易会觉得你有可能迷失了自我，甚至消失掉了。简而言之，这就像是死亡。

心理学家卡尔·罗杰斯在他的书《个人形成论——我的心理治疗观》(*On Becoming a Person: A Therapist's View of Psychotherapy*)中谈到，对与自己意见不同的人有同理心是多么可怕的事，因为同理对方可能会让自己在某些方面发生改变，将不得不放弃一些一直抱持的东西，还可能会威胁到内心的安全感。在讨论为什么同理心没有得到更广泛的应用时，罗杰斯说：

"首先，这需要勇气……如果你真的以这种方式去了解另一个人，如果你愿意进入他的私人世界，看他眼中的生活而不做任何评价性的判断，你自己就有被改变的风险。你可以从他的角度看问题，你可能会发现自己的态度或个性会受到影响。这种被改变的风险是我们大多数人可能面临的最可怕的前景之一。"

要知道，人们需要勇气和信任，知道从别人的角度看问题不会终结自己的存在。这样能够发展调解人的心智；创造一个有主动意愿和好奇心的空间；渴望了解他人，同时不会对自己的存在或真相造成威胁。阅读这部分内容可能无法让你信服，但事实就是这样，听到别人的观点，并不意味着你自己将被抹杀。害怕失去身份在大多数人心中是如此根深蒂固，以至于需要经验来培养勇气和信心，相信听到别人所认同的真相并不会威胁自身所认同的真相和身份。

如果你注意到在对话过程中出现了之前练习中所经历的反应，你可以提醒自己，这是对为了倾听别人而不得不放弃某些东西的恐惧。告诉你自己，你只是在听别人说话，这并不意味着你已经放弃了你信奉的真理。如果你处在当下，集中注意力，使用这些工具，你就能找到前进的道路。

如果这种恐惧出现在对话之前，那么它就会成为一种重要的防御形式，有助于你提前处理。化解敌人形象流程是你可以使用的工具之一，当你使用这个工具并发现自己开始同理他人时，你的恐惧浮现了，如果发生这种情况，就回到 EIP 的第一步，更多地同理自己。通过体验和实践，你将发展出一种能力，能够做到不把自己的反应付诸行动，而是努力维持现状，并接受他人的现状。即使你不同意他们的策略，你也可以接受他们认为的事实，而且不会在这个过程中迷失自己。

害怕说出真相

我们想要强调的是，在调解冲突的对话中，我们常常把注意力集中在同理他人上面，但即使这样，你也要说出你的真相。许多人发现在冲突中很难做到诚实表达，有一些话不敢说，因为害怕对方可能会做出的反应，尤其是当他们心烦意乱或生气的时候，你甚至可能害怕，说出真相会招致对自己身体的暴力行为或语言暴力。我们要承认，这些担心的事很可能会发生。

然而，想要满足需要，你就必须要诚实表达。你需要有勇气说出自己的真相，对于对方来说，不管你以何种方式表达，对方可能依旧会以他自己的方式来听你表达、做出反应。尽管有这样的风险，但为了能实现双方的连接，你要有勇气说出来。如果对方的反应是消极的，你可以同理他们所认为的真相，努力倾听他们眼中的现实，理解他们的感受和需要。与此同时，你可以与自己和自己的真相保持连接。连接同样需要同理倾听和诚实表达。

要注意的是，我们这里说的不是脱口而出评判他人的勇气。很多时候，人们认为说出他们的"真相"就是把他们一直压抑下来的所有刻薄、充满恶意或主观的想法释放出来。把这些东西扔向对方会有一种宣泄的快感，但这只能带来短暂的满足感。在那一刻畅所欲言，告诉别人你对他们的看法，可能会让你感觉很好，但这通常不会给你们的关系、生活或世界带来你想要的东西。事实上，它通常会创造出与你想要的价值完全相背离的东西。

具备我们所说的诚实表达的勇气，需要同时培养技能和能力。它不是用谁对谁错的方式进行诚实表达的技能，而是不管对方对你的诚实表达做何反应，你都能带着理解去倾听和回应对方的能力。

> **练习时间**
>
> 回想一个具体的情境，在这个情境下，你觉得表达真相让你感到害怕或很困难。通过说出自己的感受和需要来同理自己。

专注于问题、策略和解决方案

"好吧，我当然想专注于解决方案！"你说，"我想摆脱冲突！"这种常见的处理冲突的方法源于这样一种信念：如果你能完全清楚问题是什么，并找到策略或解决方案，那么一切都会好起来的。你和另一个人可以高高兴兴地骑马看日落，因为你找到了问题的答案。

从某种意义上说，这可能行得通，因为你得到了解决方案。然而，我们并不认为专注于解决方案是解决冲突的最有效方法，也不是最能疗愈或带来最佳解决方案的方法。为什么？

第一，因为你对问题的定义可能和别人有很大的不同，所以你们对问题的回答也会不同。例如，詹姆斯认为斯科特不尊重他作为团队

第五章　解决问题路线图：进行困难对话

领导者的角色，也没有考虑他对某个特定的人是否能很好地融入团队的看法。斯科特可能根本不觉得有任何问题，或者他可能看到了不同的问题，比如，他认为詹姆斯只考虑他自己的工作，而没有考虑整个公司。

第二，和解并不一定是好的解决方案。如果没有解决根本的断开连接的问题，那么冲突实际上可能还没有结束。解决方案只是起到临时修复的作用，你将发现冲突随后会再次爆发。当你把注意力首先放在连接上时，和解的机会更大，你找到的解决方案更有可能持久有效。

第三，当人们在冲突中通过典型的手段——妥协来达成解决方案时，他们可能并没有达成理想的解决方案。为什么？因为妥协意味着每个人都必须放弃一些东西并做出让步。当人们以这种方式解决问题时，投资回报率可能并不高。但当人们相互连接时，他们就会通过合作共同找到解决方案，他们有动力以一种对每个人都有利的方式来满足彼此的需要。

连接有助于达成让人们都感到满意的解决方案，因此人们也更愿意投入到后续工作中。此外，人们在一起工作时提出的解决方案往往更好，更有创造力，通常也能更有效地满足人们的需要。通过协作找到解决方案与每个人都必须放弃某些东西是完全不同的。

在非暴力沟通基础上的调解与解决其他形式的冲突之间一个主要的区别是：在冲突中首要关注的是连接，而不是解决方案。当你把注意力首先放在连接上时，一个策略就会冒出来。需要明确的是，当你寻求连接时，并不会将策略和解决方案排除在外。这只不过是为了实现理想结果所采取的另一种途径。这种向连接的转化有两个目的——修复关系，并倾向于创造更好的解决方案，因为人们更倾向于合作而非妥协。

归根结底，这是可行的，因为在关注需要，即不同视角背后的潜在动机时，双方是没有分别的。每一种观点都来自我们充实和丰盈的

119

生命，它们可以不受评判地存在，因为每一种观点对持有它的人来说都是正确的。连接阶段的目的，就是在这个层次达成相互理解，找到共性。

当目标达成、对立的观点相互连接时，解决方案通常会很容易出现。我们一次又一次地看到，在混乱的冲突中，有一种自然的序列——一旦你建立起连接，策略和解决方案就会一股脑地涌现出来。

莎莉下了楼，走到沙发边，窝到詹姆斯旁边，一副如释重负的样子，微笑着说："故事讲完了，玛吉睡着了。"

"我跟科瑞说了晚安，"詹姆斯说，"他还在看书，说过几分钟就会关灯。"詹姆斯伸手去拉莎莉的手："我很高兴我们早些时候谈了谈今天早上的事，至少有了一点点沟通。我知道我们需要更长的时间来讨论这个问题。我真的很想告诉你今天我和我爸爸之间的对话，但是现在你愿意先听我聊聊我工作中遇到的问题，并且给我一些帮助吗？"

"当然，发生了什么？"

詹姆斯向莎莉描述了他与亚伦及部门成员开的会议，以及他很生气斯科特没有让他参与亚伦岗位安排的决定。他也告诉她，他下班前与斯科特进行了简短的对话。

"于是我就闭嘴了。我意识到我一开始就搞砸了，后来他说亚伦是这个部门的最佳人选，我好像没有权利再提其他意见。"詹姆斯摇了摇头，"现在我进退两难。"

莎莉朝詹姆斯点点头："听起来你很困惑，不知道该说什么，尤其是他说的和你所经历的不相符，对吗？"

詹姆斯站了起来，开始踱步："是的，他是我的老板，所以我很为难。我想直接告诉他，他这件事做错了，他没有考虑到这样做对我和其他部门成员的影响。但是如果现在我跟他谈这件事，我想他会觉得我没有能力管理我的部门。我已经产生了他不尊重我的想法，这只会让事情变得更糟。"

"所以，你真正想要的是尊重？"莎莉问。

詹姆斯点头："是的，我在想到亚伦的时候也想到了这一点。但是，我不确定，也许还有体谅？斯科特应该知道，在部门中增加一个新成员将会给部门带来什么改变……如果他在做决定之前和我谈谈就好了。他是不是太过分了？"

"所以你希望他做决定之前问问你，对吗？"莎莉说。

"是的，完全正确！"詹姆斯大声说。

"对你来说，他问你的意见其实是在考虑你的职责，以及尊重你作为部门领导的角色，是吗？"莎莉问道，明确她所听到的。

"是的，我想知道他是否理解此事对我的影响，他想不想支持我。"

莎莉点点头："你一想到和他谈这件事就害怕吗？"

"我猜是这样的。我希望能够坚持自己的立场，和他谈谈这件事，我相信他会听我说的。"

詹姆斯靠在沙发上。连接到自己的需要之后，他感觉更踏实了一点。然后，他请莎莉用化解敌人形象流程来帮助他同理斯科特。通过这样的方式，詹姆斯猜测斯科特希望他的部门一切顺利，并且让他的下属感谢他的支持。詹姆斯还认为，也许斯科特希望别人信任他的决定，以及他这么多年的工作经验和智慧。

在化解敌人形象流程的第三个阶段，詹姆斯在同理后思考了整件事情，然后他让莎莉扮演斯科特，两人进行对话练习。结束时，詹姆斯有了一个如何去和老板谈话的好主意。

调解内在冲突

我们已经概述了在困难对话中所面临的众多挑战，那么，你如何学会轻松或成功地驾驭这些挑战呢？我们建议你关注三个主要工具：

1. 引导你对话方向的框架
2. 可遵循的对话地图
3. 一系列调解技能

在前面的每一章，我们都讨论过帮助你确定方向的框架是调解人思维。它让你有所觉察，即使你是陷于冲突中的一方，你也可以跳出自己的视角，看到两种观点，并调解它们。它帮助你摆脱与对方水火不容的局面，并从更广阔的视角看待冲突。在这个视角中，你可以处在当下，跳出你的习惯性反应，以你渴望的方式生活在这个世界上。简而言之，它让你知道你能做什么，你有什么选择。

我们提供的地图是人际调解地图，它包含五个步骤，稍后我们将详细介绍这些步骤，用以引导对话。

使用人际调解地图有两个不可或缺的调解技能，还有七种附加技能。在你熟悉了地图之后，它们能帮助你从所有可能的选项中做出选择来调解你和他人之间的冲突。虽然我们将在本章后面概述所有的技能，但我们鼓励你首先集中注意力学习地图步骤中包含的两个技能。

你已经从调解人思维引导框架中了解到，调解冲突的基本前提是至少有两个视角，或者两个相互冲突的观点，而调解的过程就是在调和这些观点。双方和解是通过找出观点所代表的需要来实现的，一旦知道每个视角的需要并理解它们，双方就会通过共同的需要实现连接，并且可以找到一种策略来调和这些观点。另一种方法是正题/反题/综合模型。当各执一词的双方实现理解并产生连接时，正题和反题就成为一个综合模型。

虽然这听起来像是一套复杂的步骤，但是你很快就会发现这个过程非常简单，并且是遵循自然规律的。一旦你熟悉了它，你就会自然而然地进入既定的模式，成为化解和解决冲突的大师。你所需要的只是觉察和实践。

调解冲突包含两个阶段：连接和找到解决方案。在连接阶段，让每个观点背后的需要浮现出来并理解它们；在解决方案阶段，总结归纳出能满足需要的策略。在下面的表格中你可以看到，在连接和找到解决方案阶段，人际调解地图的流程和步骤以及九种调解技能之间的关联。

人际调解地图（IPM）

1. 实行自我连接流程（进入调解人思维）。
2. 问自己"我可以把对方的信息听成是一种请求吗？"。
3. 如能做到，同理倾听对方。
4. 自我表达。
5. 提出解决方案的请求并达成协议。

调解自己和对方	连接		解决方案
	对方的需要	自己的需要	综合/满足双方需要的策略
流程	同理对方：通过猜测和思考，了解对方的需要	自我连接：表达自己的需要，让对方反馈你的需要	就如何满足双方的需要进行对话。你想给他们什么？他们想给你什么？
IPM 步骤	1. 实行自我连接流程 2. 问自己"我可以把对方的信息听成是一种请求吗？" 3. 如能做到，同理倾听对方 4. 自我表达		5. 提出解决方案的请求并达成协议

续表

	连接	解决方案
九种调解技能	1. 同理 2. 连接性请求 3. 拉耳朵 4. 紧急同理 5. 追踪 6. 打断 7. 自我同理 8. 自我表达	9. 提出解决方案的请求

下面我们创设了一个情境，让你通过具体情境了解各步骤。

珍妮特和唐娜是相识15年的好朋友，她们经常互相联系，彼此分享好消息，在困难的时候也寻求对方的帮助。有一天，珍妮特和她十几岁的女儿瑞伊共进午餐时遇到了挑战，她和唐娜说起这件事："每次我试着和她说话，她只是回一声'嗯'，然后继续把头埋在她的手机或iPad里发短信，和她的朋友聊天。这简直快把我逼疯了。"

唐娜回答说："哦，她是个十几岁的孩子。她可能只是觉得你在抱怨什么事或者告诉她该做什么。别管她。"

珍妮特注意到，当听到唐娜的回答时，她的身体变得紧张起来。她所有的应激反应都显现出来了：她的脖子和脊椎感觉僵硬，她的呼吸很浅，她的肩膀耸起来了。她觉察到自己不想说话或想换个话题的愿望非常强烈，她已经把唐娜的话理解为评判性的、轻率的表达，她认为唐娜没有重视她的担忧。珍妮特立刻意识到她正处于一个困难对话中，并开始使用人际调解地图。

第一步：实行自我连接流程

人际调解地图的第一步是实行我们在第二章中讨论的自我连接流程。

自我连接流程是第一步，因为人们发现与他人发生冲突时，自己很容易被刺激到。尽管你已经为困难对话提前做了准备，也感觉自己很集中精神，但是困难对话很容易让你分心。

进行自我连接流程有两个主要目的：

1. 通过锚定你的身体感受和需要，帮助你与当下的自己连接。
2. 提醒你用调解人思维看问题。

我们在第二章中提到，自我连接流程是进入调解人思维的一种方式。在强度练习中，我们让你坐到调解人的椅子上，通过切换椅子，你学会把自我连接流程和调解人思维联系起来，与冲突保持90°角。调解人的视角提醒你，你和别人的视角不同；它还会提醒你，如果你在寻求解决方案时不仅考虑自己的需要，还考虑他人的需要，你就更有可能对结果感到满意。

第二章的自我连接流程步骤如下：

1. 呼吸

关注你的呼吸，增长呼气的时间，使其比吸气时间更长一些。

2. 身体

关注你的身体感觉，并把它描述出来。

3. 需要

明确一个或多个需要。

珍妮特先深呼吸一次，然后开始进行自我连接。她体会到自己身体的感觉，并识别出愤怒和悲伤的情绪。她提醒自己回到那种关注自我的状态，通过每天练习自我连接流程，让她很快就找到了自己的感受。我的什么需要没有得到满足？她问自己，并注意到她需要关心和理解。

第二步：问自己"我可以把对方的信息听成是一种请求吗？"

人际调解地图的第二步是问自己："我可以把对方的信息听成是一种请求吗？"这是因为别人说话时，他们不是在说"请"就是在说"谢谢"。当你能听出他们在问你可否满足他们的需要，或者能听出他们在需要得到满足时表达感激，那你就不只是理解了他们表面的想法，更是与他们建立了更深层的连接，并给出了相应的回应。

例如，一位父亲恼怒地对他十几岁的孩子说："如果你现在不记住这个教训，以后你会吃亏的！"你能听出他在请儿子记住这个教训吗？或者，当一个开车的人向窗外大喊："你这个疯子，看着你的路！"你能听出司机在说"请小心驾驶！我差点酿成车祸，这让我吓坏了"吗？

在发生冲突时，表达感激是不太可能的。如果冲突的另一方在表达沮丧，或者告诉你他们认为你有什么问题，你可能会倾向于把他们说的话当成在针对你，并做出要么屈服要么反击的防御性反应。这时，不妨问问你自己是否能听出他们的请求，这会促使你转换视角，进入调解人的思维。它可以提醒你，那些人实际上有一些诉求，换句话说，他们有想要满足的需要，而他们说的话正在尝试满足那些需要。

与第一步类似，这一步也是完全在内心完成的。你不用问对方是否有请求的意思，只需默默地猜测，这让你能在听到他们的声音时产生较少的应激反应，并寻找他们可能试图满足的需要。

选择是人际调解地图的关键——如果你被正在发生的事情刺激到，这两个步骤可以用来提升你的觉察。你将能在被刺激时处于当下，选择与你的价值观一致的回应，而不是出于情绪化反应或习惯性反应做出回应。

提醒自己进行了第二步之后，珍妮特想，我能把唐娜说的话当成一种请求吗？她想从我们的对话中或我这里得到什么呢？

第三步：如能做到，同理倾听对方

作为调解人，首先选择你想同理谁，是自己还是对方。当你把注意力转到对方身上时，你就是在运用同理心技能帮助别人以他希望的方式被倾听。在这一步，你要勇敢地放下对自己信念的执着，并愿意倾听对方的观点。因此，如果你能做到的话，我们建议你选择同理倾听对方。如果你太痛苦了做不到，那就继续进行第四步。

让我们再次明确同理倾听的四个要素：
- 处在当下
- 静默同理
- 表达理解
- 使用需要的语言

处在当下

同理倾听的第一个要素是与某个人同在。要做到这一点，只需把注意力放在对方身上，专注地感知他们的语气、肢体语言、面部表情以及他们给出的所有信息，无论是语言的还是非语言的。处在当下就是不去思考或试图理解它，而只是全身心地与对方同在。另一种说法是，处在当下是直接与对方"鲜活的内在"连接，用心去倾听，而不是用心智去理解。

静默同理

在第二个要素中，你开始在内心思考这个人想要表达什么——他们在想什么，什么对他们来说是重要的，他们想要什么，或者需要什么。这些都是静默无声的。当你不知道说什么会对对方有帮助，或者不知道他们想要什么时，你可能会选择这个选项。他们讲话时，你只是安静地连接他们的感受和需要。

表达理解

在同理倾听的前两个要素中，你安静地和对方待在一起，要么与当下的自己连接，要么连接对方的感受和需要。而"理解"这个要素指的是，你用语言回应从他们那里听到的内容。理解的目的是让对方知道你正在以他们希望的方式倾听他们。为了做到这一点，你可以重复他们的话，简要地反馈你听到的重点，重复他们部分的语言或用你自己的语言复述，或者兼而有之，猜测他们话语背后更深层次的含义，或者加上你自己的解释。

使用需要的语言

同理倾听的第四个要素是，你要使用需要的语言反馈你听到的内容。你可以反馈自己的观察、感受、对方的需要或愿望，但最有帮助的是关注对方的需要。需要不仅能帮助你连接到对方鲜活的内在，还能帮助对方理清自己的深层动机。努力倾听对方需要背后的想法、感受、渴望，甚至他对你所持有的敌人形象。

当你反思观察、感受或请求中的任何一个方面时，你也可以把它们与需要联系起来，使它们之间的关系更加清晰。换句话说，你可以说："你难过是因为你想要被关心吗？"或者，不仅仅是说明一种策略，你还可以把策略与需要联系起来，你可以这样说："听起来你真的很想让简道歉，因为那样会让你觉得你很重要。"

```
                          需要
           ┌───────────┬───┴───┬───────────┐
    ┌──────┴──────┐ ┌──┴────┐ ┌┴───┐ ┌─────┴─────┐
    │  观察 / 评判  │ │感受/想法│ │ 策略 │ │ 请求 / 命令 │
    └─────────────┘ └───────┘ └────┘ └───────────┘
```

在进行同理倾听时，你可以按照我们提供的步骤顺序开始，从处在当下到静默同理，再到表达理解和使用需要的语言进行反馈。一旦你对每个要素更加熟悉，你就能随时感知到接下来使用哪个要素将会更容易产生连接。选择没有对与错，只是简单地做出一个选择，看看会发生什么，然后有可能再做出另一个选择，你总是可以从发生的事情中学到某些东西。

把处在当下这个要素放在第一位，是因为在很大程度上，这是其他要素的基础。如果你总能处在当下，那么从另外三个要素中进行选择就会变得更容易。当你处在当下时，你不会为如何做出正确的选择或如何才能找到正确的答案而感到焦虑，也不会因为害怕自己找不到答案而停滞或沉默。当你从其他三种要素中选择时，你只是每时每刻都与对方同在，觉察正在发生的事情。这是怎么做到的呢？当你处在当下时，你可以信任和依赖你的意图，你的直觉会告诉你下一步该尝试什么。当你拥有处在当下所带给你的平静时，你就做好了倾听下一个选择的准备，这将帮助你创造你想要的结果。

为什么我们建议从同理倾听对方开始呢？马歇尔·卢森堡曾经说过："教育之前先同理倾听。"在你试着告诉别人希望他听你说话之前，先倾听他们的观点，并努力识别他们的需要。这样，你就可以帮助他们满足希望得到同理倾听的需要。

例如，詹姆斯希望斯科特听到他关于没有和他商量就往他团队里加人的想法。如果詹姆斯只是试图告诉斯科特他的观点，斯科特可能会因为与他自己的观点不同而无法理解。如果詹姆斯先试着理解斯科特的想法，则可能会让斯科特更能理解他。当斯科特知道詹姆斯已经听到了对他来说很重要的东西，他同理倾听的需要就得到了满足，这样一来他会更容易敞开心扉倾听对詹姆斯而言很重要的东西。

虽然你不一定采取这种方法，但我们发现，它更有可能让你更快获得你所期待的倾听。正如史蒂芬·柯维所说的那句格言："首先要理解别人，然后才会被别人理解。"是的，当你想要表达自己的观点时，你很难去同理倾听对方。然而，如果你的倾听让对方感到很满意，认为你理解了他们的意思，那就为进一步的对话提供了各种可能性。

有时你觉得自己做不到先同理倾听对方，因为你没有意愿或听不进去对方的想法，也很难猜测他们的感受和需要。那么，就进入到第四步。如果你能以一种同理自己的方式说出你认为的事实，有时也能帮助对方从新的角度倾听你。

虽然珍妮特没有马上找到答案，但她对某些问题感到好奇：我能听到唐娜说了什么请求吗？她想从我们的对话中或者我这里得到什么？虽然仍然感到有点受伤，但她有足够的空间去思考唐娜的处境，并决定同理倾听她。仿佛在黑暗中看到了一丝光芒，她问唐娜："你是让我别管她，希望这样能帮到我是吗？"

唐娜耸了耸肩："是啊，你们俩已经吵了很长时间了，也许你可以稍微休息一下。"

第四步：自我表达

在第四步，你把聚光灯转回到自己身上。你可能已经花了一些时间去同理倾听对方，他们可能还想要更多的倾听，但你也需要得到倾听，你需要对方同理你这里发生的事情。

第五章　解决问题路线图：进行困难对话

第四步需要勇气：说出你认为的事实，即使别人很难听进去你眼里的真相。而且，你要用不责备他人也不让别人觉得你才是对的而别人是错的的方式来表达自己。简而言之，你只需要简单地说出你如何看待事情（观察）、你的感受、你的需要，以及你想要的结果是什么。

你在引导自己的对话，有时候很难分辨什么时候该同理倾听，什么时候该自我表达。因此，你可以经常问自己这个问题："让我猜猜现在做什么会创造我们之间的连接？"

你可以通过对方的肢体语言和语气判断对方是否愿意听你表达。他们可能比一开始时更放松：面部肌肉松弛，肩膀下垂，声音更低沉更安定。

另一种表示他们已经准备好听你表达的迹象是他们开始向你提问。他们可能会问"你为什么这样做？"或"你怎么了？"又或"你有什么要说的吗？"，当你选择表达时，你仍然站在调解人的角度，但把重点转移到自己身上，主要是让别人同理倾听你。你在诚实表达你所认为的真相。

首先，问问自己现在是否有什么想让别人听到。这时，你觉察到自己有什么观察、感受、需要和请求？为了满足你的需要，你想在对话中透露哪些信息？

以下是一些可以表达自己的方式：

· 告诉对方你听到他们的谈话之后有什么感受，把感受与你的需要联系起来，比如"当我听到你说这些时，我感到很难过，因为我关心你，想为你的幸福做贡献"。

· 首先与当下你想从对方那里获得满足的需要连接，然后自然地向对方表达你关注的需要。尽你最大的努力保有你的观念和想法，把你的想法、感受和你想从这个人那里得到些什么相连接，以满足你的需要。

· 你可以使用"训练轮"句式，它包含了所有四个要素，或者只

131

关注一两个要素，比如感受和需要。在《选择和平》这本书中有提到，"训练轮"句式的基本格式是："当我看到/听到……（观察），我感到……（感觉），因为我需要……（需要），你愿意……吗（请求）？"注意：总的来说，就是要让对方知道你的需要将会产生最大的连接。

为了再次回应唐娜，珍妮特又进行了自我连接流程，她做了一次深呼吸，感受到自己的痛苦，并连接到自己对尊重的需要，需要有人体谅自己对女儿的付出，理解她当下的困难。然后她又进行了第二步，问自己：我能听到唐娜的请求吗？虽然珍妮特确实得到了唐娜的关心，但她觉得整件事让她心烦意乱，她得不到她想要的支持，因而感到沮丧。她觉得自己没有能力同理倾听，所以她决定表达自己的心声。

"唐娜，我很明白你想要帮助我，我也确实需要帮助，但是你现在对我说的话帮不了我。我很沮丧……我为了女儿付出了很多，想和她保持良好的关系。你现在能不能告诉我，你听到我说了什么？我想确认一下我被理解了。"

唐娜看起来很惊讶。"嗯，我听到你说，你对瑞伊的事情感到很沮丧。我猜我和罗伊在一起时我不太会干涉他。"唐娜停顿了一下，叹了口气，"也许我已经放弃了，因为我觉得我无法和他建立连接。"

把连接当成一个反复的过程

这四个步骤构成了人际调解地图的连接阶段。在这个阶段中，调解人思维和人际调解地图提供了一些指导，让你在深陷激流找不到方向时可以有所依靠：你的需要是什么？对方的需要是什么？你们是否听到了彼此的需要？

请记住，尽管人际调解地图的五个步骤旨在为处在困难对话中的你提供导航，但始终是你来选择在每个时刻做什么。我们发现这些步骤非常简单，即使没有能力做到也很容易记住，并与我们的目标保持一致：按照我们的价值观采取行动而非按我们的冲突习惯；和对方创造连接；找到令双方都满意的解决方案。

连接常常交替出现在同理对方和表达自己的过程中。人际调解地图的步骤试图给出一些指导，让你了解在什么时候做什么选择，并帮助你记得在与他人连接的过程中保持与自己的连接。

连接过程通常不是简单地同理对方和表达自己就结束了，相反，应该把它看作是在与他人建立连接的过程中通过这些步骤反复前进的过程。以下是这一过程如何展开的简要介绍：

1. 在内心进行第一步和第二步，让自己扎根于当下，对对方产生好奇心。
2. 如果能做到，转到第三步，进行同理倾听。
   （1）如果能做到，同理倾听对方。
   （2）如果无法做到同理倾听，转到第四步，表达自己。
3. 听听别人对你的同理倾听或自我表达的回应。
4. 再次从第一步和第二步开始，让自己扎根于当下，问自己是否可以听到请求。

每次对方做出回应的时候，都像是一个重置键，你重新连接到自己内心的鲜活，提醒自己寻找对方话语里的请求，然后转向第三步。

在某种程度上，如果你可以同理倾听，你可能会意识到对方对同理倾听的需要已经得到了满足，然后你可能会选择表达自己，而不是继续同理倾听。虽然同理倾听往往是建立连接的重点，但是告诉别人你内在鲜活的东西，也可以达到这个效果。

换句话说，连接是一个反复重复的过程。在开始对话时，为自己设定一个进入对话的指导方针是很有帮助的，比如说决定在别人说话时，无论你多么想立即做出回应，你都至少要做一次同理猜测。

当然，在连接阶段，与自己保持连接同样重要。能够以一种更容易建立连接的方式表达自己，取决于你的自我连接。尽管如此，让自己休息一下也是个好主意。当你第一次学习时，你可能会发现，在一场困难对话中，始终与自己的感受和需要保持连接是不可能的。如果是这样，你可以练习在对话过程中休息或暂停，重新与自己连接，然后再回到对话中来。随着你越来越多地练习重新连接自己的感受和需要，你将能够随时在对话中保持连接。

随着冲突对话的进行，你的需要经常会发生改变。要尽可能地与自己和自己的需要保持连接。了解你的需要并表达它们，都能帮助对方更好地与你连接。与此同时，也要与对方的需要随时保持连接，因为他们的需要也可能在不断变化。

我们看一看，珍妮特和唐娜的需要在对话中的变化。

珍妮特再次快速使用自我连接流程与自己连接后，发现自己仍然觉得没有被理解。当她思考她是否能听到一个请求的时候，她意识到唐娜可能想要她同理倾听自己和她十几岁的儿子之间的关系，这也是珍妮特真正希望从唐娜那里得到的。珍妮特选择同理倾听，她说："哦，所以你对改善你和罗伊的关系感到绝望，想要尝试一种不加干涉的方式？当你听到我表达我的沮丧时，你是想通过提供这个可能的办法来表达你的关心吗？"

唐娜似乎陷入了思考中："是的，我想是这样的，我一直认为我和罗伊之间的关系是不可能改变的，但是当我看到你还在对瑞伊做这么多努力时，我感到很难过。我知道你有多在乎她，我也能看到你越挫越勇。我想当你开始谈论瑞伊的时候，我只是说出了我的绝望。我对自己现在的状况也感觉不太满意。"

珍妮特的需要一开始是关心和理解，但在得到唐娜关于同理倾听的回应后，很快就转变为尊重和体谅。珍妮特对唐娜的需要的猜测也发生了转变，一开始她认为唐娜需要帮助，后来转变为猜测唐娜想要自己同理倾听她和儿子的关系。

大多数人际冲突的情况是比较复杂的，因此，当对话过程中出现紧张气氛时，连接的过程就会变得更长。你仍然可以使用基本的框架作为指导，但是要意识到，连接过程可能会明显延长，会有很多个来回，你努力倾听对方，也努力让自己被对方倾听并得到对方的理解。你可能会被刺激到很多次，必须停下来进行自我同理，有时可能会生气或者对他人产生评判，然后又回到同理倾听和表达需要，这是很正常的。在实际的对话中，过程很少是优雅的！尽管如此，使用这些步骤并坚持下去，你们可以彼此连接并了解对方的情况。连接阶段完成之后，就进入到解决问题阶段，也就是讨论请求和达成协议的时候了。

解决问题阶段

在连接阶段，重点是尽量相互理解和彼此连接，当你进入人际调解地图的第五步，也就是最后一步——解决问题阶段时，你会把注意力转移到具体的行动、解决方案、协议和策略上，以解决你和他人之间的问题。我们的目标是通过相互连接，达成能为彼此的幸福做出贡献的解决方案，双方都必须对达成的协议非常满意。为了实现这一点，你们中至少有一个人必须明白，为了满足你的需要，对方的需要也要得到满足。

在那些存在误解的人际冲突中，通常只需要连接阶段。误会消除了，冲突平息了，事情过去了，你们彼此都不会向对方提出任何请求。

然而，在很多情况下，你或对方可能会提出一些请求。在解决问题阶段，你们会共同寻找并达成能满足双方需要的策略。连接和解决问题这两个阶段之间常常是流动的，你和对方都觉得被倾听和理解了，自然会出现解决的办法。但是，如果任何一方需要再次被同理倾听，那么，可以在再次提出请求之前，先回到连接阶段。

第五步：提出解决方案的请求并达成协议

人际调解地图的第五步也是调解技能之一：提出解决方案的请求并达成协议。从调解人的角度来看，在这一步，你将考虑自己和他人浮现出来的所有需要，并促进提出满足这些需要的请求。

关于提出解决方案的请求有三个方面的建议，每个方面都有助于创建解决方案来满足每个人的需要。

第一个方面是基本要点，意味着我们在提请求时，要表明它们是当下的、正向的，并且是一种行动的语言。

- **当下**的意思是，你很清楚你寻找的是现在可执行的协议，即使是在为未来制定的协议，你也很清楚你只是在询问对方关于未来某事的现在的意图。
- **正向**意味着你要求自己想要的，而非不想要的。
- **行动语言**表明某事是可行的、具体的和明确的。

第二个方面是发出请求，而不是提出要求。如果你真正的目的是提出请求，你可以接受对方的拒绝。事实上，即使对方心里想的是"不"，你也想听到真话。你也愿意同理倾听任何不完全是"是"的回答，你真诚地希望别人真正愿意去做你请求的事情，而且最好是出自对你的幸福做贡献的渴望和喜悦。这个技能的另一个要素是听到别人的请求，即使他们的表达方式听起来更像是在提出一个要求。

（有关请求的更详细介绍，请参见《选择和平》。）

第三个方面来自相互依存的感觉。这意味着你的重点不只是满足自己的需要，更确切地说，它在试图同时满足对方和你的需要，并请求对方也这样做。相互依存源于这样一种理解：除非每个人的需要都得到满足，否则你不太可能得到令人满意的结果。你可以将相互依存视为一种价值，并且是满足你自己需要的一种非常实用而有效的方式。

一旦提出某个双方都同意的请求，意味着双方都认为它也许能满足自己的需要，这样你们就可以达成协议。我们将在下一章详细讨论协议的各种类型。

当珍妮特与自己建立连接，听到唐娜话语中的请求时，她注意到，唐娜分享自己的感受时，她想要同理倾听他人的需要得到了满足。她想知道她们能否找到一种更直接的方式，可以支持到双方和自己十几岁孩子的关系。

决定提出请求后，珍妮特说："如果我们谈谈孩子身上发生的事，并且通过头脑风暴来找出我们可以尝试的各种方法，这会对你有帮助吗？我知道当尝试一件事却没有成功时，人是多么容易陷入绝望，但也许我们可以谈论这件事，并提出策略来互相帮助。你觉得怎么样？"

唐娜点了点头："是的，我不想放弃和罗伊的关系。我也很想看到你和瑞伊之间恢复亲密无间的关系。也许我们可以把这看作是和他们的一个崭新的开始。你愿意每周定一个时间来讨论这个问题吗？"

珍妮特笑了："是的，咱们虽然经常聊天，但如果我们能在固定时间就孩子们的近况和我们正在做的事情进行沟通，那就太好了。"

如果你和冲突中的对方处在一种持续的关系中，请求阶段通常是要达成一致，以期处理未来发生的类似情况。例如，珍妮特和唐娜可能会就如何应对其中一人提出的担忧，或就讨论孩子时用多少时间倾听或给出建议，达成一些具体的协议。

> **练习时间**
>
> 想想你最近提出的一个请求或你想要提出的一个请求。把它写下来，并根据提出解决方案的请求的三个方面来考虑它。你是否看到了改进请求本身的方法，或者说，你觉得你的请求怎么样？

在去斯科特的办公室和他沟通之前，詹姆斯做了几次深呼吸，并与他当下的感受和需要连接。他意识到，由于他想要在对话中被倾听和理解，所以感到有些惶恐不安。然后他走进斯科特的办公室，尽量让自己处在当下，他想听一听斯科特的想法。詹姆斯首先让斯科特知道他来这里的原因。

"斯科特，我想和你谈谈你让艾伦加入我的部门这个决定。这个决定对我影响很大。你事先没有告诉我，我希望大家能考虑一下我的意见。你需要被尊重，我需要良好、真诚的沟通，这对我都很重要。我想知道你听到我这么说，是什么感觉？"

斯科特说："在做决定时，我不可能把每个人的意见都考虑进去。那会花费太多的时间，而且行不通。我真的没看到有什么问题。"

詹姆斯听到这句话时，想要进入调解人的思维模式。他做了一次深呼吸，再次与他的感受和需要连接。他提醒自己，他的意图是同理倾听斯科特，并问自己斯科特在说什么请求？虽然他不是很确定，但简单地问个问题可以帮助他思考斯科特的观点。

"那么，斯科特，你是想让我理解你处在这样的位置，做这样的决定和你所面临的时间压力吗？你希望我理解你那么做的原因吗？"

斯科特耸了耸肩："是的，当然。我认为你不了解我要面对的事情。"

詹姆斯点点头。"很感激你告诉我。我不知道你需要在组织高层做出很多决定，而这些决定是基于很多压力做出的。"詹姆斯决定让斯科特知道他的想法，看看他是否能听到，"同时，我真的希望能以某种方式参与到影响我的决定中去。我想知道听我这么说，你感受如何？"

斯科特没有理会这个问题："是的，就像我说的，我没有时间那么做。你的任务就是搞定它。"

詹姆斯知道，如果要斯科特理解他，就需要先多同理倾听斯科特。他再一次问自己是否能听到斯科特话中的请求。"听起来你只是想相信我们这些为你工作的人会把工作完成，而不必去想它？"

"当然，我希望能仰赖大家，相信大家能做好工作。"斯科特一边说一边向空中甩了甩双手，"我不需要去照顾这些工作，不需要跟踪，不需要关注，也不需要确保每件事都做好。"

詹姆斯再次尝试表达斯科特的感受："我真的希望你能感受到支持，并尽我所能做出贡献。同时，我觉得如果我能参与到和我的团队和工作相关的决策中，我会做出很多贡献。我真的相信它可能会对你有所帮助，它可以给我包容感，我也能感受到支持。我认为我们都能感到被支持很重要。我希望为你和公司更好地工作。你愿意让我知道你听到了什么吗？这样我就能明白我是否表达清楚了。"

"好吧，"斯科特说，"所以你认为让你参与这些决策可能会对我有帮助。你希望我们都能得到支持，而不只是我一个人，这样可能对公司更好。"

"没错。我真的很感激你这么尊重我和我的工作，你相信我能处理好这些事情。我认为，参与其中一些决定将对我们双方都有帮助。你是否愿意，即使你认为我的意见不能改变任何事情，在做出决定之前,仍然提前告诉我一声,万一我说了什么可能会改变一些事情呢?比如和艾伦一起工作,能否让我提前知道呢?"

斯科特把目光移开,交叉抱着双臂:"嗯,事实是,在艾伦这件事上,我没有太多选择。高层觉得他在公司待了这么久,太有价值了,所以不能失去他。他们认为把他放我这里是最合适的,而马特刚离开你的团队,所以我把他安排到了你的部门。"

在继续提出请求之前,詹姆斯再次同理倾听斯科特:"我明白了。所以在那种情况下,你觉得自己也没有多少选择?"

"没错。有时我也没有解释太多。事情就是这样。"斯科特摇了摇头,"我不确定把决定告诉你是否有意义,即使这些决定可能是你可以参与的。这样做可能在浪费时间。"

"所以,这么做你认为很高效,不会浪费时间?"詹姆斯问。

"是的。我们现在都有很多压力。"

詹姆斯继续提出他的请求,希望斯科特感到被充分理解了,愿意考虑一下他接下来提出的请求。

"有时候,我也许可以做出一些你没有预料到的贡献,而它们可能真的很有价值,甚至从长远来看更有成效。我们能不能把它看成一个短期的实验来看看它是否有效?我们可以从中有所收获,如果不成功,我们就停下来。你愿意尝试三个月吗?"

斯科特耸了耸肩:"好吧,我们试三个月。"

高阶调解技能

路线图可以帮助你到达目的地,而一些额外的技能也可以帮助你更成功地完成你的旅程。人际调解地图是你在困难对话中会用到的一系列步骤,而这些技巧可以帮助你更好地了解如何来使用人际调解地图。当你按照地图行动,与自己保持连接,尝试与他人连接,并把对话保持在解决问题的轨道上时，它们阐明了你可以使用的一系列选择。

如果你还处在学习地图的早期阶段，即使不增加这些额外的技能，也可能已经让你感到非常困难了。那么，你可以暂时集中精力在学习和使用地图的步骤，以及同理倾听和提出解决方案请求的技能上。随着对这些步骤越来越熟悉，你可能会发现已经准备好将更多的技能融入你的练习和对话中。当你达到那个阶段时，你可以回到这个部分，开始掌握下面列出的技能。如果你还没有准备好掌握这些高级技能，你可能会想翻到后面"关于地图的说明"那个章节。

当开始在对话中使用人际调解地图时，你可能会发现一些突发状况，你想知道如何能够有效地回应它们。这些额外的技能回答了人们试图调解自身冲突时出现的常见问题，适用于此句式："当……时，我该怎么办？"。例如：

- 对方不回答我的问题
- 在我表达自己时，对方没有在听我说
- 我发现很难理解对方的表达
- 我担心对话的方式，或者对方与我互动的方式
- 不太确定对方是否理解我表达的意思
- 被刺激到了

以下是一系列高阶技能。虽然你也许很想知道你该如何同时掌握各项技能，但是不要担心，在本章结束时，我们将讨论多种方法来练习框架、地图和技能，以便在日常生活中进行困难对话时能有效地使用它们。

- 连接性请求
- 拉耳朵
- 紧急同理

141

- 追踪
- 打断
- 自我同理
- 自我表达

连接性请求

连接性请求不是关于特定的行动或解决方案的，而是旨在辨别你和对方的连接，以帮助你决定下一步要做什么。连接性请求通常是在第四步你告诉对方你发生了什么的时候中使用。你用这项技能来表达你的观察、感受、需要和请求，但你仍然要确保他们听到的是你希望他们听到的。因此，你可能需要时不时地暂停一下，以查看他们如何理解听到的内容。

主要有两种连接性请求：信息的发送和接收、连接的品质。

信息的发送和接收

别人接收到的信息往往和你发出的信息不一样。即使你不是在批评、指责、评判或要求，别人也可能会认为你是在这么做。为了保证他们理解你的意图，你可以请求对方告诉你他们听到了什么。

人们通常会问："你明白我的意思吗？"但这种提问方式的问题在于，它让人只能回答"是"或"否"，即使这个人说"是"，你仍然不知道他们真正理解的是什么。他们可能认为他们理解了，但这可能与你想让他们理解的非常不同。

为了检验你发出的信息是否按照你希望的方式被接收到，你可以这样说："为了确信你理解了我真正的意思，你愿意告诉我到目前为止你听到了什么吗？"或者"你能告诉我你听到我说了什么吗？"

这个请求对你们两人都有帮助。如果对方愿意，你可以通过他们的回答知道他们是否听懂了你的意思。如果他们回答的不是你的意思，你就有机会澄清。你可以这样说："谢谢你告诉我你听到了什么，但你听到的和我想说的并不完全相同。我的意思是_____。你愿意告诉我你现在听到了什么吗？"

这个请求也可以帮助对方。因为当他们尝试复述自己的理解时，他们往往也会更清晰。让我们面对现实吧：当别人说话时，你很容易左耳进右耳出。人们还经常会陷入一种思维模式：想要反驳别人，不同意别人说的话，或者专注于自己接下来想说什么。但是，当你请别人反馈他们的理解时，就会鼓励他们集中注意力，让你说出的信息在他们的脑海中变得更加清晰。

通过他们的语气和他们说的内容，你不仅能明白他们是否如你所愿理解了你，还可以弄清楚他们是否对他们所听到的内容产生了应激反应。如果他们被刺激到并产生了自动化反应，因而和你断开了连接，也不再处于当下，那么继续表达往往没有帮助，这种时候可能需要再次回到同理倾听。

连接的品质

另一种连接性请求不是为了看对方是否理解你，而是看他们的反应以及他们的感受和想法。这种请求是："听到我说的话，你有什么感觉？"或者"你想如何回应我说的话？"又或者其他类似对听到你的话如何做出回应的问题。总之，这是使用不同的方式来查看双方是否有连接，而根据对方的肢体语言和话语决定下一步采取什么行动会更有价值。如果他们回复你，比如"嗯，我觉得你不太明白我在说什么"，那么回到同理倾听可能比继续表达更有意义。

> **练习时间**
>
> 你如何将连接性请求整合到你的日常生活中？想想最近发生的一些事，连接性请求也许可以帮助你确保你想说的真正被理解，或者查看其他人对你所说的话有什么想法和感受。

拉耳朵

当你请求对方说出他们听到的内容，而对方又在做其他事情时，你会怎么做？我们用一个来自马歇尔·卢森堡的短语——你"拉着他们的耳朵走"，这个短语指的是你以一种方式让对方说出他们听到了什么，这种方式就是让对方把注意力集中在你想让他们听到的内容上，尤其是你所表达的需要上。这并不是一种暴力或居高临下的表现，它的意思是用一种能够创建连接的方式，温和而恭敬地引导别人集中注意力来听你说话。

假如你说："我真的很想让你知道，你说的话没有满足我对尊重的需要。你愿意告诉我你听到我说的是什么吗？"然后他们会做出如下的一种回应：

- 他们从你的话语中听到了评判：

"我听到你说，你认为我是个不尊重人的混蛋。"

为了"拉他们的耳朵"，你可能会说：

"谢谢你告诉我你听到的话。我想让你知道我真的需要尊重。我不是想说你不尊重人，但当我听到你说的话时，我对尊重的需要没有得到满足。你愿意告诉我，我刚才说了什么吗？"

- 他们开始表达，而不是告诉你他们听到了什么：

  "当然，我告诉你我听到的……我听到的是你并没有理解。我觉得你才是那个不尊重人的人。我只是想解释为什么我认为你的想法行不通。"

  为了"拉他们的耳朵"，你可能会说：

  "等等，我真的很想听听你要说什么，但首先我想知道你是否能告诉我你刚才听到我说了什么，然后告诉我你的感受和想法。"

当你意识到他们可能愿意说出他们听到了什么，但他们不太理解你的请求，或者不知道同理倾听你和表达自己之间有何区别，这时，你可以选择"拉着他们的耳朵走"。

这个技能不是迫使别人重复你说过的话，也不是给出命令，而是提出请求。这有希望创造更多的连接。例如，如果一个人承受了太多的痛苦，一个不同的选择也许会有助于创造连接。

有时，如果你发现同理倾听没有帮助到对方，那么你可以只是重复你听到的话，而不用再给予更多的同理倾听。"拉耳朵"是一种坚持不懈的意愿，而不是命令，它通常与下一项技能——紧急同理结合在一起。

紧急同理

在对话时，对方可能很痛苦，尤其是在对话刚开始的时候，他也许没有能力真正地听你说话。如果你已经切换到了表达，并让对方进行反馈，你发现对方做出的回应源于他所受到的伤害，这时就需要进行紧急同理了。打个比方，他们正在流血，需要一些照顾，才能在对话中与你同在，并能听进去你说的话。

紧急同理使用的是与人际调解地图第三步相同的同理倾听技能。在紧急同理中，你暂时离开对话进程，迅速地进行同理倾听，这样对方就可以和你同步。运用处在当下、静默同理、表达理解和使用需要的语言这四个要素，与此时此刻对方内在的鲜活相连接。你可能会发现，只需要同理猜测一两次，就能满足对方的需要，之后再回到你们正在进行的对话中。但要做到这一点，你需要另一种调解技能：追踪。

追　踪

追踪是记住你在地图上所处位置的技能，记住已经发生的事情和将要发生的事情。在一场困难对话中，这种技能会被用来记录你在地图上的位置，当你走出地图去做其他事情时，它会特别有用。简而言之，追踪帮助你记住你离开的地方。

例如，如果你在表达自己，并使用了一个连接性请求，而对方很痛苦地做出回应，这促使你提供紧急同理，你就需要做一个追踪，你转换成了对对方的同理倾听，但是你还没有得到倾听。在给予对方同理倾听之后，你可能会回到地图的第四步，让别人听你表达，你可以说："好吧，我已经听你说了一段时间了，我想知道你现在是否愿意分享你听到我说了什么。"你甚至可以总结一下你想让别人听到什么，在必要的时候"拉着他们的耳朵走"。

打　断

你是否曾经给过别人机会，让对方告诉你他们正在想什么，然后他们一直说个不停，直到你开始失去注意力和兴趣？当你在困难对话中使用人际调解地图时，这种情况可能会导致你们失去连接。对方可能说太多让你觉得跟不上，也许是因为他们语速太快，也许是因为他们使用的词汇让你很难理解。这时你可以使用打断别人的技巧。

在很多文化里，包括我们自己的文化，人们认为打断别人说话是不礼貌的。我们认为，当你无法理解时，还允许他们继续说下去也是不礼貌和不尊重的。打断别人说话的技巧是，以有助于建立连接的方式打断他们的讲话，而不是以中断你们之间连接的方式。这么做的目的并不是要切断对方与你的连接，而是当你感觉连接逐渐减少的时候，你希望通过这样的选择创造更多的连接。

你可以选择不同的表达方式打断对方，尤其是在你很集中注意力的地方。一种选择是把注意力放在对方身上，然后用同理倾听的方式打断他。当对方还在说话的时候，你就打断他说：

"抱歉，抱歉，你是说……"

告诉对方你的理解。

另一个例子是：

"抱歉，我想看看到目前为止，我是否理解你所说的话了。你觉得可以吗？"

你也可以用表达自己感受和想法的方式来打断对方。可能听起来是这样的：

"对不起，我发现自己很迷茫，因为我现在听不懂你在说什么，我已经找不到头绪了。你愿意用两三句话告诉我你现在想让我听到的重点吗？"

或者：

"抱歉，抱歉，我真的很想知道你在说什么，但是你说的话有些我没听懂。你愿意告诉我什么对你来说是真正重要的，以及你想让我理解的事情吗？而不是你认为我有什么问题。"

简而言之，打断对方，让对方知道你内心在发生什么，然后提出一个请求，希望能满足你对连接和理解的需要。

自我同理

顾名思义，自我同理就是同理倾听自己的过程，但它不同于自我连接流程（人际调解地图的第一步）。这是一种更广阔的审视自己的方式，用语言来连接你内心正在发生的事情。

自我连接流程作为处理冲突框架的第一步，目的是快速地与自己重新连接。然而，有时你会发现这样做还不够，也许你被别人的话语刺激到了，无法继续听下去。然后，你可能需要在谈话中休息一下，同理倾听自己，问问对方是否愿意稍后再继续讨论下去。你可以这样说：

"抱歉，我意识到我没有像我希望的那样和你交流，我的反应让我分心了。我希望能比现在更好地倾听、理解你，所以我想先休息一下，理清思路，然后再回来讨论这个问题。你愿意过一会儿再回来继续吗？"

确保提出明确的请求，说明你想什么时候回到对话中。

在你给予自己时间来进行自我同理的时候，无论是你独自进行还是借助于他人的帮助，都要经历观察、感受、需要和请求这四个要素。你观察到了什么？你的观察可以是别人说了什么或做了什么让你难以接受，或者是你的内心发生了什么（你的想法、评判等），然后问问自己，我有什么感受？体会身体的感觉，确保你说的是真实的感受而不是一种虚假的感觉（如果你不清楚两者的区别，请参阅《选择和平》，并使用附录 1 中的列表来帮助你描述自己的感受）。

清晰地描述自己的感受，将语言融入你身体的内在体验中，然后探究你的需要，在你思考你的观察时，尽可能深入地探索有哪些需要没有得到满足——听别人说话，体会他们的行为，或者留意你对谈话的想法。

看看你是否能意识到需要的层次。有时你可能探究到一个需要，比如保护，然后发现满足这种需要实际上是满足另一种需要的策略。最后，查看一下自己是否有任何请求。请求可以是对自己的，也可以是对他人的。

通过观察、感受、需要和请求更充分地与自己连接，注意你的感受发生的任何变化。让这个过程尽量保持长久，以便让身心开放而松弛，这通常能够保持与自我的连接。

自我同理更高阶的方式是使用前一章的化解敌人形象流程。当你觉得准备好了，你就从人际调解地图中断的地方继续进行之前的对话，或者在你自我同理的同时，向对方提出一个请求。在与自己连接的过程中，你将能够更好地倾听对方的想法，了解他们的想法，从而做出对双方都有利的决定。

练习时间

想想现在让你心烦的一个人，或者最近发生的一件让你心烦的事，进行自我同理的流程。

自我表达

人际调解地图的第四步是自我表达。告诉对方这种情况下什么对你很重要，目的是创造连接。然而，作为一种调解技能，自我表达实际上是一种表达你和对方之间经历过程的技能。

记住你在人际冲突中的双重角色——调解人和冲突中的自己。作为调解人，你有一个对话中其他人没有的视角，包括对话过程的地图，以及让对话进程更成功的行为和态度。简而言之，自我表达能够提出高质量的请求，促进调解过程顺利进展。

当你用从本书中学到的技能和经验开始一场对话时，你就在寻求一种方式，让双方对自己得到了倾听都表示满意，目的是创建一个能够满足双方需要的解决方案。如果过程开始偏离这种方式，就使用自我表达的技能。

例如，也许和你谈话的人说了或做了以下的某一件事：

- 打断你说："我不关心你说什么。我不听！"
- 喊着"你就是个混蛋！"
- 他们开始说很多脏话。
- 他们的声音太大，让你感觉不舒服。
- 他们的反应开始让你害怕或担心。

如果你在谈话中经历了一些事情，认为这会阻碍每个人的意见得到倾听，并最终无法达成一个令双方都满意的解决方案，那么你可能会想要表达你的担忧，并提出一个请求，让对话继续下去。例如，你可以这样说：

- "我希望我们能轮流讲话，这样我们能真正听到彼此的声音。你愿意这样做吗？"
- "等等，我想在这里停一下。我想说，你的说话方式让我很难用我喜欢的方式和你说话。我想知道你是否愿意同意，我们都不要互相谩骂，更多地关注我们的感受和我们真正想从对方那里得到什么。"

- "当我听到你的声音越来越大的时候，我感到焦虑，因为我希望我们说话时能够互相尊重。你愿意用我现在的音量说话吗？"
- "抱歉，我现在感到不舒服和不安全。你愿意坐下来吗？"
- "当我感觉到你的急迫感时，我感到不舒服，也很痛苦，当我感到害怕时，我无法注意到你在说什么，所以你愿意小声点儿并坐在你的椅子上吗？"

在自我表达的技能中，你的请求是尝试保持一个对话框架，以支持你们彼此连接。

关于地图的说明

正如我们前面所说，人际冲突是最困难的状况，因为它们充满了情绪和习惯性的刺激因素。一开始你可能很难记得你想要使用地图，更不用说在真正经历混乱的对话时记住或跟随每个步骤。即使你一开始能够感觉保持自我，但如果对方所说的话让你陷入压力反应，也会让你很难坚持下去。

然而，我们发现：如果你在对话一开始就记得有地图（一系列步骤指导），你有强烈的意图使用地图，并不断地一遍又一遍地提醒自己使用它，那么不论多么困难的对话，你都可以按图索骥。每当我们发现自己陷入麻烦时，我们不会去想它，会自动地进入到对话中。

有地图并不意味着你不会受到刺激，不会对别人的话语有任何反应，有时你甚至会很迷茫。但有了明确的意图并保证使用地图时，你将能够回到地图，遵循它为你安排的步骤。

地图的比喻在这里非常贴切。举个例子，如果你在洛杉矶开着车，而你的目的地是芝加哥，你是看着地图去那里呢，还是一边开车一边想路线？这将是完全不同的两种体验。在公路旅行中，虽然只靠方向感来寻找目的地可能很有趣，但如果你想到达目的地，地图就派上用场了。

在困难对话中，尤其是在受到刺激、情绪高涨时，可能会影响你对自己和他人的评判，边对话边思考可能不会带来你想要的结果。专心地跟随地图，寻找下一个里程碑，使用步骤和技能会帮助你保持专注，将困难对话导向成功。

> **练习时间**
>
> 在对话之前和对话期间，你准备如何使用人际调解地图？

这里再次介绍一下人际调解地图的步骤和对话过程中可能使用的技能：

1. 实行自我连接流程
2. 问自己"我可以把对方的信息听成是一种请求吗？"
3. 如能做到，同理倾听对方
   （1）同理
   （2）打断
4. 自我表达
   （1）连接性请求
   （2）拉耳朵
   （3）紧急同理
   （4）追踪
5. 提出解决方案的请求并达成协议
   提出解决方案的请求

自我同理
自我表达
（这两个应用于步骤 3—5）

尽管这九种技能中的任何一种都可能在对话中的不同地方被使用，但是上面的图表显示了它们在哪个步骤中最有可能被用到。例如，同理技能处于人际调解地图的第三步，打断也是你在同理倾听时可能会用到的一种技能：当你听别人说话时，你可能发现他们说的话远远超出你所能理解的，这时你就可以打断他们。在第四步自我表达中，四种独立的技能可能会派上用场：

- 在表达之后，你可能希望发出连接性请求，以查看其他人如何接收你所说的内容，或者查看你们之间的连接。
- 如果你请求他们反馈，而他们却在表达，你可以使用拉耳朵的技巧；或者如果你觉得他们心烦意乱，可以使用紧急同理。
- 追踪技巧可以帮助你记住自己在人际调解地图中的位置，并继续实行调解过程。

自我同理和自我表达的技能在整个过程中都会有所体现，因为它们很可能在对话的任何时候出现。

受到刺激时的连接

当我们开放心态，愿意倾听对方时，就更容易弄清楚是什么引发了冲突。在不断进行同理倾听和表达的过程中，我们经常可以观察到引发冲突的刺激诱因是什么，要么是他们心中的想法，要么是你或对方说过或做过的事，要么就是没有说过或做过的事。在亲密关系中，人们通常因为对方没做什么或没说什么而受到刺激，比对方做了什么或说了什么受到的刺激更大。对刺激的观察往往是关键，当同理倾听时观察到刺激诱因并理解它，更能帮助你们建立连接。

我们发现引起冲突的刺激因素通常有两种隐藏的方式：一种是人们为了保护自己而隐藏刺激对他们造成的伤害，另一种是将观察与评判纠缠在一起，使其模糊不清。不管哪种情况，当你能真正和另一个人同在，帮助他们认真观察是什么引发了冲突，就可以打开一扇门，以相互理解和提出解决方案的方式来处理这个刺激。当人们第一次听到这样的观察时，那种感觉有点像顿悟——一束清晰的光前所未有地照亮了眼前所处之境地。

以詹姆斯为例，让我们看看他所经历的类似于顿悟的一个时刻。

一位女士志愿为詹姆斯公司的一些紧急护理中心翻译健康资料，在与她进行电话沟通时，詹姆斯感到很沮丧，因为他不清楚她想要什么，但他仍然保持对她同理倾听并努力理解她。当他最终意识到她想要表达的意思时，他才终于明白：她为了积累经验，在之前免费做了一些翻译工作，但她担心有了这样的先例，接下来她做任何翻译工作都可能得不到报酬。

一旦有了清晰的观察，整个对话就开始发生转变。詹姆斯告诉她，事实上，他最近已经可以从预算中拿出一笔钱来支付资料的翻译费用，因为公司已经开始看到这些资料产生的积极影响。当詹姆斯清晰地观察到是她的想法刺激了她之后，詹姆斯就可以和她分享真实的情况了。正是因为保持同理倾听才得到这种观察，因而才消除了误解。在得知自己先前的想法并不准确之后，她的整个举止都放松下来。

在这个例子中，刺激有时是比较容易消除的误解。对她来说，刺激她的只是一种与现实不符的想法。同理倾听发现了刺激的因素，这会导致你告诉对方你是如何理解情况的，或者解释你和他们的看法有什么不同。这样做的时候，你仍然在使用同样的技能，也就是说，你不是"教育"他们说他们的观点有多扭曲，而是表达你自己的观察、感受和需要，然后提出请求。

当下的冲突：理想和现实

人们倾向于从理想的角度考虑问题——尤其是他们想成为什么样的人。当你想到你与他人的互动时，你可能会有一个理想状态，希望能与自己保持连接，同理倾听对方，以一种与他人保持连接的方式清晰地表达自己，找到对双方都有效的解决方案。这种理想是我们在本章中要指出的，在本章和整本书中，我们都在给出很多想法帮助你发展技能，这样你就可以越来越多地实现你的理想。

尽管如此，我们认为注意观察现实也是很重要的。即使经过多年的练习，我们还是会被刺激到；我们仍然会有自动化反应，并进入防御模式。当我们回首往事的时候，我们想，"我知道有比这更好的表达方式！"，但我们还是会那么说。那种互动最好的结果也是令人不满，而最差的结果则是引发一场战斗，然后有一方愤然离场。我们可能把事情搞砸。我们都是人。

你也一样。也许你非常期望能够活出自己的价值观和理想，但总是会有人能够刺激到你，让你暂时忘记你接受的所有培训、做过的所有练习和技能训练，这导致你不得不诉诸最原始的本能：去反击、逃跑或躲藏。当这样的事情发生时，接纳它。这并不意味着你有什么问题或你失败了，你只是没有满足你的一些需要。你可以从中学习，然后再试一次。

到目前为止，我们假设你知道你将进行一场困难对话，你可以提前做好内在工作，为对话做好计划。当然，在对话变得困难之前，你不会每次都能收到警告。你可能正在进行对话或意外见到某人，在你还没有准备好时冲突就已经发生了。这增加了处理纷争的难度。

在这种情况下，你可能会感觉身体像被什么控制住了，也可能会感到精力充沛，就像有人给你注射了兴奋剂，突然间你像变了个人。你有无数的想法，觉得有必要说一些事情，做一些事情，然后你又想弄清楚究竟是什么让你这样做。在那些时刻，你大脑的不同部分控制着你的意识，你感觉就像被什么东西附体了。

留心你的这种改变，感知到此时自己与外界互动的模式与平时不同，这是第一步。你也许会因你的感受，以及迫不及待地想得到倾听或摆脱当下的情况而注意到它。这样的感觉就像是处于生与死的边缘。当你发现这些提示时，你就能学会阻止自己因习惯性反应而采取行动。你也可以开始谈论它，以观察者的身份评论它。你可以使用第三人称，让你逐步摆脱自动化反应，至少不再做出或说出任何会让你后悔的事情。

下面是一个被某物或某人"附身"的例子，以及处理这种情绪的两种不同方式：

科瑞最近的成绩不是很好，但是当詹姆斯走过他的房间时，他看到科瑞并没有在学习，而是在玩电脑游戏。

—— 情境 1 ——

詹姆斯瞥了一眼科瑞的房间，看到他正在玩电脑游戏。他怒气冲冲地走进房间，对科瑞吼道："你在干什么？你明知道你的成绩很糟糕，还在这里玩游戏？！你妈妈和我每天工作很长时间，就是为了让你能过上好日子，而你让我们的心血都白费了！"

—— 情境 2 ——

詹姆斯瞥了一眼科瑞的房间，看到他正在玩电脑游戏。他感到一股怒火涌遍他的全身。他的全身紧绷，身体逐渐发热。他快速地进行自我连接流程，连接他的身体和需要。他开始寻找一种请求，这提醒他科瑞可能需要理解。詹姆斯知道他现在无法做到同理倾听，因为他太激动了。所以他说："科瑞，当我看到你的成绩单，然后注意到你没有在做作业而是在玩游戏时，我感到沮丧、害怕和困惑。我真的很关心你的幸福，不知道这是否也是你想要的。你能告诉我发生了什么事吗？"

以下是詹姆斯可能会用到的另一种表达自己的方式，尤其是当他过于激动而无法清楚表达自己的感受和需要时：

"科瑞，当我看到你在玩游戏，把自己的成绩丢在一边时，我感到又紧张又生气。我有一种强烈的情绪，但我不想带着情绪和你相处。你能告诉我你听到我说了什么吗？"（或者："听我这么说，你有什么感觉？"）

另一种处理这种情况的方法是，当你感到自己失去控制时，就休息一下。你可以让对方知道你正在休息，你还会回到对话中来。如果你觉得这样讲让你比较舒服，试着告诉对方你觉得现在自己无法与自己和他们保持连接，因此无法以你想要的方式进行对话。或者，你可以简单地告诉对方，你需要去做点别的事情，然后请求过一会儿再继续谈话。如果你发现自己想马上停下来，不想进一步陷入有可能发生的混乱状况，这可能是个不错的选择。然后，你可以做一些内在的工作，带着更多的连接回到当下的对话中来。

例如，如果詹姆斯看到科瑞在玩电脑游戏时感到怒火冲天，在自我连接和寻找请求之后，他仍然不能以让他感觉良好的方式进行同理倾听或自我表达，他可能会说：

"科瑞，看到你在这里玩游戏而不是做作业，我真的很难过，我想和你谈谈，但我需要一点时间让自己的心情好起来，所以我晚点再来找你。"

当然，另一种选择是继续进行对话，尽可能地与自己保持连接，并尽可能地遵循人际调解地图的步骤进行。

当冲突发生那一刻，你可能会发现，一开始你大脑的注意力并不在当下，无法意识到这时候该使用你的技能，甚至不记得你还可以选择去休息，于是不管你处于怎样的反应模式中你仍然留在对话里。你上了火车，可能一时半会儿都下不了车。你会搞得一团糟。我们鼓励你把这样的时刻看作是进一步练习的机会。

你可以有很多做法重新与自己连接，思考你想做什么。在第七章中，我们将探讨哀悼、庆祝和学习的地图，这是一个很关键的过程，让你在某些事情发生之后重新与你自己连接。但是，现在你可以实行第四章中的化解敌人形象流程，也可以回到自我连接流程，重新与你自己相连接。

重要的是，你所做的内在工作将缩短你从被动状态中走出来的时间。因此，我们鼓励你，如果有能力的话，你可以让对话暂停，以防随后要收拾残局。暂停并不是学习调解人际冲突的目的，真正的希望在于要在对话之外做一些内在工作，这样你就能更快更持久地与自己重新建立连接。只有这样，你才能更加处在当下，能够同理倾听他人并发自内心地表达。

日本合气道创始人植芝盛平有一个广为流传的故事，说明他一直能够回到当下。

一个年轻的学生看到植芝大师和一个有造诣的拳手对打，他对大师说："你永远不会失去你的平衡。你的秘诀是什么？"

"你错了。"大师回答，"我经常失去平衡。我的技能在于我有重新获得平衡的能力。"

同样，你练习得越多，当你被刺激到时就越能快速回到当下。最初，你可能需要几周或几天，后来是几个小时，然后是几分钟，直到最后只需几秒钟，你才意识到自己断开连接，就可以重新建立连接。练习的重点不在于"保持"当下的状态，而在于培养一种技能让你能迅速回到当下，这样你就能选择如何回应。

处理"不"

如果提出请求是调解人生的一个基本部分，那么听到对方对请求的否定回应也是如此。听到别人说"不"，尤其是在发生冲突的时候，会触发你的各种习惯性反应，让你再次陷入冲突。不要把"不"当作满足你需要的障碍，我们建议你把它当作另一种请求——一个更深入了解如何满足需要的机会，找出比之前提出的请求更好的解决方案。

当你听到别人说"不"的时候，一定要去听"不"背后的需要。为什么呢？因为当有人说"不"的时候，他们是在说，他们认为这个请求不能满足他们的需要。未被满足的需要有可能是显而易见的，也有可能是看不到的深层的需要。留意对方说"不"背后的需要，不仅有助于解决冲突，还能让关系进入到更高的理解层次。因此，对方说"不"，实际上是在对其他的需要说"是"。

例如，在第一章中，当莎莉让詹姆斯去接玛吉并带她去参加足球选拔赛时，詹姆斯拒绝了。他之所以说"不"可能是因为他需要留在工作岗位上，以保住工作。但更深入地来看，他说"不"可能反映了他对于莎莉重返工作为家里带来的变化有一种深层的恐惧，而他需要可预见性。他感到心烦意乱也可能是他认为莎莉总是在最后一分钟才向他提出请求，他觉得自己别无选择，他对自主和尊重的需要没有得到满足。

莎莉把他的防御当成是对她的侮辱，触发了她"战斗或逃跑"的反应，她无法倾听他的"不"背后的需要。即使她得到了自己想要的，冲突还是加剧了。

当你听到"不"的时候，一个简单的三步法是：

1. 明确与需要相关的请求。
2. 同理倾听"不";理解对方不答应你的请求是出于什么原因,也就是理解他的需要。
3. 当你能理解这些需要时,你就能解释他想要什么来满足他的需要,这时你可以重新提出请求,或者提出其他有可能满足你们双方需要的请求。或者,你可以让他帮你想出一个对双方都有效的解决方案。(我们在"附录 7:人际调解地图练习"中包含了一个针对"'不'背后的需要"的完整练习。)

让我们回顾一下第一章的情境,看看当莎莉听到詹姆斯说"啊,等一下,我要送孩子们去上学,下午我不能随便离开工作,不能陪她去参加足球选拔赛"时,她会如何使用这个流程。

首先,莎莉重新连接到自己,因为詹姆斯的话引起了她的反应,然后她明确了与自己的需要相关的请求。

她说:"总得有人送玛吉去参加选拔赛,而那时我要和一个潜在客户开会,所以我担心这会影响我得到这份工作的机会。你有什么办法可以帮我吗?"

詹姆斯说:"嗯,那个时间我也不方便离开工作岗位,那是下午3点半。"

莎莉尝试理解詹姆斯说"不"背后想满足的需要:"你是说,如果你抽时间去送她参加选拔赛,你担心会耽误工作是吗?"

"那肯定啊。不光看上去不太好,而且我没办法完成工作。"

莎莉点点头:"好吧,所以你想要保证你能完成工作,同时也想让其他人知道你在工作岗位上。那你能帮我想个办法让我们把她接回来吗?"

从这里开始，詹姆斯和莎莉继续对话，一起寻找满足他们双方需要的解决方案。正如我们在这一章一开始所听到的，詹姆斯确实离开了工作去接玛吉，但是之后莎莉的妹妹佩格接替了他，詹姆斯就能够回去工作了。

当别人向你提出请求，而你想说"不"的时候，你可以猜测请求背后的需要，然后让对方知道，对方当前提出的请求无法满足你的需要。你可以首先同理倾听对方，这通常会增加让他们也倾听你的可能性。如果你说"不"后他们有应激反应，你也可以在表达自己的需要之前先同理他们的反应。然后，你可以尝试提出一个修改后的请求，以满足他们的需要和你的"不"背后的需要。

例如，在詹姆斯和莎莉的情境中，如果詹姆斯意识到要使用这个方法，那么他可能听到莎莉正在提出请求（尽管听起来像一个要求），并且意识到自己想要说"不"。接下来的对话可能是这样的：

首先，詹姆斯明确莎莉的请求，试着把它和她的需要连接起来："所以你让我去接玛吉，是因为你担心会失去这个客户是吗？"

莎莉回答说："是的，这是我第一次和他们见面，我不想给他们留下不好的印象，让他们觉得我总是要忙着处理其他重要的事情。"

詹姆斯点点头："我知道你想让他们知道他们对你很重要。事情是这样的，我很担心，因为我要送孩子们上学，这意味着我已经要比平时上班的时间晚，如果我在下午的时候再请假导致我无法完成工作，这对我来说可不太好。我们能不能花几分钟时间，看看有没有一个对我们双方都有效的解决方案？"

同样，詹姆斯和莎莉这个时候也可以合作提出解决方案。

> **练习时间**
>
> 当有人对你提出的请求说"不"时，你的习惯性反应是什么？下次你如何提醒自己，要倾听对方说"不"背后的需要？

如何练习人际调解地图

能够在日常生活中成功地运用任何技能都需要有意识地练习。经过练习，即使遇到困难的情况，你也有能力随时使用各种技能。练习对话听起来可能很奇怪，但这正是我们的建议。还记得我们在第三章中提到的飞行模拟器的比喻吗？我们希望你能够模拟现实生活的情境，让你在真实的对话中练习你想要学习的技能，同时不会因为你可能犯下的错误而造成严重的后果。

我们推荐通过两种形式练习使用人际调解地图：人际调解地图练习和人际调解地图角色扮演。人际调解地图练习是一个循序渐进的过程，你要通过三个阶段的练习，掌握与练习搭档进行沟通的方式和技巧；而人际调解地图角色扮演是与练习搭档采用更灵活的对话形式，你们遵循人际调解地图的结构，使用你认为将有助于对话的特定技能。

如果人际调解地图和技能对你而言是全新的，我们建议你从人际调解地图练习开始（人际调解地图所有三个阶段的步骤列表参见附录7）。虽然所有步骤一开始看起来都很困难，但是我们发现使用高度结构化的形式可以帮助人们学习。遵循已经为你安排好的一步一步的过程，实行这些技能，让你能够练习这些技能本身，而不会在遇到冲突时，被不知如何做选择搞得晕头转向。

完成人际调解地图各个练习后，不会让对话马上变得流畅起来。我们建议你将练习步骤放在面前，用手指指着每个步骤，练习每一步的技巧。多次练习之后，你将能够更具体地使用技能，而且你也可以获得经验，自然地培养出使用各种技能的感觉。

我们在第二章中介绍的强度练习，一般可以和人际调解地图练习一起进行，也可以帮助你进行困难对话。最简单的区分方法是：强度练习是为了培养能力，而人际调解地图练习是为了获得技能。

在强度练习中，你会有意识地被刺激到，进入"战斗、逃跑或冻住"反应，练习如何尽快意识到这种反应，然后处在当下，让自己回到注意力更集中的状态并做出选择而采取行动，避免陷入自动化反应。这样做的目的，是为了支持你培养在应激反应中处在当下、管理这种反应并选择你接下来要做什么的能力。

一旦你能更好地处在当下，有能力做出选择，你可能会问自己可以做出哪些选择来引导对话。人际调解地图练习是关于实际的选择本身的，提高你的技能，这样你就会在需要做出选择时能够有效地运用它。人际调解地图练习的各个阶段将带你了解所有的技巧和选择，这些技巧和选择将帮助你调解自己与他人的冲突，目的是创建连接，从而发现解决方案并达成协议。它是一种高度结构化、按部就班的方法，你与搭档可以一起练习使用人际调解地图。通过这种方式，你可以在与他人交谈时就开始做选择，使用这些技能。

一旦你对地图和技能更加熟悉，你就可以尝试另一种形式的练习——人际调解地图角色扮演。这是一种更自由的练习类型，你和你的搭档可以根据真实或想象的情况设定角色扮演，并在对话中使用人际调解地图和九种调解技能进行练习。在设定角色扮演时，我们建议你使用飞行模拟器的步骤来创建一个安全的空间，使你能够按照最佳水平学习（有关飞行模拟器设置步骤，请参见附录10）。和往常一样，在练习中，你可以自己设置难度，让你的练习搭档在学习曲线的每个节点给出适合你的不同程度的挑战。人际调解地图角色扮演有助于你在对话时更自然地使用人际调解地图的五个步骤。

无论你选择什么练习，你都要记住，选择你想要做的以及确定难度水平都取决于你。如果你处于学习的早期阶段，并且希望只关注人际调解地图的步骤，那么最好将你的练习设定于此，而暂时不要关注其他额外的技能。如果你已经完成了那些步骤，想要学习一项特殊的技能，比如打断或连接性请求，那么就把你的练习时间集中在使用这项技能上。我们提供了人际调解地图练习和角色扮演的模型，为你提供了一些初始结构，你可以随意修改这个结构，以满足你的学习需要。

你可以通过确定你的练习重点，并对你的练习搭档提出请求，来设定你想要的不同程度的挑战，即"直奔你的难度"。以下是针对不同挑战级别的一些建议。

	低难度	高难度
练习重点	·仅练习人际调解地图 ·一次只练习一个技能 ·人际调解地图练习第一阶段和第二阶段（严格遵照附件7中的步骤，时刻限制你的选择）	·人际调解地图步骤和技能 ·练习多种技能 ·人际调解地图练习第三阶段（复杂的人际调解地图练习，包括所有步骤和技能） ·人际调解地图角色扮演：自由形式的对话，对于何时以及如何使用各个步骤和技能，你可以做所有的选择
对搭档的请求	·按照我所要求的来回应我的请求 ·以创造连接为目的进行回应	·做一些与请求不同的事情来回应请求（例如，我让你反馈我的需要，你却说你内心正在经历什么） ·给我一些让我听起来很具挑战性的回应，或者试图断开连接的回应（练习搭档可能需要你指导他说什么）

第五章 解决问题路线图：进行困难对话

进行人际调解地图练习和角色扮演时，可以在面前放三把椅子，这样当你扮演调解人角色时，就可以移动到一把真实存在的椅子上。如果你与搭档进行的是远程练习，那么谁是练习的主角，谁就可以摆好两把椅子，并在椅子之间移动。虽然这可能看起来很奇怪，但我们强烈建议你尝试一下，当你可以移动到不同的椅子上时，它将极大地帮助你开始进入调解人的思维。

在练习中，你将在不同的椅子之间移动，就像你在强度练习中所做的那样。人际调解地图练习的步骤告诉你何时移动到调解人椅子上，何时移回"自己"的椅子。如果你选择使用人际调解地图角色扮演来练习，你可以按以下方式在椅子之间移动：

- 坐在调解人椅子上做第一步和第二步（自我连接流程、问自己能听到请求吗）。
- 留在调解人椅子上，进行第三步，看看你是否能同理倾听。
- 移动到自己的椅子上，同理倾听对方或自我表达。
- 留在自己的椅子上，倾听对方的反馈。
- 回到调解人椅子上，返回第一步和第二步。

记住，每一把椅子都是在提醒你进行自我连接，它能帮助你在冲突中抱持所有的观点，不会因刺激而陷入习惯性的反应。最终，通过足够的练习并积累经验，你会发现你可以在对话中更长时间地保有调解人思维。

> **练习时间**
>
> 进行人际调解地图练习或人际调解地图角色扮演，你对自己或对方有什么请求？

在冲突发生前制止它

我们在本章中介绍的人际调解地图，很明显适用于你已经与他人发生冲突的情况。然而，当你还没有陷入冲突但感觉事情可能会朝那个方向发展时，你也可以考虑使用这个地图。通过使用相同的整体模式，你可以避免潜在的争议。在不太紧张的情况下使用地图也提供了良好的练习场所，以培养你的技能，保持与自己的连接，并同理倾听他人。

太多情况都可能属于"潜在冲突"的范畴，无法一一提及。然而，我们会举一些一般性的例子，以及一个更具体的例子，来帮助你开始认识到这些什么时候会出现在你自己的生活中。

当你对于自己想要什么有一个明确的想法时，你可能会不愿意考虑其他人的想法，这就为接下来的冲突埋下了伏笔。不管是多么微不足道的事情，类似的情况在亲密关系中（比如伴侣、子女或好友之间）经常会发生。

例如，你可能想要去一个特定的餐厅，或明确知道你想要如何度过这一天。你可能对某件事的处理方式、希望房间保持什么样子或者一个人应该怎样开车等有自己的偏好。虽然这些可能只是小麻烦，但它们会形成更大的怨恨。你可能会得到你想要的，但往往是以牺牲与自己和他人的连接为代价。或者，你可能只是简单地做出让步，让另一个人为所欲为，结果还是不可避免地与对方失去连接。相反，当你进行这些类型的对话时，使用人际调解地图的步骤，并注意你通过使用地图，使当下的情况和关系发生了什么变化。

前面詹姆斯与做翻译的人打电话就是避免冲突的一个好例子。虽然这种情况不是全面爆发的冲突，但如果不巧妙处理，这种情况最终会导致真正的冲突。例如，如果詹姆斯在电话中表达了他对缺乏清晰了解的失望，不愿意倾听和处在当下，译者可以很容易地通过他激动而急促的声音感受到这些。她可能会封闭自己，并因为没有被倾听和关心而感到伤心。这可能会产生一种隔阂，通常的应对方式是回避，包括把那个人丢到一边，只做自己的事。原本只是一个简单的误解，不幸导致的结果却是双方的疏远。

当你做这些工作时，别人往往不会把你当作英雄。当你避免了可能发生的冲突时，大多数人并不知道你避免了什么，也不知道你用到了什么技能。很难衡量以这种方式进行人际交往所带来的贡献，但它确实是一种贡献。

当你在本章中练习使用人际调解地图时，看看你是否能找到机会使用它来避免断开连接和产生冲突。例如，在与另一个人交流时，如果你注意到自己对该做什么有一个特定想法，并想命令对方那么做时，这个时候请后退一步，看看你是否可以转而使用人际调解地图进行连接，并找到一个对双方都更有效的策略。

虽然我们在本章的重点是当你与别人发生冲突时如何促进谈话，但我们也想指出，我们将对话看作一个更大框架的一部分（我们将在第八章讨论学习周期时再详细介绍）。例如，当你处于对话中，你会尽你所能，但在对话之后和下一次对话之前，你还有更多的方式来练习，以继续建立连接。因此，我们鼓励你不要给自己太大的压力，认为就只有这一次谈话的机会，不是的。

我们发现，我们在调解自身冲突方面的成功，只有一小部分跟我们在对话那一刻所做的事情有关。取得成功更重要的因素是，我们如何为第一次对话做准备，对话之后做什么，以及如何为下一次对话做准备。这种"围绕对话"的工作帮助我们以某种方式行动，让我们的对话流动起来，从我们处在当下的能力出发，并紧紧围绕我们的需要。

当你与亲近的人，如亲密伴侣、孩子、父母、兄弟姐妹或亲密的朋友发生人际冲突时，通常会有一种熟悉感，你倾向于不断重复同样的行动，有时你并没有意识到自己是如何被刺激的。然而，当你练习本章和本书其余部分所提供的技巧时,这种模式可能会发生改变。

在冲突中,你可以开始增强意识,在对话进行中或结束后尝试去做不同的事情,包括追溯你什么时候开始被刺激到,和对方谈谈他们什么时候开始被刺激到。这有助于你更多地了解冲突,并在冲突再次出现时有所意识,给自己更多机会以不同的方式进行干预。随着时间的推移,你慢慢能够很快意识到这些冲突会在何时开始,让你能够及时做出选择,重新与自己和他人建立连接。

离开斯科特的办公室后,詹姆斯短暂地松了一口气。然后他开始思考,有些质疑自己说的话是否恰当,也怀疑斯科特是否真的明白了。他打电话给莎莉告诉她事情的进展,莎莉正好在送玛吉去参加足球训练的路上。

他们互相问候后,莎莉说:"你今天跟斯科特谈了吗?"

"是的。"

"怎么样?"

詹姆斯叹了口气:"我觉得还好,但我在想他是否真的同意并且愿意。"

"谈了什么?你能听进去他的话,并告诉他你内心的想法吗?"

詹姆斯的声音听起来更有活力了,他回答说:"是的。我很高兴我能同理倾听他,我想这对他能听我说话很有帮助。他最后告诉我,关于亚伦的决定是上级做出的,因为马特离开了我的团队,他就把亚伦派给了我。我还问他,我们能不能试一试,就像咱们昨晚说的那样,让我参与到与我有关的决定中,他说他愿意。"

"太好了!"莎莉热情地说,"听起来你得到了你想要的。那到底是什么让你觉得有点不对劲呢?"

"我不确定。我想,他那样说也许只是为了让我别再烦他。"

"你是想要知道你是不是很重要?"莎莉问道,"对你重要的事是否对他也重要？"

"是的，我想是的。我在想，我们原本可以就此达成一个更可靠的协议，但我现在意识到，我们并没有这么做。"

莎莉想要明确她所听到的："所以现在你意识到你提出了请求，他也同意了，但没有达到你想要的具体程度？"

"就是这样，感觉有点模糊。我想下次再提这件事的时候，也许我可以和他谈谈，让请求更具体一些。"

"很好。如果你想练习的话，我们可以稍后再谈。"

"听起来不错。谢谢你听我说……感谢你昨晚的帮助，我知道这让我今天和斯科特谈话的能力有了很大的改变。"

你成功地引导了一次困难对话，并重新建立了连接。为了把你的成果充分地展现出来，你在最后阶段提出的请求可能是不够的。把这些请求转化为切实可行的协议，可以帮助你们双方在共同前进的道路上更有信心。

第六章

改变之路：达成协议

> 除非达到双赢，否则任何协议都不可能是永久性的。
>
> ——吉米·卡特

莎莉又从她和詹姆斯中间的盘子里拿了一块自制饼干。"没有什么比一块美味的饼干更能让人建立连接了！"她朝詹姆斯咧嘴一笑。詹姆斯也伸手拿起一块，两人举起饼干，假装互相敬酒。当莎莉起身去烧开水泡茶时，她脑海中萦绕着他们的对话。他们终于抽出时间讨论了几天前莎莉请詹姆斯带玛吉去参加选拔赛时他们之间的争论。莎莉和詹姆斯分享了争吵后各自的感受。莎莉告诉詹姆斯她是多么需要关心，不仅为了家庭和孩子，也为了自己的梦想，而且她担心重返工作岗位会意味着她不是一个好母亲。詹姆斯告诉莎莉，他在工作中感到了很大的压力，他担心自己在上班期间请假会影响工作，而这与他维系家庭收入的需要很有关系。

莎莉倒了水，回到桌边坐下。她说："我想我们开始对自己的需要有了一些清晰的认识。不过，有一件事让我感到有点不安，就是我确实在前一天晚上告诉过你，我有会议，不能带玛吉去参加选拔赛。"

詹姆斯摇摇头说："是啊，当时我们正准备一起吃晚餐，玛吉一直在不停地说她老师的事情，这让我们很烦。我觉得你有时会在最不适合的时候跟我说事情，因为你知道我当时不会接受，所以你就不会和我讨论，但之后你就说你已经告诉我了。这就像你想要得到你想要的，你会做任何事来得到它，而不是团队一起努力，也不考虑对我是否可行。"

莎莉深吸了一口气，她有点儿想和他争论。然而，她开始意识到他是对的。真相让人感到痛苦，但与无休止的争斗相比，这是一种让人乐于接受的痛苦。

"我很不想听你这么说，我觉得很难为情。但你是对的，我确实那么做了。我想……我只是很害怕总是要做出让步。我觉得我为了别人——你和孩子们放弃自己的梦想太久了。现在我重新点燃了我的梦想，我不想妥协，我想要不惜一切代价给它插上翅膀，也给我自己插上翅膀。"

"我听到你说你真的很想再次拥有自己的事业，而且你知道自己正在以这种方式做出贡献，是吗？"詹姆斯问道。

"是的，但还不止这些。有时候你说的一些话，让我听起来像是在贬低我工作的重要性，就好像我的工作很随意，这令我很难受。你并没有说得这么直接，但我的感觉是，你把我的工作看作是一种无关痛痒的小爱好。玛吉长大了，你觉得你的工作更重要，而我应该是那个承担所有家庭责任的人。我刚刚听你说你想要团队合作，我也想要，我很想知道我也是一分子，我们真的可以一起协作，我希望所有人都能得到我们想要的。"

詹姆斯点点头："是的，我知道我们都很想一起努力。你会很高兴知道我也认为你的工作很重要，而且我们在做出影响我们生活的妥协时是平等的。"

莎莉松了一口气，她感到身体放松了些，因为她觉得詹姆斯听懂她了。"谢谢你听我说这些。我们似乎有很多共同的需要——可预见性、家庭稳定、认可、支持……"

詹姆斯表示同意。"我知道。但这就是我陷入困境的地方。我一直觉得我们肯定能在这件事上达成一致，但之后似乎就没有办法了。工作对我们都很重要，我们的家对我们也同等重要。我觉得无论我们做什么，同样的情况会不断发生，即我们中的一个人必须放弃，并且会觉得我们的工作在某种程度上受到了威胁。"他用手抹了一把脸，"我只是不知道接下来该怎么办。"

协议是人类互动的基础。每当人们一起做某事时，很可能会有某种形式的协议，无论是明确的协议，还是他们的行为默认了这一点。

"周五去看电影吧！"

"好！我想看那部新的浪漫喜剧！"

第六章 改变之路：达成协议

"我希望项目有所进展。周五你能给我提案吗？"
"当然，我下午 3 点前放到你桌上。"

"你每周整理客厅的时候能给花浇浇水吗？"
"好，我可以。"

世界的改变始于一个请求。你可以请求自己或别人做某事，别人也可能会向你提出请求，你可以同意也可以不同意。我们在《选择和平》一书中，探讨了如何提出请求以及如何区分请求和命令，在本书的前一章中，在人际调解地图的解决方案阶段，我们探讨了如何提出解决方案的请求。

有时候，提出一个请求就足够了，它可以帮助对方听到你的愿望，如果对方说"是"，那可能就解决问题了。然而，在很多情况下，从提出请求再向前迈一小步到达成协议是很有帮助的。提出请求是达成协议的基础。

需要明确的是，提出请求和达成协议是不同的。请求是指你说你想做某事，而达成协议是你承诺并且有意图去做某事。当冲突持续时间较长，在情绪更紧张或存在信任问题的情况下，达成协议有助于提高让双方的需要都得到满足的可能性，也有助于你和他人真正建立连接。詹姆斯和莎莉都很明确自己的需要，并能够将其传达给对方，但为了在他们的生活中创造出他们都希望看到的改变，下一步就必须达成协议。

理解协议——制定、遵循和支持协议是驾驭关系和满足自己需要的关键技能。但大多数人都没有接受过这方面的培训。例如，思考以下场景：

你有一个十几岁的孩子，你和他达成协议，当他借车的时候，他要帮你把油箱加满。但在他下次用完车之后，你发现油箱几乎是空的。当你问他这件事时，他说他把加油的钱放在厨房的桌子上了，而你的意思是让他在外出的时候把油箱加满。你意识到，协议不明确导致你的理解和他的理解之间出现了偏差。

你和你的伴侣约好，下次无论你们谁去商店，都会打电话问问对方是否需要买什么东西。你去了商店，但直到你走在回家的路上才想起来这个约定。这时，你意识到你需要用某种方式来提醒自己遵守当时的约定。

你和同事在做一个大项目，一周后就要到截止期限了。但很明显，你们都很清楚项目将无法如期完成。随着时间一天天过去，最后期限越来越近，你感到压力越来越大。你害怕错过最后期限会带来可怕的后果；你也意识到，你不清楚达成的协议如果得不到遵守，你该怎么办。

你十几岁的孩子午夜才回到家，她本来同意如果晚于10点半回家就会打电话给你，但她没有打，于是你很生气并对她大吼大叫。她翻了翻白眼，走进自己的房间里。你意识到，在与她达成协议的过程中，你实际上把协议当成了命令，你只是期待孩子遵守命令。

类似上面的例子，在你的生活中会出现吗？如果是这样，你并不孤单。通过使用一些指导方针，每个人都可以制定更可能被遵守的有效协议，并且能够在协议没被遵守的情况下知道如何保持连接。

为了帮助制定和遵守协议，我们确定了主协议、支持性协议和修复性协议三种协议类型，我们稍后将详细说明。我们还将探讨思考请求和协议的方法，我们发现这些方法能够强有力地创造连接和改变。但在我们开始讨论协议的细节之前，让我们回到连接的话题。

第六章 改变之路：达成协议

先连接后达成协议

如果你和别人发生了冲突，很可能你一开始就没有感觉到和他们有太多的连接。事实上，你可能根本不关心他们，甚至你很愤怒，想要惩罚他们，觉得他们不关心你。你想满足自己的愿望，你觉得你是对的，他们是错的。当你与自己和他人失去连接时，通常可以从"我能为自己做些什么？"的角度来解决问题。

通过人际调解地图的流程，与你自己建立连接，在理解自己的同时尝试理解他人，你就有希望开始改变这种断开连接的状态。理想情况下，你会开始与这个人建立融洽的关系，拥有更广阔的视野，你会意识到，为了得到你想要的，帮助对方得到他们想要的是很有意义的。因此，你开始关心满足双方的需要，而不仅仅是你自己的需要。

正如我们在本书中所说，我们所提供的方法，主要目的是首先关注连接。当你开始与冲突中的对方建立连接时，解决问题的方法往往会自然而然地从这种连接中产生。在应对挑战时，人们往往希望直接找到答案，但我们提供了不同的方法，这种方法不是试图让人马上找到解决方案。这对某些人来说似乎是偏离了方向，但我们的方法就是：先实现连接，再寻找解决方案。

我们从多年调解他人和自己生活的个人经验中发现，这种方法表面看起来是在走弯路，实际上却根本不是。我们在建立连接后选择的解决方案，质量要比双方没有连接时的解决方案更好。它们往往出人意料，更令人满意，因为它们考虑到每个人的需要，每个人都对它们感觉良好。更重要的是，这样的解决方案更有可能付诸实施。

连接是短暂而神秘的。你可以这么看待它：你能够体验到持续的连接，先从心智层面理解对方，然后看到作为人类你们都有同样的需要，去体会你与他们内在的同一性。在冲突对话中，这些连接的特定阶段都是你可以检查的要点，尤其是在进入解决阶段的时候。某种程度的连接有助于达成一个强有力的解决方案，能够考虑到满足你们双方的需要。你可以通过你在你们的连接中处于何种阶段，来了解你和对方的连接程度。

在对话过程中，查看自己是否处于以下状态：

· 和对方在一起时感到融洽和相互理解。

· 看到满足自己的需要，就要包括满足他人的需要。

· 出于对他人的关心和同理心，你想要为他们做些贡献。

我们鼓励你把这看作是你体验连接的可能的方式，而不是另一种自我批评的方式。如果你发现自己没有体验到连接的感觉，那么可以选择留在连接阶段（人际调解地图的前四个步骤），努力建立连接。或者，你也可以尝试找到解决方案，提出你希望对他人和自己都有效的策略。对方对你的建议做出的反应将指示你是现在寻求解决方案，还是留在人际调解地图的前四个步骤中。

记住，这不是强迫连接或试图感受你现在没有的东西。它是指在进行对话的过程中，无论你们进行到了哪里，都要继续与你的需要保持连接，然后了解对方的想法。你需要相信，这些步骤将自然地引导你体验与他人在某种程度上的连接。然后，在解决问题阶段，这种连接可以发展成具体的行动，从而解决你们之间的问题。

给予和接受

一种判断你们双方建立了连接的方法是，你愿意给予对方。这时甚至可能会出现一种自然的转变，即你开始相信不管是自己的还是对方的需要，都会得到满足。当你在这个层次上连接起来时，你所扮演的两个角色——调解人和争论者的思维会融合在一起，这时浮现出的需要是集体的（而不是"我的"需要与"你的"需要）。那么问题就变成了，双方怎样做能同时做到给予和接受，让你们之间所有的需要都能得到重视和关照？

现在你的想法从"我能得到什么？"转变为自然地享受给予和接受。不管你们现在的连接程度如何，这种转变都可能发生。当你们的连接如此紧密以至于给予和接受之间的界限变得模糊时，是一种尤为甜蜜的感觉。你们在相互给予和接受的过程中迷失，无法分清谁是给予者谁是接受者。我们的意思是，即使你是那个给予的人，对方接受你的给予实际上也是在给予你。这是一种非常深刻的内在状态，尤其是当对话一开始时你可能很愤怒，力图证明自己是对的。

我们要明确一点：我们并不是建议你把我们提到的给予和接受视为硬性的规则或"应该"发生的事。相反，你只需把它当成一个在对话中问自己的问题："我是否觉得出于对这个人的关心而想要为他做些贡献呢？"把这个问题的答案作为基准，能让你发现你和这个人的关系如何，并选择下一步让双方开心并与你的价值观相符的解决方案。

你也可以问自己以下几个问题：
- 我愿意带着慈悲和善意行动吗？
- 我愿意转变为给予和接受吗？
- 我愿意使用我所知道的技能、工具和区分，帮助自己出于慈悲、关爱和善意采取行动吗？

有时候，因为你仍然身处痛苦之中或出于其他原因，你可能不愿意给予和接受，这也没关系。我们相信，重要的是如果你和对方达成了协议，你们相处的一些方式也会满足他们的需要。现实就是，帮助他们获得他们想要的东西，就是你得到自己想要的东西的最佳方式。

一旦进入到解决方案的阶段，你们就开始提出请求，最终会达成协议。现在，我们来看看你们也许会达成的协议类型。

主协议

当你满足自己需要的策略与别人满足他们需要的策略不同时，冲突就产生了。然而，在发现这些需要的过程中，你们可以努力创造满足双方需要的协议。

> **名词解释**
>
> **主协议**
>
> 你和冲突的另一方共同设计的策略，你们都相信能够满足你们在连接阶段出现的各种需要。

主协议可以与任何事情相关，可以是来自双方的请求和协议，也可以是其中任何一方提出请求和协议。最简单的一种主协议是，一个人同意为另一个人做事情。例如，你同意在特定的时间付给对方一笔钱，或者对方同意在接下来的几天内代表你和某人谈话。

更复杂的主协议涉及人与人之间互动行为模式的改变，这在家庭和工作关系中很常见。人们彼此交往了一段时间，并且都希望将关系继续保持下去。冲突可能源于无法满足你需要的行为模式，当这些需要在实行人际调解地图的过程中逐渐清晰，你期待的行为转变可能也会出现。在这种情况下，你们可以制定一个协议，当未来再次出现某种特定的情况时，对方会以不同的方式做出回应。或者，也许是你的行为方式让对方觉得难以接受，因此你同意将来会以一种新的方式做出回应。

你们的解决方案请求来自确定了的主协议。一旦你或对方都提出了相互愿意接受的请求，最后一个虽小但却非常重要的步骤，就是明确并确保你们对主协议的理解一致。

莎莉点点头："听起来你似乎感到绝望，想要弄清楚我们能做些什么，这样我们将来就不会在同一个问题上打转，对吗？"

詹姆斯笑了："我脑海里一直出现肖恩的声音，他说'那好，提出一个请求吧！'。所以，这或许是个开始。我们能向对方提出什么请求，帮助我们解决问题呢？"

两人都陷入了思考，过了一会儿詹姆斯说："我有个想法。我们可不可以在周末花点时间谈谈下周的日程安排，包括我们每个人已经安排好的事情，还有孩子们的日程？这样我们至少可以讨论一下，而不会觉得事情总是要拖到最后一刻才解决。"

"我喜欢这个主意。接下来，我们可以明确谁负责什么事情。我们还可以把其他家务也考虑进来，比如去杂货店买东西。"莎莉说。

"好的，"詹姆斯确认说，"所以，我们同意在周末抽出时间，讨论下周的日程安排，并决定由谁负责什么事。"

"好的，但是……我仍然担心对话的走向。比如，我让你做我过去常做的事情，而你担心这会影响工作，我希望能同理倾听你，而不是出于我自己的恐惧做出反应。"

"你这么说让我很感激……如果我开始有这种感受，我能做什么呢？也许自我连接流程至少可以打断这种模式，让我重新与自己连接。如果这星期真的有什么事情要发生，你是否愿意先问我愿不愿意谈谈这件事，而不是直接就告诉我？"

"是的，当然。所以我们达成一个协议，同意每个周末留出时间来交谈，我同意如果这周我需要和你谈一些事情，我会先问你是否愿意谈，当我让你做什么事情时，我会同理倾听你的反应。当你担心工作时，你会进行自我连接流程。"

詹姆斯微笑着说："听起来很不错！"

		莎莉	詹姆斯
主协议	行动	周末留出时间讨论日程安排和任务	
	行为模式	·当詹姆斯的担心出现时，同理倾听他 ·先问问詹姆斯他是否愿意谈谈	·当恐惧出现时，进行自我连接流程

> **练习时间**
>
> 你生活中最近有没有达成主协议的例子?

对于主协议,任何一方都可能对是否能执行有顾虑。这时,接下来的两类协议就变得很重要了。

支持性协议

要执行主协议,有时候你们需要一些帮助。

一个支持性协议可以很简单,比如同意把一件事列入待办事项清单或把它安排在日历上。如果主协议是与某人交谈,那么支持性协议可能是给对方发邮件来约定打电话的时间。

> **名词解释**
>
> **支持性协议**
>
> 支持履行主协议的协议。

你一旦达成了主协议,那么达成支持性协议最简单的方法就是说:"现在我们有了这个协议,我们需要落实什么来确保我们履行协议呢?"

如果主协议涉及行为上的改变,你可以提出如下的支持性协议:

"我们达成的协议涉及新的行为,至少对我自己来说,我有点担心能否做到。我想谈谈我们能做些什么来互相支持,或者支持我们自己,以保证我们能履行已经达成的协议。对我来说,说到做到很重要,所以我们能谈谈我们自己和彼此之间可以达成哪些协议,以帮助我们实行主协议吗?"

第六章 改变之路：达成协议

当两个人交往了一段时间，尤其是一方或双方都不相信对方会按他们说的去做时，这种类型的协议是很有帮助的。例如，如果莎莉和詹姆斯约定，詹姆斯如果晚下班就给莎莉打电话，莎莉可能会因为她过去的经验而不相信詹姆斯会这么做。这时可以制定一个支持性协议，比如詹姆斯在他的手机上设置一个下午6点的闹铃，提醒自己如果那个时间还没有回家，就给莎莉打个电话，这对双方都有好处。

同样地，同意请求的人可能会意识到实现请求也许是很困难的。例如，詹姆斯可能知道，当他投入到工作中时，他很容易忘记时间，也许会很晚才想起来应该打电话。他知道他需要一些支持来履行协议，所以他同意请办公室里的其他人提供帮助，比如让他的一个助手注意看着时间并提醒他给莎莉打电话。当主协议涉及行为上的变化时，有中立的第三方的支持是非常有帮助的。

莎莉向詹姆斯微笑着说："是的，我认为这是可行的。你认为我们需要采取什么措施来支持我们履行这些协议呢？我的意思是，我知道我们的周末要怎样和孩子们度过，而那个时候可能很难想起其他协议。"

詹姆斯也笑了："确实是这样。还记得上个周末吗？感觉周五晚上到周一早上像是只过了两个小时。去看望你妈妈之后，陪科瑞玩游戏，陪玛吉看科学展，然后带他们去看演出，最后去看佩格。我好像连喘口气的时间都没有。"

"你说得没错！"莎莉同意，"我认为提前安排是个好主意，如果可以的话，甚至可以尝试找一个固定的时间，专门来讨论和安排我们需要做的事情。星期日似乎是个好日子，你觉得怎么样？"

"我愿意试试。每个星期日都在同一时间做同一件事可能很难，但我们至少可以承诺那一天我们会留出时间来做这件事，把它写在日历上，为了确保我们能做到这一点，我们可以对其他事情重新规划。"

"我喜欢这样。"莎莉变得若有所思，"但我们达成的其他协议呢？我能做些什么来支持你做自我连接流程吗？"

詹姆斯叹了口气。"那不会更刺激我吗？"他停顿了一下，用手指敲着桌子，"嗯，也许在我开始出现应激反应时，你可以问我，'你和你自己有连接吗？'，这将提醒我，我看重的是选择，而不是被动反应。"

"好的，"莎莉说，"如果我让你做什么的时候你有应激反应，我就会问你，'你和你自己有连接吗？'。对我来说，在开始这些对话之前，我想问问自己，既然我已经同意同理倾听你了，我愿意听到一个'不'的答复吗？我想这会有助于提醒我保持开放。"

詹姆斯总结了他们达成的支持性协议："所以我们要在星期日的日历上安排时间来计划下一周。你会问自己，愿意听到一个'不'的答复吗？在开始这些对话之前，如果你看到我开始有应激反应，你会问我，'你和你自己有连接吗？'。"

		莎莉	詹姆斯
主协议	行动	周末留出时间讨论日程安排和任务	
	行为模式	·当詹姆斯的担心出现时，同理倾听他 ·先问问詹姆斯他是否愿意谈谈	·当恐惧出现时，进行自我连接流程
支持性协议	行动	把约定好的星期日安排下一周日程写在日历上，围绕它重新安排其他事情	
	行为模式	·如果詹姆斯开始有应激反应，就问他："你和你自己有连接吗？" ·问自己"我愿意听到'不'的答复吗？"	

第六章 改变之路：达成协议

修复性协议

即使有了支持性协议，有时协议也未能履行。

在讨论了所有你制定的支持性协议后，你可能会问：

"如果我们中有一个人没有遵守协议，我们该怎么办？我们谈论的是要改变我们的行为，而学习一种新的行为方式需要花一些时间，如果我们中的任何一方觉得我们没有遵守原来的协议，那我们接下来的协议又是什么？"

> **名词解释**
>
> **修复性协议**
>
> 如果因某种原因未遵守主协议，将会发生什么来达成协议。

如果没有这样的对话，在协议没有得到遵守的情况下，人们通常会立即假定另一方有消极的动机，因此就会开始评判，结果往往比他们一开始没有达成主协议时更加令人沮丧。然而，如果人们事先对会发生变化的可能性有所讨论，他们更有可能确认自己的意图，并以一种支持而非批评的方式相互提醒已经达成的协议。修复性协议鼓励人们与自己的需要连接，进而摆脱事情应该以某种方式发生的结论。修复性协议为双方在主协议未能如期达成的情况下如何互动奠定了基础。

我们建议你在达成了令双方满意的主协议之后马上决定，如果协议没有得到履行，你们该怎么办。这通常是双方对各自的意图都充满希望和信任的时候，更有可能得出一个更好的修复关系的提议，而不是等到主协议未被履行之后再说。

如果主协议是计划在某个日期之前执行的一次性行动，修复性协议可能只是设定当协议没实行时后续的结果。举个例子，如果你的伴侣同意下午3点把车送回来，因为你需要开车去赴约。如果他没有按时送回来，修复性协议也许就是他将为你支付出租车费用让你去赴约，之后他再去接你回来。

如果主协议涉及某人行为上的改变，那么修复性协议可以列出在这个人忘记了协议或重复以前的行为的情况下，双方可以说些什么或做些什么，可能包括具体的言语和行动。

以詹姆斯晚回家需要给莎莉打电话为例。

假设詹姆斯某天晚上因为和斯科特在开会，没听到手机上的闹铃，所以就没有给莎莉打电话。如果没有提前制定修复性协议，莎莉可能会生气，并再次断开与詹姆斯的连接。然而，如果她同意去同理倾听他的需要，她自己的行为模式就会有所不同。当詹姆斯回家后告诉她为什么自己忘了打电话，她可能会同理他对高效工作的需要，以及维系家庭稳定的进一步需要。这样，她就能以一种詹姆斯能连接到的方式，而非责备的方式表达自己对可预见性的需要，以及计划管理孩子们的晚餐、作业和睡觉时间的需要。詹姆斯可以为自己和莎莉的需要都没有得到满足而哀悼，他自己对于"言行一致"的需要也没有得到满足。如果双方都能体会到对方因为没有遵守协议而感受到的痛苦，这也有助于他们产生连接。

如果这些技能都不能使人同理倾听他人，那么另一种修复性协议可以是，每个人都给可以同理倾听自己的人打电话，或者是一起打给一个能够帮助促进对话的人。当冲突进入白热化、双方的情绪都很高涨时，这是可以帮助双方重建连接的好选择。

詹姆斯拿起最后一块饼干，把它掰成两半，递给莎莉一块："这次谈话已经让我感觉好多了。饼干不会感到疼！"

莎莉开玩笑地推了推詹姆斯的肩膀。

"我现在正在考虑其他的协议，"詹姆斯继续说道，"那些当你不记得做你计划好的事情时要履行的协议。我知道当这种情况发生时，我们都会指责自己。如果下个星期天像上个周末一样，我们错过了安排好的时间，我们能做些什么呢？"

莎莉一边嚼着饼干一边思索："我认为你说的是关键，也就是指责自己这个事情。所以，也许我们能做的，就是承认我们要满足的需要，比我们安排好的时间更重要。换句话说，就是对发生的事情同理我们自己。"

"是的，然后我们可以承诺尽快安排一个新的时间。"詹姆斯补充道。

"没错。还有个想法也可行，那就是如果我们中的任何一个忘记协议并产生应激反应，当我们中的一个人注意到我们断开连接的时候，就暂停一下，做自我连接流程，然后重新回来同理倾听彼此。"

"还要把肖恩和艾丽西亚设为快速拨号，以防我们需要他们！"

两个人都笑了。

为了调解你的生活，支持性协议和修复性协议通常是至关重要的。如果你注意到自己对履行协议有一些不信任（无论是对自己还是对对方），你可以建议双方制定支持性协议和修复性协议。无论你们是否遵守协议，这些协议的存在都会加强你与对方的持续关系。你和这个人的关系越重要，这类协议就越有帮助。

		莎莉	詹姆斯
主协议	行动	周末留出时间讨论日程安排和任务	
	行为模式	·当詹姆斯的担心出现时，同理倾听他 ·先问问詹姆斯他是否愿意谈谈	·当恐惧出现时，进行自我连接流程

续表

		莎莉	詹姆斯
支持性协议	行动	把约定好的星期日安排下一周日程写在日历上,围绕它重新安排其他事情	
支持性协议	行为模式	·如果詹姆斯开始有应激反应,就问他:"你和你自己有连接吗?" ·问自己"我愿意听到'不'的答复吗?"	
修复性协议	行动	尽快承诺一个新的时间	
修复性协议	行为模式	·在安排好的时间里优先做其他事情时,对所满足或未满足的需要进行同理倾听 ·如果有人出现应激反应,暂停下来,进行自我连接流程,然后同理倾听彼此	

> **练习时间**
>
> 回想最近你达成的主协议,你是否制定了支持性协议或修复性协议?如果有,是什么?如果没有,想象一下,什么样的支持性协议或修复性协议可能会有帮助?

当下可行的协议

当你和别人达成协议时,你会怎么想呢?你认为它一定会按照约定发生吗?哦,当然!你可能认为,我们既然同意了,很显然它应该按照约定发生！

然而，你永远无法保证将来会发生什么。你真正拥有的是这一刻，而这一刻发生的一切都会过去。换句话说，当你和别人坐下来制定关于未来的协议时，你们都无法保证未来的事情是否会发生。只能说在当下这个时刻，你们打算在未来做一些事情，而且你们没有意识到有什么会阻碍你们。但正如你所知，许多事情会干扰你完成自己想要去做的事情，即使你做出了百分百的承诺。你也有可能会改变主意，现实情况也可能会发生变化，使得你不再想要履行协议。

美国法律及其前身英国法律承认，在违约案件中，人们无法保证将来会发生什么；没有规定缔约双方有必须履行合同的义务。因此，当事人有权违反合同，尽管这样做可能会产生后果。这个系统已经存在了800多年，这并不奇怪，因为人类的交往总是充满斗争。因此，由于存在不履行协定的可能性，规定当事各方在此情况下该采取怎样的行动就变得至关重要。

因此，一种更现实的履行协议的方法是把它们视为当下的意图，而非对未来行动的保证。尽管这并不代表你不应该认真对待承诺，但这样看待协议让你有了更多的选择。例如，如果某人承诺他会做某事，你就认为他必须做到，那么你就把协议当作了一种要求。换句话说，你认为他们应该履行承诺，如果他们不这样做，你可能会与他们切断连接，甚至试图报复或惩罚他们。

相反，当你把协议当成当下的意图时，每一刻都是建立连接和做出贡献的机会——即使是在协议明显未被遵守的时候（我们稍后会讨论当这种情况发生时该怎么做）。你可能会注意到以这种方式去生活所带来的自由和接纳，一种即使事情没有按照你想象的方式发生你也不会被打扰的平静。有了这种心态，无论协议是否得到遵守，你都能更容易与自己和他人保持连接，充分利用所发生的一切。

189

例如，几年前，我们两个（艾克和约翰）和另一位教练西格尔在澳大利亚做培训。在开始培训之前，我们有一段短暂的时间可以去观光，游览一下悉尼。我们在悉尼待了几个小时，然后打算坐火车去培训地点。由于把车站的位置搞错了，我们最后误了火车。在我（艾克）的心里，我把它理解为我看错了票，认为是我的错。因为我给别人制造了麻烦，我认为每个人都应该责备我，因为是我的错误导致大家迟到。我认为我们有一个默认的协议，我是后勤主管，负责保证大家按时到达培训地点。这虽然不是一个明确的协议，但这是我的反应。

然而，很快我就发现约翰和西格尔并未责备我。事实上，他们的反应是一种开放和豁达的态度："好吧，事情已经发生了，让我们享受每一刻在一起的时光，专注于我们现在如何建立连接。"

虽然我们不建议把协议的"当下"当成让自己或他人"脱身"的一种方式，但我们想表明，当你在现实中知道人们可以保证什么和不能保证什么时，你可以有更大的选择，因此也有更大的权力。底线是：当你不再斤斤计较于一定要履行协议的时候，如果意想不到的事情发生了，每个人都将会有更愉快的经历。

> **练习时间**
>
> 注意你如何看待所达成的协议。如果你发现你倾向于认为协议应该以确定好的方式实行，试着花一段时间，也许一周左右，看看在这段时间里你是否会以不同的方式看待协议。当你这样做的时候，你的世界会有什么变化？

诚信和协议

当我们说把协议看作是当下的意图时,总会有人说:"等等,我确实希望协议能被履行,否则我也不会制定它!"再一次强调,我们不是说把协议看作当下的意图意味着你要完全放弃你的需要以及希望通过协议来满足它们的愿望。我们指的是一些更微妙的东西——当你可以清楚地知道不要把协议当作"应该"发生的事时,这会有助于你积累自己的经验。

有些自我赋能的课程会谈到信守承诺,它们会告诉你,你越是这样做,就越能与他人建立信任,获得权力。根据我们的经验,确实也是如此——我们越履行自己的承诺,就越有助于对自己和他人建立信任。因此,尽管不把协议当作命令似乎与此相矛盾,但我们实际上认为两者是相容的。

问问你自己一个问题:我能不能在认为越信守诺言越好的同时,接受如果协议未能如期执行也很正常?毕竟,信守诺言包括跟踪协议履行情况,知道如果计划有变谁会受到影响,以及如果计划无法实现,要尽早让对方知道等。诚信也包括接受改变决定所带来的后果,包括接受这个决定可能会给他人带来的痛苦。当你信守诺言时,即使这意味着告诉某人你不能遵守你达成的协议,你依然希望得到倾听和理解,甚至是对你无法说到做到得到你自己的倾听和理解。这样做,你通过改变计划连接到你想满足的需要,并哀悼你无法满足的需要。有了这种内在的清晰,你就更有可能体谅因此而受到影响的人对你的决定做出的反应。

例如,我们假设有两个朋友,麦克和弗雷德,决定一起做生意。他们花了三个月激动地构思和准备,然后在启动前的几周,弗雷德在他理想的公司得到了一个报酬丰厚的职位。他在对朋友的承诺和突如其来的新机会之间左右为难,决定尽快找到麦克讨论此事。

麦克可能会对弗雷德在最后一分钟选择退出感到沮丧,这是可以理解的。弗雷德有"调解人生"的工具和技能，他同理倾听麦克，也能表达自己的痛苦以及接受新职位所满足的需要。尽管处境和谈话都很困难，但弗雷德能够清晰地明确自己的需要，这让他在做决定时保持诚信，并能够在和麦克一起制订新计划时保持连接。

行为改变的迭代过程

当协议涉及行为改变时，理解协议的当下性就变得尤为重要。改变行为并不容易，我们几乎可以保证，人们最初也会尝试数次去改变自己的行为，但当特定情况出现时，他们就不会这么做了。这种"失败"与他们的意图无关，而与行为改变发生的过程有关。

要完成这种转变，你首先要在你想要改变发生的那一刻有所意识，并且知道你还有另一个选择，然后选择它。在你成功转变之前，可能需要多次尝试才能意识到这一点并做出新的选择。但即使这样也不要责备自己。一开始按照惯有的方式做事是人的天性。做出重大的改变需要时间和练习。

一种常见的模式是，与某人达成关于行为改变的协议，然后简单地继续沿袭以前的生活方式。直到类似情况再次出现，你看看是否可以根据协议用不同的方式加以处理。如果无法做到这一点，就重新审视协议，看看是否有办法加以调整，以找到更有效也更能满足更多需要的策略。

有一次，詹姆斯和莎莉针对在烹饪中使用大蒜粉的问题发生了冲突。莎莉不喜欢大蒜粉，詹姆斯使用它是因为它更方便，而且他不觉得大蒜粉和真正的蒜末有什么区别。

当莎莉让詹姆斯不要再用大蒜粉的时候，他们达成了一个协议，即詹姆斯不会把它放在莎莉要吃的食物里，或者他会在撒大蒜粉之前

第六章 改变之路：达成协议

先为莎莉分出去一部分食物。一天晚上，詹姆斯忙着为家人做晚饭，想都没想就把大蒜粉扔了进去。当莎莉生气时，詹姆斯知道问题不在于大蒜粉，而在于莎莉对关心和体谅的需要。从她的角度来看，即使对詹姆斯来说大蒜和大蒜粉没什么区别，但是如果詹姆斯因为她想要大蒜而愿意用真的大蒜，就能满足她的需要。

他们进一步讨论了在这些情况下可以帮助詹姆斯的策略，包括提高他对此事的觉察力（比如用胶带封住大蒜粉，这样他在使用之前就必须停下来），以及提供多种新的选择（使用大蒜浸泡油或预先切碎的大蒜来满足他对效率的需要）。现在他们正处在新一轮协议履行期间，直到有新的情况出现。

这类冲突通常发生在亲密关系中。虽然这些问题看起来微不足道，但却是建立亲密关系的基础。詹姆斯是否足够关心处理大蒜粉的问题？如果他在这件事情上不能得到莎莉的信任，就不能满足她对关心和体谅的需要。这些看似是很小的问题，但是，因为潜在的需要仍然是关系的基础，所以这些问题的解决也很重要，如果处理不好，可能会导致关系中出现更大的怨恨和裂痕。

当面对更重要的问题时，比如莎莉和詹姆斯需要制定家庭活动和家务活的协议，理解行为变化是如何发生的无疑变得更加重要。即使他们达成了支持性协议，有些时候他们也会忘记需要按照协议行动。莎莉有时让詹姆斯做一些事情，詹姆斯不能接受，也会忘记进行自我连接流程，这时他的自动化反应就出现了。结果，他们可能会陷入另一场争论。底线就是，达成协议并不是万能药——在行为上发生改变是真实而持续的过程。

达成协议是一个反复的过程，我们发现，提醒自己这一点很有帮助，尤其是在和与我们经常打交道的人发生冲突时。例如，你可以与自己连接，想出一个你认为可以满足自己需要的策略。如果涉及别人，你和他们协商后提出请求，他们也同意了。然而，在实现这个请求的过程中，你发现它并没有像你想象的那样满足你的需要。这并不一定意味着你错了，或者他们没有按照你希望的方式来满足你的请求；这可能只是意味着你现在有了更多的信息，可以重新评估你的需要和可能满足它们的策略，因此请求修改协议。

因为你和对方都在不断地了解更多可以满足你需要的东西，所以调解你的生活有时会变成一系列的对话，你们会专注于协议的修订。有时候你们最初同意的事情并不是最好的策略，可能只是第一次迭代，也许到第十次迭代才能让你们都开心。事实是，使用不同的策略进行不同的实验可能需要一段时间。第一个协议可能是一个"足够好"的协议，但随着你们越加了解什么将满足自己的需要，这个协议也会不断发展。

在第八章，我们将看到詹姆斯和莎莉在把事情搞得一团糟后，如何继续处理他们的事情，而当他们发现对生活有帮助的方面时，他们又是如何去改变协议的。

当协议无法履行

成功地处理某个破裂的协议，尤其是当修复性协议还没有到位时，你需要觉察自己对于未被遵守的协议持有何种态度以及你与他人的沟通是怎样的。你对形势的把握和沟通的方式要么会阻碍你，要么会帮助你朝着你想要看到的改变而努力。

在协议破裂的那一刻，你有一系列可以做出的选择，包括责备、羞愧和惩罚等。如果是你自己没有遵守协议，那么你可能会评判自己，或者试图把责任推到其他方面，比如是"外部环境"让你无法履行协议。如果是对方没有遵守，你可能会责怪他们，认为他们是坏人。你也可能会感到绝望，认为之前的对话和协议是在浪费时间。

第六章 改变之路：达成协议

在当下会怎样做出选择呢？让我们以詹姆斯答应回家晚了就打电话的约定为例。

一天晚上，詹姆斯忘了打电话。莎莉希望，他们已经达成的协议就要遵守，板上钉钉的事情就要至死不渝。她的基本态度是，詹姆斯应该打电话，如果他没打，他就一定有问题。她把这项协议当成了命令。

当詹姆斯回到家时，他察觉到莎莉心烦意乱。尽管莎莉用观察、感受、需要和请求的方式来诉说这件事，可詹姆斯接收到的却是责备、羞辱和惩罚。于是，詹姆斯对她说的话起了应激反应。他不打电话是为了满足自己的自主权需要，但是这一点没有被莎莉看到。由于詹姆斯在莎莉面前习惯采用逃跑模式，这时他可能会一言不发。他们进入了恶性循环，结果双方的需要都没有得到满足，而且目前也找不到比原来的协议更好的策略。

如果你发现自己在协议破裂后陷入了评判之中，看看你是否已经将协议视为了命令或要求。你是否有任何这样的想法："好吧，你同意了，所以现在你应该去做"，或者"我同意了，现在我必须去做"。承认你把协议当作要求，目的并非让你进一步评判自己。这是一个机会，让你停下来实行自我连接流程，进行自我连接，并进入调解人思维。

从调解人思维来看，你意识到协议已经破裂了，而且无法改变——这是既成事实。底线是：如果没有遵守协议，而你认为应该遵守它，那么你就是在与它做斗争。而没有遵守协议就是当下的现实。接下来的问题是，你想要处在当下，与自己和他人建立连接，还是你想要进入应激反应模式，不再处在当下？虽然"正确"会让你感觉很棒，因为跺着脚对别人说："这是你同意了的，你说过你会这样做的！"，这种痛快的感觉就像在庆祝一场胜利，但是这并不会让你在那一刻得到你想要的。

你可以从"现在的状态"开始，而不是变得越来越沮丧。问问自己："此时此刻，什么能更好地满足我的需要？"使用自我连接流程和调解人思维，你可以看到所有的观点和更多可用的选择。

有必要指出的是，当你们有一人没有履行协议，你要再次与他进行调解。使用人际调解地图流程，从与自己连接开始，然后从你们目前所处的情况，包括由于协议中断而产生的任何不安的感受开始进行调解。如何继续进行将取决于没有履行协议的是对方还是你。

如果另一方违反了协议，就如我们已经说过的，此时要意识到，他们不履行承诺也是为了满足他们的某些需要。在这种情况下，让我们看看同理心是如何发挥作用的。在人际调解地图的第三步，要同理倾听他们，当他们没有遵守协议时，关注他们会对什么说"是"会特别有帮助。换句话说，他们没有遵守你们的约定，而是选择去做别的事情（假设他们不是单纯地忘记了），那么专注于同理倾听他们会对什么事情说"是"，会有助于你与他们之间建立连接。

当你在人际调解地图的第四步进行表达时，你可能会说出哪些需要没有得到满足。在解决方案阶段，你可以考虑协议本身是否应该改变，或者新的支持性协议或修复性协议在未来是否有帮助。

如果你是那个没有遵守协议的人，你可能会产生内在冲突。你说你会做某事，但你没有做，所以你的内心可能会出现自我评判的声音。尽量不要让这种情况影响到你。我们将在下一章讨论在这种情况下你可以使用怎样的流程来帮你重新建立自我连接，从而让你更清楚地决定，在你未能履行协议的情况下如何与对方沟通。

在与他人交谈时，我们想提醒你，你已经步入人际调解的领域。他们可能会因为没有履行协议而感到苦恼，同理倾听他们的不安能够帮助他们打开一些空间，让他们能够听到如果你没有兑现自己的承诺,你的感受和想法是什么。使用人际调解地图,你可以通过同理倾听和自我表达,让自己停留在连接阶段,直到双方重建连接。然后,在解决方案阶段,你可以与他们讨论如何调整最初的协议(并增加支持性协议和修复性协议),以更好地满足双方的需要。

现在让我们看看,当詹姆斯下班回来晚了忘记打电话时,莎莉会如何处理。

她没有责备他,而是使用她知道会有帮助的工具。在他回家之前,她可能会进行化解敌人形象流程。当他回家时,她使用人际调解地图,从自我连接流程开始与自己连接,接着她问自己是否能听到请求,然后她在阻碍詹姆斯履行协议的需要和她希望被满足的需要之间进行调解。在对话过程中,双方相互启发,会找到可能更有助于他们幸福的新协议。从詹姆斯的角度看,被莎莉倾听,同时也听到莎莉的心声,可能会促使他用一个新的支持性协议来重新就原来的协议做出承诺。他们并没有陷入割裂和指责的恶性循环,而是处在相互促进、相互受益的良性循环中。

回到选择

与你自己和你的需要连接意味着你所有的选择都变得清晰。其中一个选择可能是决定将来不再和某人保持同样的关系。当你试图通过与那个人达成协议来满足你的需要,但随着时间的推移,你发现你没有信心通过这些协议满足需要,这个时候你可以选择用其他方式来满足你的需要。你可以选择结束这段关系,也可以选择以另一种方式相处。

请记住,使用这些工具的目的是把你重新带回到各种选择上。在订立协议时,"应该"这个词很容易潜入我们的思想。"我答应了,所以我应该这么做。""他答应了，所以他应该这么做。""我应该遵守约定。"……就像我们说过的，我们不是在鼓励你不遵守协议。我们所强调的是要完全脱离"应该–不应该"这种二元性的对立。

尽你所能，时刻与你的需要保持连接。使用到目前为止介绍的工具，特别是自我连接流程，可以帮助你进入调解人思维，并看到你的多种选择。如果你发现协议未被履行时你心目中产生了敌人形象，那就使用化解敌人形象流程。使用人际调解地图与对方就没有得到履行的协议进行对话；或者，如果是你没有履行协议，你将从下一章中被称为"哀悼–庆祝–学习"的流程中受益。利用这些工具和练习，将每一刻都当作与自己和他人建立连接的机会，即使（尤其是）在协议没有如你所愿得以遵守的时候。

很自然地，人们会在事后进行评估。你的评估是否支持你朝着你想要的方向前进，或者强化你过去的评判，取决于你如何进行这个评估过程。在下一章，你将学习如何根据需要而不是评判来进行评估，从而与自己建立更紧密的连接。

第七章

从沉思到反思：
转化对话后的评判

> 当你不再追忆过往，也不再担心缥缈的未来之事，你就会活在当下。然后，你将开始体验生命的快乐。
>
> ——一行禅师

第七章　从沉思到反思：转化对话后的评判

"我们几个月后见，爸爸。"詹姆斯挂上电话，他的神情中夹杂着欣慰和沮丧。他挺过来了，至少现在是这样。他给父亲丹打电话，是想挽回前几天他们之间那次搞砸的谈话，同时敲定他和莎莉以及孩子们的旅行计划。

在上次通话后，詹姆斯马上进行了化解敌人形象流程，这对他非常有帮助，点燃了他的渴望，让他觉得他跟父亲是有可能建立连接的。进行完化解敌人形象流程之后，他原本打算请莎莉和他一起做强度练习，和肖恩进行角色扮演对话，但是因为他和莎莉有自己的问题要谈，所以他请艾丽西亚和他做强度练习。听到丹称呼他"男孩儿"和"吉米"所带给他的刺激，在练习中得以平复，这比他想象的快很多。然后，他又和肖恩进行角色扮演对话，詹姆斯让肖恩也用这两个名字称呼自己，同时也让肖恩说一些丹经常会说的、令詹姆斯觉得很不中听的话。在与艾丽西亚和肖恩两人的对话练习后，詹姆斯感觉对接下来与父亲的通话有了把握。

现在和丹已经通过话了，詹姆斯试图将注意力重新放在工作上，但却发现自己不断在回想刚才的对话。通话过程中的一些片段在他的大脑中一遍遍地回放，触发了他的各种情绪：挫折、冷漠、沮丧、痛苦。我做错了什么？他想，我非常确定我可以跟他对话了，但是为什么我不能更加处在当下呢？也许我没有能更好地同理倾听他。和他说话时我感觉到自己是那么渺小和微不足道，我真的很讨厌这种感觉！为什么我唯一的选择就是成为一个受气包？他说什么我都得接受，或者对他大发脾气，然后感觉很糟糕？詹姆斯盯着窗外，咬紧牙关。"我以为事情可以有所变化，我简直就是个白痴。"他大声说。

这次通话之后，詹姆斯在化解敌人形象流程后曾经感到的希望之光迅速熄灭了，他感到很绝望。

评价发生过的事情是人类的特点，人们在各种情境中都会这样做。比如在军队和职场，人们在一起听"总结"，希望从中吸取教训，并影响未来。这些总结常常聚焦在策略上，比如为了获得不同的结果，应该改变什么。大多数时候，人们倾向于将总结的重点放在事情出错时要指责谁或惩罚谁。

你可能会注意到你的内在也会做类似的总结。例如，你是否曾经在和别人谈话后感觉很糟糕？这种感觉会持续几个小时、一天，甚至更长时间，最后你发现你对自己和谈话有着各种各样的想法和评判。像詹姆斯一样，很多想法都是责备自己或者他人。回想起你说过的话，你会想：我为什么要那么说？我在想什么？然后回想起对方说过的话，你会感到很生气，想着"当他那么说的时候，我应该反驳……"。你可能会感到愤怒、沮丧、悲伤、失望或羞愧等。

在这些干扰性的想法和感受妨碍你的时候，你会怎么做？大多数人都会左思右想，反复思考已经发生的事情，他们错误地认为这样会在某种程度上改变未来，而实际上他们是在咀嚼毫无价值的东西。另一种选择是忽略这些干扰性的想法，继续新的一天。不管怎样，当你纠结在循环往复的评判里，你就错过了原本可以得到的礼物。

在这一章中，你将学习一个新的地图，它将允许你从持续不断地思考是哪里出了问题以及你本应该怎么做的不适和痛苦中走出来。

练习时间

　　回想最近一次事后让你感觉很糟并开始评判自己或他人的互动或情景。记下你的感受、你的想法，以及在那种情况下你打算做什么。

自我总结

一件事情发生后，有时你会去回想事情进展顺利的地方，但随之而来的往往是一些消极的想法，你会去找自己哪些地方做错了。认为事情进展顺利说明我们的某些需要得到了满足，而那些消极的、认为自己某些地方做错的想法，则说明你有些需要没有得到满足。因此，我们要使用一个叫作"哀悼–庆祝–学习"（Mourning, Celebration & Learn，简称 MCL）的地图，让你哀悼没有得到满足的需要，庆祝已经得到满足的需要（或者至少是你试图去满足的需要），然后从你发现的事情中学习。

这个过程是一种强有力的自我总结的方式，当你发现自己在对话后感觉很糟糕，并且觉得你很不喜欢的时候，这种方式尤其有用。这个地图的名称概括了三个步骤：

1. 哀悼

同理你在发生的事情中没有得到满足的需要。

2. 庆祝

同理你在发生的事情中得到满足的需要。

3. 学习

反思已经出现的新的可能性，计划并实施你想做的、能更好地满足你的需要的事情。

下面我们将详细讨论这些步骤，但首先让我们回顾之前章节中出现的地图和练习如何与调解人思维产生联系。

正如你所了解到的，自我连接流程帮助你活在当下，突破自己所受的特定观点的束缚。然后，在强度练习中，你进入调解人思维，进行自我连接流程，重新选择在受刺激时可以做出的反应。在人际调解地图中，你使用调解人思维来调解自己的冲突，你既是调解人，也是冲突中的某个人。

哀悼–庆祝–学习是类似于化解敌人形象流程的地图，你从调解人的视角同理倾听内心的两种观点。在化解敌人形象流程中，你要调解的两种观点是你自己的需要和被你赋予敌人形象的那个人的需要（那个人不在场）。在哀悼–庆祝–学习中，你同理倾听内在需要未得到满足的声音，和需要得到满足的声音。

当你在一次对话后感到不安时，我们建议你首先进行自我连接流程，让自己进入调解人思维，使自己能够选择接下来做什么。然后，当你经历哀悼–庆祝–学习的过程时，你会保持调解人思维，同理倾听所有在你身上发生的一切。

哀悼–庆祝–学习（MCL）

哀 悼

由于人们通常在事后产生评判的想法，我们通常建议从哀悼开始。（稍后，我们将讨论例外情况。）为了进行哀悼，你将使用非暴力沟通的四个要素，从对所发生的事情的观察，即你或者他人具体说的或者做的事情开始。记住，观察是将所发生的情况像电影一样重新播放一遍，这样做会对哀悼有所帮助。

你可能也意识到，对发生的事情你有着强烈的想要去理解的欲望，你选择把注意力放在自己的想法和评判上。这时，你的想法可能会归结为"你真的把事情搞砸了""你真是个白痴"。你也可能会发现自己对他人也有评判。当这些想法产生时，把它们记下来，简单地观察你正在想什么。

然后，逐步转向挖掘你的感受。你可能会感到绝望、害怕、沮丧、悲伤、愤怒，或者兼而有之。这些感受也会随时间而变化，尤其当你开始接触它们并用词汇表述出来的时候。如果你的观察不止一个，你可能会发现每个观察都伴随着不同的感受。

把感受当作线索，查看你的需要：
- 有这些想法说明你有什么需要未得到满足？
- 或者更宽泛地说，在这种情况下什么需要未得到满足？

在这个过程中，你转化了对自己或他人的评判，包括什么是错的，什么是好的或者坏的，并且尝试发现这些想法背后的需要。然后，你深入体会这些需要，想象它们得到满足后是什么感受。

当你说出并体验这些需要时，你可能会发现哀悼或悲伤的情绪油然而生。如果你的行为或语言未能使你的需要得到满足，你可能会为自己也许能做得更好而感到有些遗憾。如果别人做了什么或者没做什么引发了你的评判，你可能会感到失望或者伤心。当你沉浸在需要当中时，允许自己体会那些情绪。

这些步骤的概要如下：

1. 在对话结束后，确认你对所发生之事的观察或者你脑海中出现的评判。

2. 当你回想发生的事情或者想到这些想法时，留意你出现的感受。

3. 问自己，发生的事情没能满足你的什么需要，或者你的评判在尝试表达哪些未被满足的需要。

詹姆斯认识到自己内心的痛苦，他想起了与肖恩之间的对话。当他和肖恩说到对与父亲的对话所产生的希望时，肖恩建议詹姆斯在对话结束后留出时间进行自我连接，提醒詹姆斯可以使用哀悼-庆祝-学习地图。当时，詹姆斯曾经认为他不需要这样做，但现在他看到了使用这个地图的价值，因为他对与父亲的对话中出现的问题有了一些想法和评判。

他脑海中有太多的想法在翻腾，他决定将每个想法都写下来，不让自己迷失在混乱中。为了帮助事情顺利进展，他想象自己坐在调解人的椅子上，左边的椅子代表自己未被满足的需要，右边的椅子代表一部分得到了满足的需要。他几乎无法感受到右边椅子的存在，因为未被满足的需要是如此强烈和坚持，所以他开始倾听未得到满足的需要在说些什么。

第一个出现的想法是，我做错了什么？詹姆斯写下这个观察："我在想我做错了什么。"随后，他查看自己的感受。很快地，他感受到绝望。我有那样的想法是想满足自己什么需要？我很好奇。我能想到的是能力。我真的希望自己做的事情是有效的，我希望获得成功。

这个想法之后，另一个想法出现了。成功？你在开玩笑吗？真是个白痴，还指望事情能有所改变。詹姆斯叹了口气，把这个想法作为另一个观察写下来。当他体会自己的感受时，他注意到愤怒、厌恶，还有些许失望，然而找到这些想法背后的需要不太容易。起初，他想不出任何可能的需要，因为他满脑子都是那些沟通不顺畅的事情。他不断把自己拉回到问题上来，最后他终于找到了。我真希望有能力创造改变。我想知道我有这个力量、技术和能力。我希望信任自己，并且有信心通过自己的努力去产生影响。当他写下这些需要时，一股能量涌遍了全身。

"希望能产生影响"让他想到了对话的部分内容。詹姆斯曾对丹说："当你叫我'男孩儿'时，我有点儿生气。我是个成年人，也是一个父亲，不再是一个小男孩儿。你愿意叫我詹姆斯吗？"

丹回答说："哦，你永远都是我的小男孩儿，这和你的年龄没关系。在你长大的过程中我一直叫你吉米，我脑海里无法忘记它。"丹咻咻地笑着说："好吧，我们还曾叫过你詹博，记得吗？"丹继续回忆着往事，但詹姆斯根本没有听到。他感到自己的身体变得沉重而疲惫，绝望的浓雾笼罩着自己，只是回忆就能再次引发那种感受。詹姆斯再次查看自己的需要。"我仍然希望得到尊重，还有平等的感觉。"他说。他发现在进行化解敌人形象流程时显现的那些需要，到现在依然很真实。

当詹姆斯回顾自己到目前为止的观察、感受和需要时，他意识到自己忽略了一个最大的观察——他希望得到不同的结果。这一点发现让他的悲伤油然而生，他发现自己与父亲产生连接、被他听到、被他理解的需要没有得到满足。这种悲伤促使詹姆斯进一步哀悼自己未被满足的需要，他花了一点时间陪伴这些需要。当他这么做时，悲伤的感受悄然发生了变化，他的胸口感到一种释放，让他能够更轻松地带着善意去体会所有的需要——失望、绝望，还有信任、尊重、平等、连接、能力以及创造改变的力量。

哀悼能够帮你转化过去做过的事情和做事的方式所引发的责备或评判，然而，这不是事情的全部。发生的事情也可能满足了你的一些需要，或者尝试想满足一些需要，你可以通过庆祝来发现这一点。

庆　祝

正如你可能观察到的，在大多数文化中，人们倾向于反复思考什么是错的，什么行不通，哪些事情需要修正。然而承认进展顺利的方面也很重要。这好比为你提供了一剂解药，将你的注意力从消极的事情上移开，同时，认识到哪些需要确实得到了满足，也会促使你把注意力集中在如何继续满足这些需要上。

庆祝的步骤如下：

1. 从发生的事情里找出你喜欢的方面（观察）。
2. 当你回想起这些事情时，留意你有哪些感受。
3. 问自己，这些发生的事情让你的哪些需要得到了满足。

跟哀悼一样，庆祝也是从明确你的观察开始。例如把重点放在：
- 观察在对话中实际发生了什么。
- 你现在对它有什么想法。
- 对话时你的表现如何。
- 庆祝你带入对话中的意图（不那么具体）。
- 你在对话中是如何做到和以前不同的。

可能有那么一刻，你被别人所说的话刺激到了，而你能够用喜欢的方式与自己重建连接。也许你对别人的回应让他们柔软下来，或者尽管你担心事情的发展，但你还是诚实地表达了自己以及对他人的关心。你也可以留心观察对方做了什么或没做什么你喜欢的事情。

当你脑海中有了这些观察时，留意自己在回忆它们时有什么感受。你会发现当你想去庆祝时，大部分的感受是积极的，如感激、欣赏、喜悦、满足或者快乐。

现在，看看对话中那些顺利的时刻，通过你或对方的言行，当时被满足了什么需要（庆祝可以源于你和对方之间发生了什么，或者你对自己的行为和感受所做的内在评估）。

你也可以庆祝你在对话中表现出来的意图，因为你所做的每件事情都是满足需要的策略，你可以庆祝促使你这样做的潜在动机，即使这些行为最终没有满足你的需要。例如，你在对话时说了一些话，希望大家放松下来，但是它没有如你所愿。你仍然可以庆祝你的行为源于一种你做贡献的需要，你也可以哀悼它没有达到你的预期。

深入体会这些需要时，你会感到轻松和兴奋。你会发现有的策略奏效了，比如，你说了一些令自己感到满意的话，有些时刻你停止了自动化反应并做了个深呼吸，或者有时你只是用一种新的方式倾听别人。允许自己被那些顺利的事情所激励。

这里需要重点注意的是，很多人会在哀悼和庆祝之间多次往复才能完成整个过程。例如，在庆祝的过程中，你可能会发现某些没有得到满足的需要，这时你可以让自己顺其自然地跟随发生的事情；如果你在庆祝时又产生了其他的评判，留意这些想法并回到哀悼。追踪你在庆祝什么，这样在你哀悼评判之后，还可以回到庆祝。我们建议在哀悼-庆祝-学习过程的前两个步骤多花些时间，直到困扰你的想法和感受大大减轻，在回忆发生的事情时你不再感到痛苦，而是感觉释然，并准备进入学习阶段。

哀悼的过程结束后，詹姆斯感觉好了一点，他期待进入庆祝环节。尽管如此，他还是有点挣扎，不知道是否可以找到任何进展良好的方面。最后，他发现无论后来发生了什么，他都可以庆祝做过的事情。当他意识到他对丹说的第一句话是值得庆祝的，也就是他对上次谈话结束时所说的话感到后悔，他感到轻松了许多。

然而，在进一步庆祝前，他的内心又有了一些沉重感。对于詹姆斯的道歉，丹根本没有做出任何回应。詹姆斯对此的解释是，他的父亲是出于否认和不安才回避了道歉。詹姆斯再次回到哀悼，在那一刻，詹姆斯感到有必要承认他试图做出补偿所付出的努力，这样的需要让他重新开始庆祝，因为他承认自己以诚实的态度开启了对话，满足了他对关心和诚信的需要。这就是我在这个世界上想要成为的人，詹姆斯对自己说，一个当我没有按自己希望的方式行事时，我会承认的人。

对自己的欣赏使他更容易想到下一个值得庆祝的事情。当回想起对于詹姆斯提出的不要再叫他"吉米"和"小男孩儿"的请求丹所做出的回应时，詹姆斯很快就发现了自己身体的感受。詹姆斯想，我希望我当时可以做得更好，我当时就可以马上做自我连接流程，然后问自己是否可以听到"请求"，但我根本没有想到这一点。詹姆斯再次回到哀悼，对当时没有转化自己的感受而感到有些失落。他大声说：

"我真的希望自己有能力觉察到这一点,然后立刻做些什么,让我能更有效地做出回应。"但是他发现至少他没有像过去那样直接做出反应,于是他庆祝自己有了这样一个发现。让他欢欣鼓舞的是,至少现在他对所发生的事情有所觉察,满足了他成长和学习的需要,也避免了将来出现更多的麻烦!

提示自己去看看他对自己感到满意的其他表现,詹姆斯回想起他为这次对话所做的准备。他和肖恩谈到,当他将丹的话解读为丹在告诉他如何抚养孩子,以及他可能会提出什么请求时,他感到如何痛苦。即使提到这个话题都让詹姆斯很害怕,但他还是回忆起自己是怎么说的,以及丹是怎么回应的。

"我很难接受你告诉我应该如何抚养我的孩子,我觉得我自己做得还不错。我想知道你能不能告诉我你听到我说了什么。"当詹姆斯问这个问题时,他觉得自己全身都在颤抖。

丹回复说:"嗯,我只是不想看到他走下坡路。我知道你和他之间有些问题,在他这个年龄,很多事情会变得更困难。"尽管詹姆斯知道他的父亲并没有回应他的问题,他还是决定同理倾听父亲。

"听起来你真的很关心科瑞,希望支持他,是吗?"

"当然,"丹说,"他是个好孩子,我希望看到他一直这样。在这个年龄段他们很容易误入歧途的。"

詹姆斯很为自己的行为感到自豪,因为他让他的父亲知道,父亲给他的建议让他很困扰。并且他提出了一个连接性请求,让他再次认识到这么做满足了他对成长和能力的需要。他也庆祝自己选择了同理倾听父亲,而不是沮丧,这让他有一丝成就感。实际上詹姆斯非常感激他父亲所说的话,他知道他关心科瑞,这让詹姆斯对丹的干涉有了进一步的理解。他仍然不喜欢丹表示关心的方式,但是通过自己的努力以及清晰了解了丹的行为源自什么,让他倍受鼓舞。

第七章　从沉思到反思：转化对话后的评判

随着发现对话过程中被满足的需要，詹姆斯感觉自己的身体越来越轻快了。

庆祝是感恩练习的近亲。当需要得到满足时，你越多地表示庆祝，就越容易感激生命中出现的一切。你可以把哀悼–庆祝–学习的这部分作为一个单独的练习，作为一种仪式，每天都为所发生的好事和得到满足的需要进行庆祝。你可能会惊讶于它能让你的生活变得如此丰富。

学　习

一旦你为未被满足的需要哀悼，为得到满足的需要庆祝，你就能从过程中学习。当然，如果你在学习这一步骤中发现了其他值得庆祝和哀悼的事情，你随时可以回到前两步。前两步会让你跳出评判，与自我连接，而学习这一步将促使你从经历中获得转变，并将它整合到你当下和未来的生活里。

这个步骤实际上包括三个部分：学习、计划和练习。在这个过程中，你可以思考以下这些指导性问题：

·在这个过程中你学到了什么？
·与开始时相比，你现在有什么不同的感受？
·你接下来将如何更好地满足自己的需要？

在学习这一步，你会反思哀悼和庆祝的过程以及整个事件。最终，你可能会产生深刻的见解，即如何摆脱对之前所做的事情产生的自责，或者打开紧闭的心门，转而去关心和体谅对方。你可能还会发现，把评判转化为与需要连接，能够带来如此强大的力量。你也可能对自己的需要有更多的了解，并开始思考在未来如何能更好地满足这些需要，这自然会带领你进入接下来的计划环节。

在做计划的时候，你将会思考在一般情况下或者某个特定的情形中，你想要成为什么样的人或做什么不一样的事情，来满足你的需要。哀悼和庆祝能帮助你梳理出更多想要实现你的愿望的想法。例如，在哀悼过程中发现了未被满足的需要后，你可以问自己："为了更好地满足自己的需要，下次我可以改变些什么呢？"在庆祝中看到得到满足的需要后，你也可以问自己："什么可以帮助我再次满足这些需要呢？"

计划可以引导你考虑如何应对正在面临的情况，也能促使你更全面地考虑怎样满足生活中的需要。在制订符合当下情况的计划时，你可能会问："我可以做些什么来改善当前的情况？"

更全面地考虑生活中的需要，你可能会问：
- "我能创造出什么样的新的思维模式和行为模式，来更好地满足生活中的需要？"
- "我能从这个事情中学习到什么来帮助我更好地满足生活中的需要？"

当你的计划引导你采取你想要的行动时，例如以新的方式与某人进行对话或互动，接下来，进行练习是很有帮助的。与搭档约定进行一次角色扮演，或者在脑海中演练你想说或做的事情。

总结一下，学习的步骤如下：

1. 反思你在经历这个过程后有什么不同的感受，并从中进行学习。
2. 不管是在当下的状况还是在一般情况下，计划一下从现在开始你想做什么来满足自己的需要。
3. 实践任何能帮助你学习的事情，这样你在将来遇到类似的情况时就能够使用它。

詹姆斯感到很受鼓舞，于是打电话给肖恩表示感谢。当肖恩拿起电话时，詹姆斯向他讲述了整个过程，包括他事后的感受，以及他记忆中肖恩关于哀悼-庆祝-学习的那些话。然后他快速地复述了一遍自己所做的哀悼和庆祝。

"很酷，"肖恩说，"学习这一步呢？你从这个过程中学习到了什么？"

詹姆斯大笑着说："哦，是的，我太激动了，以至于我还没做那一步呢。"

肖恩也笑起来了。

"好吧，首先，我现在对我和父亲的谈话有了明显不同的看法。以前我只看到哪里出了问题，现在我不觉得它像我想象的那么糟糕了。"

肖恩对他听到的进行反馈："一开始你只看到事情没有按照你所期待的进行，现在你在以不同的方式看待它，是吗？"

"是的，我现在知道有些事情令我感到骄傲和满足，尽管我仍然很难过，觉得他没有真的倾听我或者理解我。"詹姆斯深深地叹了口气，揉了揉额头，"实际上，我似乎要为此哀悼很长一段时间。"

"所以，听起来你对你在对话中的表现比较满意，同时也希望你在哀悼过程中发现的一些需要能得到满足？"肖恩说。

詹姆斯停顿了一下才回答，一种新的领悟出现在他的意识中，他试图用语言表达出来，但却失败了："嗯，听你这么说，我明白了……好像我被困在这里了。我想我是想让他满足这些需要……但是，这混淆了需要和策略？但我真的希望他能满足这些需要……他是我的父亲，我渴望得到他的尊重和认可。"

肖恩提出了另一个问题："你是否觉得，你把需要和让他满足这些需要的策略混合在一起了，这让你陷入了困境，并且导致你无法完全摆脱自己对那次对话的评判？"

"确实是这样的！这让我陷入了对他和对自己的评判中。我那么想要被看到、被理解、被尊重，但我忘记了或根本不认为，我还可以通过其他方式满足这些需要。就好像是，我想跟他建立简单而纯粹的连接，这个更深入的需要让其他一切都黯然失色。但是，现在我开始明白了，也许我永远不能从他那里满足这些需要。我猜我可以对此表示哀悼，也认识到这些需要可以从其他地方得到满足。即使只是理解到这一点，我也感觉好多了。"

"所以，更充分地理解需要和策略之间的区别，让你松了口气。现在你看到还能用其他方式满足这些需要，即使你仍然希望他能满足这些需要，是吗？"

詹姆斯站在那里，感到越发热情高涨。"是的，我感到放松，感到空间变大了。"他的声音变得更兴奋了，"就像我能允许自己做自己，拥有这些需要，也可以允许他做他自己，无论他有还是没有能力，这些都不重要了。"

肖恩思考了一会儿，说："我听到的是你会持续向他提出请求来满足这些需要，但并不是要求他必须满足，是吗？"

"是的！"詹姆斯大声说，"我没想到这一点，但我的确是这个意思。确实，如果他能按照我的想法称呼我，我会真的很高兴。我可以继续努力不被他的称呼刺激到，但如果他愿意改变，那就太好了。所以，我会继续提出请求，并且确保是请求而不是命令。我觉得多进行几次角色扮演对话可能会对我更有帮助。我希望练习对话，从中获得技能来处理自己的反应，并不管他会怎么样，与他保持连接。"

"所以，从现在起你想练习一件事情，"肖恩确认说，"是能够进行对话，并与你自己保持连接？"

"就是这样的，"詹姆斯说，"我认为这会帮助我看到，我想把注意力放在内在状态和过程上，而不是把精力放在我控制不了的事情上。"

肖恩总结了詹姆斯提到的从哀悼–庆祝–学习过程中学习到的东西："我听到你说，你现在对那次谈话的看法有些不同了，你能够从发生的事情中获得满足，尽管结果不是你想要的。你现在看到你的需要可以在其他地方得到满足，这给你和你父亲提供了更多的空间，让你们都可以做你们自己。你仍然想向他提出请求而不会让它成为命令。你也想更多地练习，让你可以保持连接，把精力集中到内在的过程上而不是结果上。我听明白你的意思了吗？"

詹姆斯点点头："是的，听起来不错。你知道，尽管那次谈话和事后的感受让我很痛苦，但我觉得我现在所做的一切都是值得的。"

肖恩表示同意："是的，尽管你没有早些看到这一点，但事后有所觉察，这些经历是非常值得的。"

在这个过程中，你不仅能更好地摆脱内疚、责备、羞愧或愤怒的情绪，你还会注意到一种平静祥和的感觉。这就是当你与需要连接时会发生的事情，即使需要还未被满足。思考需要的学习过程，也能让你更好地知道下一步该做什么，而不是试图通过避免最初的不良感觉来"学习"。

现在我们已经了解"哀悼–庆祝–学习"地图了，下面是详细的步骤，你也可以在附录9中找到这些。

1. 哀悼

（1）在对话结束后，确认你对所发生之事的观察或者你脑海中出现的评判。

（2）当你回想发生的事情或者想到这些想法时，留意你出现的感受。

（3）问自己，发生的事情没能满足你的什么需要，或者你的评判在尝试表达哪些未被满足的需要。

2. 庆祝

（1）从发生的事情里找出你喜欢的方面（观察）。

（2）当你回想起这些事情时，留意你有哪些感受。

（3）问自己，这些发生的事情让你的哪些需要得到了满足。

3. 学习

（1）反思你在经历这个过程后有什么不同的感受，并从中进行学习。

（2）不管是在当下的状况还是在一般情况下，计划一下从现在开始你想做什么来满足你自己的需要。

（3）实践任何能帮助你学习的事情，这样你在将来遇到类似的情况时就能够使用它。

练习时间

找出从前面练习时间中你想要的一种情况或类似的一种情况，使用哀悼-庆祝-学习流程。它如何改变你对所发生的事情、你自己和其他人的看法？

从庆祝开始

你是否曾经深陷在自己的想法和评判里，对于如何改变你的想法感到一筹莫展？如果是这样，你并不孤单。好消息是，当你发现对发生的事情产生评判时，记得你有一个地图可以使用。如果你能记住这张地图的第一步，你可以迈出这一步，你就会想起下一步。当你清楚在何时使用它们以及从哪一步开始时，所有的"调解人生"地图都能最有效地帮助你。

一般而言，任何自我总结方式，我们都建议从哀悼开始，然后走向庆祝，随后是学习。哀悼通常是自然而然地就开始了，因为人们的大脑常常习惯于去想什么地方错了或者对事情产生评判。从哀悼开始是驶离评判的最快路线。

然而，有时候从庆祝开始会更好，即使你的头脑中先产生的是不好的感觉。除了颠倒地图前两步的顺序以外，整个过程是相同的。

有时候，先表达庆祝会让哀悼变得更加容易，为什么呢？因为你可能满怀内疚或羞愧，痛苦得无法面对那些困难的情绪，你甚至都不想开始这个过程。但是如果你先从庆祝得到满足的需要开始，你会更有毅力和能力来处理对自己的苛责及那些未被满足的需要。简而言之，先庆祝可以让你通过先连接需要，提升自己进行这个流程的能力。

当你与他人展开对话时，庆祝也是很好的第一步。例如，如果你和某人的谈话引发了你的评判，之后你想和那个人再聊一聊，你可以使用同样的地图来讨论发生了什么。或者，如果你正在和某个团队总结过去的活动或产品发布会，你也可以使用这个地图讨论什么方面进展顺利，什么方面不顺利。

正如我们所说，我们的文化倾向于关注消极方面。因此，当你与他人谈话时，即使你谈论的是需要，你的哀悼也可能会被人解读为是谁搞砸了，谁应该受到责备和惩罚。如果你想创造一种安全和信任的氛围来探讨进展不顺利的事情，从谈论成功之处或从庆祝这个步骤开始会有所帮助。

首先要关注怎样做可以促进整体的学习过程，同时让你与自己和他人连接。从感激发生的事情和被满足的需要开始谈起，然后探讨哪些事情进展不够顺利。如果有人依然通过听到评判，对进展不顺利的方面产生反应，你可以把这当作同理倾听的机会。

练习哀悼–庆祝–学习

　　练习哀悼–庆祝–学习最好的方式就是经常使用它们。当你关注过去发生的事情并产生了先入为主的想法时，你可以利用这些方法来完成这个过程。同样地，如果你知道即将要进行困难对话，你也可以提前计划在对话之后实行哀悼–庆祝–学习，就像斯科特向詹姆斯提的建议那样，规划时间去完成整个过程。留出一些不受干扰的时间，尽可能在对话后马上进行这些步骤，安静地思考对话中发生了什么。如果你怀疑自己希望得到支持，你可以提前跟能帮助你进行这个过程的支持伙伴通个电话。

　　在完成哀悼和庆祝之后，把评估你使用哀悼–庆祝–学习后学到了什么作为学习步骤里的一部分。最后问问自己：

- "我从这个过程中有什么收获？"
- "这让我的生活更好吗？"
- "它是否在滋养和支持我，让我的生活更美好？"

　　当你在这个过程中进行自我反思时，其价值会得以体现。换句话说，有意识地思考这些好处会让你下次更有可能记得使用这个过程，这好过只是简单地完成它而不反思你从中获得的价值。

　　一旦你练习并内化了这个地图，你会发现你能够更迅速地使用它。可以考虑把它和自我连接流程结合起来使用。例如：

1. 如果你想总结一次对话，从进行自我连接流程开始，重新与你的呼吸、身体和感受连接。
2. 当你进行到自我连接流程的"需要"那一步时，同时思考在对话中未被满足的需要和在互动中得到满足的需要。
3. 问哀悼–庆祝–学习第三步"学习"中的一个问题，比如"我希望做什么来继续向前？"，然后计划你下一步要做什么。

第七章　从沉思到反思：转化对话后的评判

这是一个比较快速地进行哀悼–庆祝–学习的方法，你可以轻松地从一个地图转向另一个地图，而无须花费许多精力。因为这是一个更高阶的技能，我们推荐你先多次体验哀悼–庆祝–学习练习之后再尝试这个练习，以便你能够逐步展现这个过程和它带来的变化。

> **练习时间**
>
> 你如何促使自己记得使用哀悼–庆祝–学习？你将如何练习以便能够更容易地掌握它？

哀悼和庆祝都很重要，我们建议你不要省略任何一个。哀悼能帮助你摆脱自责和评判，训练你思考如何才能更好地满足自己的需要；庆祝提供了一剂解药，让你摆脱对于错误的过度关注，训练你自动寻找令你满意的地方和需要改进的地方。通过关注你得到满足的需要和未被满足的需要，你会把注意力放在未来如何能更有效地满足你的需要上，从而创造出你期待的生活。

既然你在对话或事情发生之后做了总结，你可能会想，接下来的对话该如何进行或者事情会如何发展？这意味着你正在展望未来。这本书中的工具和地图可以循环体验，引导你去满足你的需要。下一章我们将探索这个循环，以及如何将本书中的所有地图和技能整合到你的生活中，让你在不断进行的对话中加以运用。

第八章

超越评判而生活：
把学习融入生活

> 在对与错的区分之外，有一片田野。我将在那里遇见你。
>
> ——鲁米

第八章 超越评判而生活：把学习融入生活

詹姆斯和莎莉都精疲力竭地瘫倒在床上。

这是星期日的晚上，这一天并没有按照计划度过。莎莉呻吟着，甚至懒得睁开眼睛，她说："我们今天都没机会安排下一周的日程。"

詹姆斯很久没有回应，莎莉以为他已经睡着了。最后，他嘟囔着说："我现在实在太累了，明天早上再做吧。"

一周前，他们如约在星期日抽出时间来规划下一周。两个人都对对话的进展感到满意，上周过得也很顺利，所以他们很期待继续新的计划。但是今天，生活被打乱了。

莎莉先是接到玛吉最好的朋友夏洛特的妈妈打来的电话，夏洛特的妈妈声音听起来惊慌失措。她是单亲妈妈，她的大儿子玩滑板把胳膊摔骨折了。她问莎莉她带儿子去医院的时候能否让夏洛特来她家。詹姆斯和玛吉刚把夏洛特接过来，莎莉的妹妹佩格就打来电话，说她很担心母亲多丽丝。莎莉赶过去，和佩格一起花了大半天时间追着大夫给多丽丝调整药物。他们的这一天都被劫持了，现在他俩太累了，甚至都不愿意去想下一周了。

第二天，在一如既往忙碌的早晨，詹姆斯和莎莉试着讨论这一周的日程。莎莉一边看日历，一边给玛吉做三明治午餐，这时她回头瞥了一眼詹姆斯，说："我这周有两个会议，明天早上一个，另一个在周四下午晚些时候。所以，我需要你明天送孩子去上学，如果你周四可以接玛吉就太好了。哦，周五玛吉的家长会也是你去，对吗？"莎莉把做好的三明治装在玛吉的午餐盒里。

詹姆斯把他为自己和孩子们做的薯饼翻了过来，说："我明天可以送孩子们去学校，但是周四和周五不行。周三到周五我们在新诊所有演讲。你得另想办法。"

莎莉紧紧抓住餐台的边缘，反驳詹姆斯的话差点儿脱口而出。她憋着一肚子的怒气，只能保持沉默，不做出反应。厨房的气氛越来越沉重，直到她开口说："好吧，我们过会儿再讨论。"

詹姆斯耸耸肩，端上早餐，给自己倒了一杯咖啡。

你已经完成了你的内在工作,使用自我连接流程和化解敌人形象流程与自己和对方创建了连接,并通过一次或几次强度练习来消除刺激。你已经能够使用人际调解地图来处理困难对话,并为接下来的安排制定了坚实的协议。你也可以随后做更多的内在工作,哀悼和庆祝对话,学习如何更好地满足需要。你都做到了,对吗?

尽管人们很容易认为,最棘手的人际冲突可能很快就会解决,但只使用一次这些流程往往只是开始。要改变根深蒂固的习惯性反应并不容易,所以对自己宽容些,任何事情都可能发生,都很正常。比如:

- 如果你按照解决方案和协议开始生活,你可能会发现在完成某个请求时遇到了困难,或者某个协议没有像你想象的那样满足你的需要。
- 出现的新情况将考验你改变习惯性反应的决心。
- 对方可能发现协议对他们行不通,他们会回来找你探讨修改。
- 你们中的一方可能将协议完全抛在了脑后,或仍然在旧有的刺激下做出反应。

当这些情况发生时,人们常常会认为,有些事情进展不顺利是因为你或者对方做错了,或者是因为这些流程是无用的,改变是不可能的。莎莉可能会因此埋怨詹姆斯,认为他们之前的对话完全是浪费时间,他是不会改变的。而詹姆斯的抗拒是因为他认为莎莉习惯于发号施令,完全不考虑他是不是能做到。之前对话的成果和良好的意图在习惯性模式面前瞬间化为乌有。

那么,接下来怎么办呢?

我们希望你现在能够理解,评判谁对谁错和谁该受到指责并不是唯一的选项。你还可以选择另外一条路,这条路将允许你更深入地与自我连接，让你清楚哪些需要对你和亲近的人来说更重要，找到能够为你和双方的幸福做贡献的其他方式，让你们彼此的生活更加丰富。这条路通往本章开端所引用的鲁米的诗歌中所说的，在对与错的区分之外，有一片田野。

你体验过那片田野吗？你能想象在那里生活吗？即使只是在某些时候？在鲁米描述的概念里，"如何做"经常让人难以捉摸。我们希望本书提供的地图、技能和工具能够帮助你在你的人际关系中找到这片田野。

这一章，我们将跳出聚焦于某一个特定地图的思路，全面了解如何将你所学到的融入生活中无处不在的对话和情境中。在这一过程中，我们希望为你提供可行的方法，把学过的所有片段加以整合，解决难以捉摸的"如何做"的问题，找到通往对与错之外的那片田野的道路，丰富你的生命。当你踏上这条路，发生的每一件事，包括每一次沟通、混乱、错失良机、被触发反应、感知到的评判等，都会为你期待的生活开创新的可能性。

学习循环

鲁米那句话的力量在于，它与人们通常的生活方式形成了对比。毕竟，错误的概念在大多数文化中是根深蒂固的，甚至嵌入到人们如何学习的方式之中。

在你的生活中，你注意到这种模式了吗？
- 你在这个世界上采取了一些行动。
- 之后，你会评估行动和产生的结果。
- 评估之后，你学习到将来要怎么做。

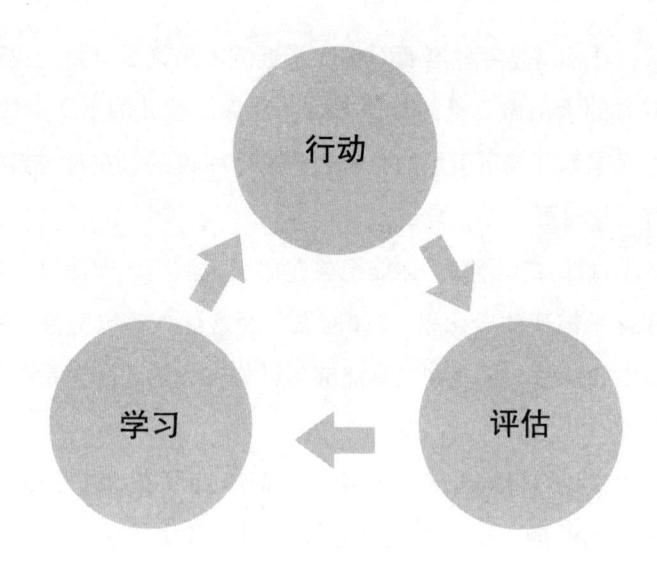

我们称这种模式为"行动—评估—学习"的学习循环。

举一个简单的例子。假如你正在开工作会议，你和一位同事必须向全体部门成员汇报你们发起的活动没有得到预期的反响。你承担了一些责任，你假设同事也会承担一些。但与此相反（从你的角度看），你的同事抛弃了你，暗示都是因为你导致了活动的失败。你认为你的同事是个混蛋，他没有承担他应该承担的责任。因此，你有可能决定以后尽量避免再跟他共事，你还可能意识到，你应该提前知道他会这么做，下次你会让他先说话，这样你就知道怎么回应来保护自己了。你还要计划如何控制损失，尤其是如何挽回你在老板眼里和其他令人尊敬的同事眼里的形象。

这是在典型的文化环境中成长的人们所经历的学习循环。也就是说，在做了某件事之后，人们会这样评价它：

· 我做得对不对？
· 是我还是别人搞砸了？

第八章 超越评判而生活：把学习融入生活

- 我做得好不好？
- 有人要受到责备和惩罚吗？
- 我应该被惩罚吗？
- 谁犯错了？

你可能不会直接问这些问题。但对大多数人来说，评估大都是关于责备、羞耻或惩罚的。大多数人的这种倾向是具有反射性的，似乎是与生俱来。人们很容易为自己辩护，在年轻时就学会推卸责任，甚至可能会完全否认自己做过某些事（即使每个人都知道自己做过什么）。在上面的例子中，在会议开始的时候，这个同事已经在他的头脑中经历了这个学习周期（评估活动的失败），并且可能在无意识中决定，回避指责是他最好的选择。

评估之后就是学习。你有一些想法和决策将应对事情未来的发展（例如，如果类似的情况再次发生，应该如何改变，或者在当前的情况下，下一步该做什么）。在这个过程中你当然可以学到东西，但是当你用责备的眼光去评估时，你又学到了什么呢？如果你回顾这个案例，你会发现，你学会了强化自己和对方的对错立场，在未来更懂得自我保护，回避你的同事以避免自己受到伤害。这样的评估导致的结果是，你学会计划未来如何避免责备和惩罚，同时，你将会去追求被看作是正确的和可以得到奖励的东西。所以，在现实中，在这样的"行动—评估—学习"的循环中，根深蒂固的做法变成了：行动—评估对错—计划避免惩罚。

227

```
        行动
       ↗    ↘
  计划避免    评估对错
  惩罚   ←
```

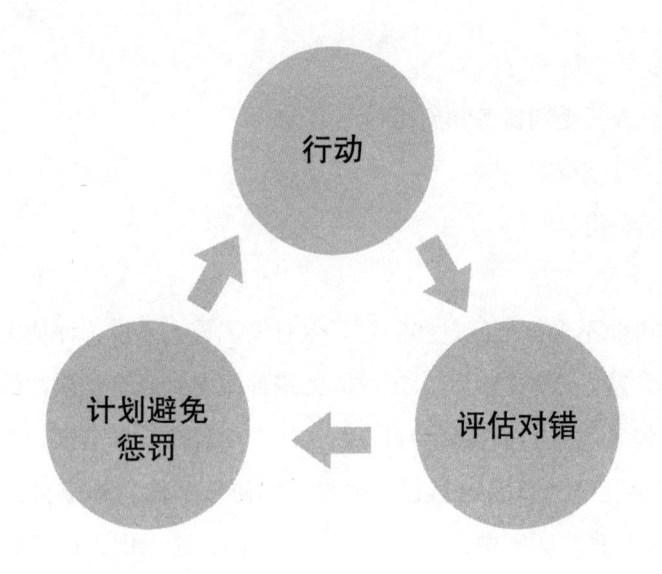

你可能会问："避免责备和惩罚难道不是好事吗？"从某个方面说，的确是好事，没有人希望因为已经发生的事情受到责备和惩罚。事实上，如果你仔细想想，逃避任何你有错的暗示可能已经是你头脑中根深蒂固的想法。许多人也像你一样有这种感觉，那是因为成长环境和社会的期望造成的。然而，问题在于，当你专注于计划避免不想经历的事情时，你常常会错过你想经历的事情，这会把你置于无穷无尽的"避免循环"之中。

> **练习时间**
>
> 思考你最近评估过的一件事。你评估的主旨是什么？你从中学到了什么？

甚至我们与他人互动的习惯模式也可以追溯到这个功能失调的学

习循环。让我们以你小时候为例。

你的父母让你坐到汽车的安全座椅上去，你用一种孩子不愿意做这件事时所能采取的强烈的方式说"不"。然后你的父母习惯性地强迫你坐到座位上。在这种模式里，你的父母强迫你做你不想做的事情，这种情况也经常发生在其他事情上。你也许从中学到了各种教训，在你成年后也依然影响你，例如：

· 你想要的不重要。
· 强迫别人做你想让他们做的事情成为你的一种选择。
· 如果你直接反对权威，你将会受到惩罚。
· 操控人们做你想让他们做的事情是一种更好的方式。

现在，作为成年人，你可能会发现其中一种或多种模式仍然有效。也许你已经习惯于不去了解自己的渴望，你无望地认为你的需要将永远得不到满足，所以，你仍然很难提出请求，或者甚至都不知道自己想要什么。也许，你强迫别人按照你的想法行事，或者你发现操纵他们的方式并不能总是满足你的需要；也许，你仍然很难清晰地向有权力影响你的人进行表达，比如你的老板。每次发生类似行为模式的情况，你在孩提时代学会的东西就会接管你，把你推进相同的循环，并再次强化这个模式。

跳出"避免循环"

尽管这些模式看上去根深蒂固，但好消息是，它们并不是一成不变的。你可以学习到一种更强有力的方式，帮助你跳出这个"避免循环"。虽然"行动—评价—学习"的循环是自然的和可预期的，但是你可以对它稍加调整，不是通过判断对错来进行评估，也不是通过回避来学习，这样它就变成了一个功能更强大的学习循环。

229

当你改变评估方式，不去寻求对错的时候，你会问：
· 我和其他人的什么需要得到了满足？
· 我和其他人的什么需要没有得到满足？
· 下次怎样做才能更好地满足我的需要？

换句话说，你仍会评估发生的事情，评估你可以从中学到什么，但仅仅是从需要的角度，而不是出于责备、羞愧和惩罚。

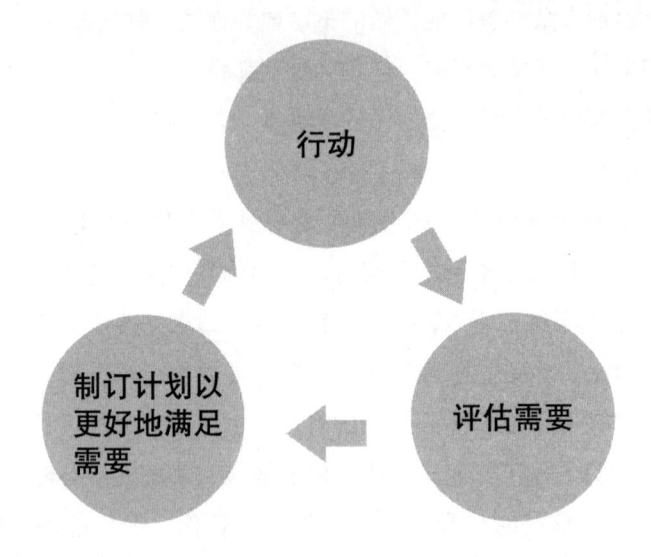

行动 → 评估需要 → 制订计划以更好地满足需要 → 行动

对于你的同事，评估可能会聚焦在你对职场安全的需要上，信任与你一起工作的人，或者聚焦在诚实、正直的需要上，以及与同事一起对结果共担责任。当你考虑哪些需要得到了满足或没有得到满足时，你就会准备学习并计划如何更好地满足它们。你不是在逃避，而是专注于如何提升生活的幸福指数。

第八章　超越评判而生活：把学习融入生活

> **练习时间**
>
> 看看你是否可以将这种更实用的学习循环应用于你在前面的练习时间中想到的情况。它怎样让你变为从需要的角度思考问题的？

本书中，我们提供了一些步骤，帮助你在人际关系中应用学习循环的每一步。我们来简单分解一下。

第一部分主要介绍了在对话的准备阶段需要做的所有练习：

· 自我连接流程（SCP）

· 强度练习

· 化解敌人形象流程（EIP）

接下来，在"执行"对话的阶段，我们提供了：

· 人际调解地图（IPM）和调解技能

在上一章中，我们讨论了对话之后要使用的流程，当你发现你处在一个通常来讲会让自己非常自责的评估阶段时要使用的流程。

· 哀悼–庆祝–学习（MCL）

哀悼–庆祝–学习为你提供了一个更友善的选项，它帮助你学习把注意力放在需要上，真正创造不同的生活。

调解人思维在整体循环中也起到了一个很重要的作用，即给予你空间，让你以自己希望的方式与自己和他人进行互动。当你既是调解人又是冲突中的一方时，调解人思维也在人际调解地图中发挥了重要作用。

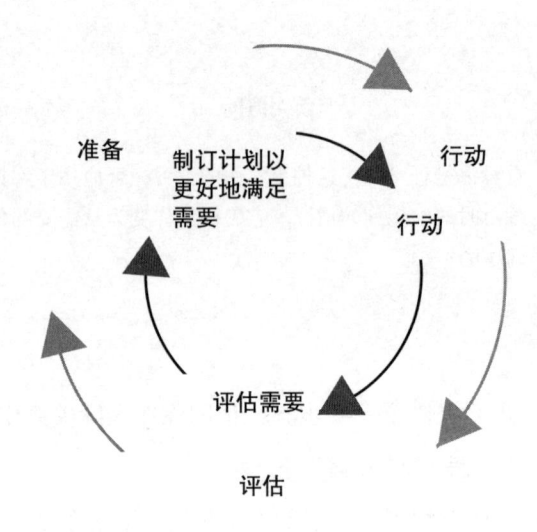

```
                    行动
         准备   制订计划以
              更好地满足      行动
                 需要

                评估需要
                  评估
```

求助！我用哪张地图？

我们在这本书中展示了一系列的地图，它们有一系列的步骤可以使用，当你处于特定的人际关系中并想要改变你的内在状态时，你可以选择它们作为你想要在这个世界中采取的行动。我们在这里简单分解了这些地图，以下是每个地图的简要概述，以及什么时候使用它。

自我连接流程（SCP）

你可以在想要进行自我连接的任何时候使用，在困难对话之前、进行中或之后的任何时候，或任何你觉得失去自我连接的时刻。这个过程使你进入调解人思维，你可以做出新的选择并从中学习。

化解敌人形象流程（EIP）

当你发现你对即将与之进行困难对话的人抱有敌人形象时，可以用化解敌人形象流程帮助你做准备。这个地图能帮助你同理倾听自己与对方，转化任何评判，让你能带着连接的目的开展对话。

人际调解地图 (IPM)

可以使用人际调解地图处理与他人的困难对话。这个过程为你提供了路线图，你可以在对话过程中的任何时候使用，以确保你和对方都能以希望的方式得到倾听。

哀悼–庆祝–学习（MCL）

当你想从已经发生的互动中学习并关照自己时，使用哀悼–庆祝–学习。这个地图能支持你跳出自我评判，努力满足自己的需要，而非逃避惩罚。

然而，我们从个人的经历中得知，日常生活通常是一团糟的，当处在棘手和令人不舒服的情况时，你很有可能不清楚该选择哪种地图。那么，你会怎么做呢？

当被情绪和想法左右时，人们常常会感到不知所措。正因为如此，你要意识到你可以把选择减少到两个：

- 你的聚焦点在哪里？
- 你打算做什么？

你做出的任何选择都可以归在这两个类别中：注意力和行动。当你发现自己陷入困境难以行动时，这两个选择可以帮助你确定自己的方向。

我们已经建议过，你要首先通过自我连接流程，把注意力放在自己身上。无论什么时候，当你感到和自己连接不畅、不舒服、出现应激反应，甚至只是想感觉更安稳的时候，你都可以随时随地使用它，这样你就可以很自然地与自己建立连接。学习循环过程的每一部分，从行动、评估到学习，都伴随着众多的自我连接流程。

然后，当你发现自己感觉不舒服时，在进行自我连接流程之后，简单地问自己："现在我可以使用哪张地图？"以及："在这种情况下，什么地图对我最有帮助？"

这些问题看起来是如此明显以至于近乎愚蠢，但是不要低估了问这些问题的重要性。我们虽然在教别人使用这些地图，但有时我们仍然觉得，很难记住我们有这些地图并使用它们。我们都有过把事情搞得一团糟而完全忘记使用地图的经历。有时我们完成了对话之后才意识到，我们在对话过程中完全可以使用其中某一张地图。由于每个人（包括我们自己！）都经历过这些小问题，我们提供以下建议。

选择做什么的一部分就是能简单地说出你所拥有的选择，你可以遵循下面这个简单的公式为自己的成功做好准备：

- 你此刻身在何处？
- 立刻使用自我连接流程与你自己和自己的需要进行连接。
- 问自己："在这种情况下，哪张地图对我最有帮助？"
- 按照地图上的步骤走一遍，或者如果你觉得独自做这件事很有挑战性，就向别人寻求帮助。

引导对话循环

正如我们所分享的，当你与亲近的人陷入困难对话的循环中时，学习循环为你提供了一条潜在的路径。同样，该路径将遵循循环中的一个圆，如下图所示。

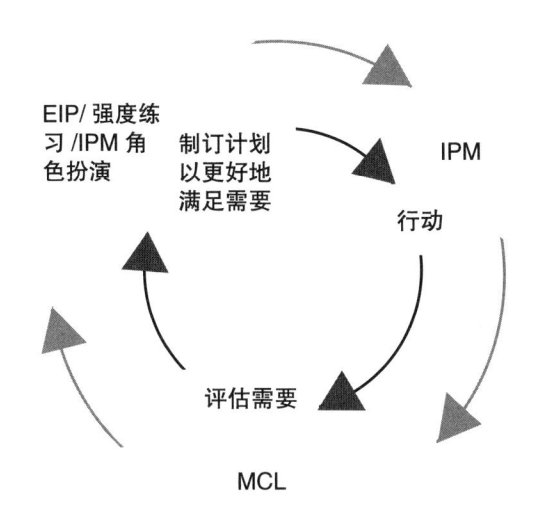

```
        EIP/强度练          制订计划
        习/IPM角           以更好地        IPM
        色扮演             满足需要        行动


                        评估需要
                          MCL
```

选择地图的一个方式是，考虑一下你处于学习循环中的哪个位置。你在准备对话还是在对话后评估发生的事情？这能够帮助你选择地图吗？

虽然使用学习循环是选择使用哪张地图的一个参考，但是根据在特定时刻发生的事情，你可以选择不同的地图和练习。考虑到这一点，让我们看看詹姆斯和莎莉如何继续本章开头的对话。

在工作期间休息的时候，莎莉回想起早上和詹姆斯的对话。她知道自己仍然对此感到心烦，于是进行了自我连接流程，并问自己哪种地图可能会有帮助。她想到哀悼—庆祝—学习可能是一个好的开始。她哀悼他们仍然没有达成共识，她合作的需要没有得到满足。她也为自己不愿同理倾听詹姆斯而感到难过，但她庆祝自己在说出任何会使冲突升级的话之前就停止了。她反复回想詹姆斯说的最后一句话"你得另想办法"。每当想起那句话，她就感到自己的愤怒在加剧。她知道，听到这句话让她无法听到其他任何声音。

莎莉意识到就是这句话刺激到了她，所以她决定请肖恩和她一起做强度练习，把这句话作为刺激物。在练习过程中，莎莉感觉自己在很大程度上成功地缓解了听到这句话时的应激反应，但是她仍然对詹姆斯为什么说这句话有一些挥之不去的评判。她认为，他采取了一贯的撒手不管、让她处理家庭琐事的态度，没有贯彻她所重视的团队合作。

为了转化这些评判，莎莉接着选择进行化解敌人形象流程。她再次与自己对詹姆斯的评判背后的支持、正直和合作的需要连接，当她感觉心态开放时，她开始考虑詹姆斯的需要可能是什么。她猜他可能喜欢在这种情况下稍微放松一些，不只是在安排那一周要做的事情这方面，还包括在她重返工作的过渡期间的很多普遍的事情上。她还假设，他可能想要一种可预见性，知道自己能完成他所承诺的工作任务。

尽管她并不完全相信自己的猜测是准确的，但当她与这些需要连接时，她仍然体会到了内在变化，意识到她自己也希望一切能顺利解决。莎莉感觉好多了，发现她更有可能和詹姆斯对话了，她让肖恩和她一起进行角色扮演，这样她就可以练习如何以她想要的方式进行对话。

"还是老样子。"詹姆斯一边开车去上班，一边低声嘟囔着，脑子里还想着早上和莎莉的对话。她要开会，希望我放下手头上所有的事情去补她的空缺。不管我们说了多少次，她总是强迫我做她想让我做的事。在几分钟的内心咆哮之后，詹姆斯意识到和自己断开了连接，于是他快速地进行了自我连接，这样他就不会把焦虑带到工作中去了。由于他最清楚自己对莎莉的评判，所以他决定在休息时进行化解敌人形象流程流程。

午餐时间，詹姆斯去散步，并在脑海中执行化解敌人形象流程的步骤。当他解读出他没有选择的时候，他感到了内心的不安和抗拒，此时他连接到自己对自主权的需要，对理解的需要也随之出现了，他

第八章 超越评判而生活：把学习融入生活

继续深入其中，看到他是多么渴望他所做出的所有贡献得到认可，以及他能做的很有限。他猜测，莎莉感到有压力，一方面要保证完成家务，另一方面又要致力于她刚刚起步的事业。当他看到他们都想兼顾家庭和事业的共同需要时，他的心融化了。

当詹姆斯回想起他们的谈话，尤其是他对莎莉的话所做的回应是固执己见，意识到他们共同的需要激起了他悲伤的情绪。他开始进行哀悼-庆祝-学习流程。他哀悼自己失去了同理倾听莎莉的机会，他庆祝自己的行为满足了照顾自己的需要，但他没有满足照顾整个家庭的需要。詹姆斯体会到内心的安定，这表明他和自己有了连接，在那一刻他感觉很完整。他在心里记下了一些要点，让艾丽西亚和他进行角色扮演，为接下来和莎莉的交谈做准备。

下班后，詹姆斯和艾丽西亚通过电话进行角色扮演。詹姆斯在进行过程中提升难度，让艾丽西亚说"我需要你去接孩子"，这样他就可以练习如何回应。然而，当她发送这个刺激时，他立即进入自己典型的应激反应，无法继续下去。他们转而进行强度练习，并以此作为刺激点。"我需要你做我想让你做的事，你想做的事不重要。"当詹姆斯听到莎莉说"我需要你……"时，他就是这样理解的。詹姆斯很高兴他达到了不再对这句话做出反应的程度。他们切换回角色扮演，詹姆斯能够在听到莎莉说"我需要你去接孩子"的时候有选择地做出回应。他练习了一些回应方式，既同理倾听，也诚实表达。

当詹姆斯开车回家时，他对莎莉认为她的工作比他的工作更重要还有一些挑剔的评判。他又一次快速地进行化解敌人形象流程，当他驶进车道时，他已经完成了任务。

莎莉在和詹姆斯的对话结束后，处理内在的过程和为下一次对话做准备而使用的地图路径如下：

```
  ├────────┼────────┼────────┼────────┼────────┤
     (1)      (2)      (3)      (4)      (5)
     SCP      MCL     强度练习    EIP      IPM
                                         角色扮演
```

现在,她感觉自己已经准备好进行下一次对话了。

詹姆斯使用了相同的地图和练习,只是顺序发生了变化:

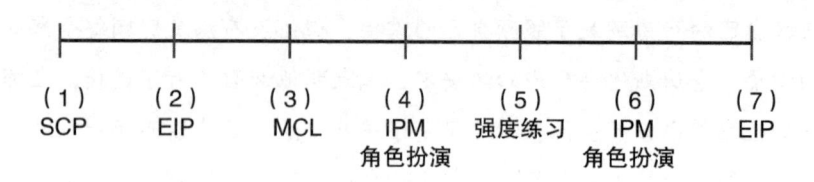

```
  ├─────┼─────┼─────┼─────┼─────┼─────┼─────┤
    (1)   (2)   (3)   (4)   (5)   (6)   (7)
    SCP   EIP   MCL   IPM  强度练习 IPM   EIP
                     角色扮演       角色扮演
```

现在,他感觉自己已经准备好进行下一次对话了。

莎莉和詹姆斯都根据自己所处的位置来选择下一张地图。这是一种不断查看自己的练习,问自己现在正在发生什么,是否有地图可以帮助自己,如果有,是哪一个。为了指导你选择对你最有帮助的地图,我们创建了以下参考表格。

如果你……	尝试这个地图或练习
被困在对别人的评判和诊断中	化解敌人形象流程(EIP)
发现别人说的某句话或采取的某个行为触发了你的应激反应	强度练习
想要准备和别人谈一个对你而言很难的话题	IPM 练习或 IPM 角色扮演
你在为过去发生的事情而自责	哀悼-庆祝-学习(MCL)
在对话过程中感到压力、挑战或困惑	人际调解地图(IPM)
意识到自己感觉不舒服,但不确定是怎么回事	自我连接流程(SCP)

续表

如果你……	尝试这个地图或练习
对未来的事情感到害怕，比如工作会议或家庭聚会	化解敌人形象流程（EIP）
感到羞耻、愤怒、沮丧、不安或内疚	自我连接流程（SCP）
发现自己又一次出于习惯而行动，即使你知道你想在那种情况下做出不同的选择	强度练习
感到心烦意乱，无法与自己和他人处在当下	自我连接流程（SCP）
和别人在交谈或讨论一个对你而言困难的话题	人际调解地图（IPM）
你不喜欢对过去发生的某件事的感觉	哀悼-庆祝-学习（MCL）

最后，记住，建立人际关系的对话循环是一个流动的过程。因此，用来支持你的地图和练习也可以是流动和灵活的。例如，你可能决定从化解敌人形象流程开始，在这个过程中，它可能会转变为哀悼-庆祝-学习，反之亦然。你可以使用人际调解地图进行对话，然后进行强度练习来处理一些刺激你的事情，然后进行哀悼-庆祝-学习。每时每刻在你内心发生的事情，是你做出下一步选择的最真实的向导。通过连接和选择，让每一刻都成为一个与自己和他人互动的机会。

日常练习

能够灵活运用地图需要多次练习。在前面的每一章中，我们都提出了许多练习方法。虽然很多练习我们都建议找练习搭档，但自己演练也会有所帮助。

正如我们所说的，学习一种新的沟通方式，最困难的事情之一就是记住你有新的工具和技能，并马上使用它们。如果你经常练习，你就会经常提醒自己，你知道这些地图和地图的步骤，因此也更有信心使用它们。这种每天重复和演练的方式不仅能让你在当时记住这些地图，还能让你更有效地运用它们。

一个很好的方法就是将人际调解地图作为日常冥想的一部分，它能强化这些地图以及使用技能，并帮助你意识到下一步该做什么。

人际调解地图是在你情绪激烈的时候最难以使用的地图，它也是最复杂的地图之一。它始于自我连接流程，包括同理倾听、自我表达、提出请求以及调解技能。到目前为止，我们只介绍了与搭档一起练习这张地图的方法，所有这些方法都是有价值的，但你也可以自己练习，参考下面的练习方法。

每天留出一些时间来练习人际调解地图。你可以把它纳入你的日常冥想，或者在一天中预留其他时间来做这项练习。重要的是要每天腾出练习的空间，把它作为你日常生活的一部分。

一种方法是写日记，这有助于集中注意力，强化你的学习。例如，当你进行自我连接流程练习时，可以写出它的步骤，然后列出尚未进行的人际调解地图步骤，作为对自己的提醒。然后，想想与你有冲突的人，甚至是与你有过不愉快交流的人，你可以想象自己使用人际调解地图与他们进行对话。你会怎样和那个人一起完成这些步骤呢？把你们真实的对话写下来，可以保证你的方向是正确的。一旦熟悉了这些步骤，你也可以在脑海中展开对话。

虽然这样的练习有助于你巩固人际调解地图的使用步骤，并为你提供额外的练习，但是你可能也会发现，与其他地图相比，它会将你引向不同的方向。例如，当你试着想象对话时，你可能会发现，你会因为敌人形象而无法产生同理心，或者你意识到，你被困在了过去与那个人的互动中。当你进行对话时，密切关注你的内心世界，并将你所意识到的作为继续做出选择的动力。

例如，如果你想象别人说一些你知道会刺激你的事情，那么你可以在你的脑海里切换到去做强度练习。如果你发现因为你非常难过，甚至连想象与他们开展对话都很痛苦，你可能会决定进行化解敌人形象流程。你可能还会想起过去与他们发生过的互动，它会提示你使用哀悼-庆祝-学习。你可能会发现你只是需要很多的自我同理，因此你会选择花时间进行自我同理。

换句话说，把你当前的体验作为你选择地图的指南，看看是否可以打破在进行其他地图之前必须完成人际调解地图这一规则。你每天都在进行这种练习，所以你可以在第二天重新开始，设想自己使用人际调解地图与同一个人进行对话，看看它有什么不同。你可能会发现谈话更顺利了，或者出现了新的情况，不同的地图会给你带来帮助。留意你在练习中做出的改变，这将有助于你的学习。

以这种方式练习有两个重要的好处。第一，你会强化练习地图的步骤并获得更多使用它们的经验；第二，当你想到某个特定的人时，把人际调解地图作为入口，你就会知道你正在做什么，从而引导你选择做什么来改变与自己和他们之间的关系。

那天晚饭后，莎莉和詹姆斯有机会谈谈早上的对话。

"今天早上你说'你得另想办法'的时候，我很生气，"莎莉说，"因为我想知道我们是一体的。相反，我听到你说这一切都是我的责任。"

虽然詹姆斯想要分享他自己的不安，但他还是控制住了自己，并反馈了他从莎莉那里听到的话："所以当日程安排有冲突时，你想知道我会和你一起解决问题对吗？"

"是的。我知道我们都说过团队合作对我们来说很重要，但似乎我们还没有达到那个目标。你那会儿怎么了？"

詹姆斯深吸了一口气："我同意你的看法。今天早上你说'我需要你……'，你接着说下去时并没有问我这样做是否可行，对我来说，我听到的一个假设就是，因为你有会议，所以我必须填补空缺，不管我有什么工作任务要完成。我后来意识到，你说的这句话是最刺激到我的。实际上这是我今天和艾丽西亚一起发现的。"

莎莉开始猜测詹姆斯那里发生了什么，她问："所以当你听到我那么说的时候，你感到生气，因为你需要考虑对你是不是行得通，是吗？"

"是的，我还希望我有其他选择，我所做的贡献也想得到认可。"詹姆斯还记得他对莎莉动机的猜测，他问道："我想知道你是否感到有压力，要确保家里和工作上的一切都能兼顾到？"

泪水涌上了莎莉的眼睛，她的肩膀垂了下来："是的。所有这些事情都需要做……我是说，我们不能不接孩子。再过几年等科瑞可以开车，事情可能会变得容易一些，但现在，我们必须自己做！"

詹姆斯说："我知道，这对我也很重要。不过，这就是我被刺激到的地方。我在回家的路上有个想法，我觉得你认为你的工作比我的更重要，所以我做了化解敌人形象流程。我发现，我认为我的工作更重要，因为我们需要用它来付账单。所以，是的，孩子们需要有人接，但是我的工作支付了汽车的保养费用我们才能开车去接他们。我的工作还支付了食品杂货、孩子们的各类开销以及抵押贷款。我陷入了困境，因为我不知道我们在经济上有多依赖我的工作……我感受到了压力，需要确保我不会以任何方式危及它。"

"对……"莎莉慢慢地说，她开始面露喜色，"所以你一直认为你的工作更重要，因为它可以支付账单，这让你觉得我应该承担更多或者所有的家庭事务。我感觉到了这一点，并产生了戒心，然后排斥它，却不想问你什么对你有用，也不愿意去同理倾听你或听到你说'不'。"她咯咯地笑着，摇了摇头，意识到这一切是多么好笑。"我希望通过我的工作可以分担你的经济压力，所以我试着把事情推给你，这样我就能朝着那个目标努力，这招致了你的抵触情绪，因为你认为你的工作更重要。我们好像陷入了一个疯狂的反馈循环，认为一切都不可能！"

詹姆斯伸手揉了揉她的肩膀："哇哦，是的，我想你是对的。我从来没这么想过。我们就像两个小孩儿在争先恐后地说：'我的工作更重要！''不，我的工作更重要！''不，我的更重要！''不，是我的！'"

莎莉点头表示同意，詹姆斯继续说："我知道我也陷入了这样一种感觉，我必须找到一个解决方案，但我看不到。"

莎莉叹了口气，握住詹姆斯的手："看到这些疯狂的想法让我感觉好一点了。我真的希望它能神奇地消失，因为我们已经知道它是什么了！但我想，让它立马消失是不可能的。不过，当它再次出现时，或许我们会更容易发现它。"

他们静静地坐了一会儿，每个人都陪伴自己的感受和需要，直到莎莉打破了沉默："嗯，有一件事很清楚，今天早上我们选择进行那样的谈话，并不是一个好主意。我们当时太分心了。现在我们知道，这行不通！"

詹姆斯笑着说："没错！不过，昨天也是没有办法。我们需要优先考虑这个谈话时间，并且我们双方都要集中精力。"

"也许我们只是需要把它提前一天或提前一些时候。不要放在星期六晚上，那是我们的约会之夜，我希望约会很有趣。但如果是星期五晚上呢？如果我们计划好了之后又发生了什么事，或者出现了其他计划，至少我们还可以在周末重新进行安排，还有一些回旋的余地。"

"嗯。我有点担心星期五晚上的精力，到那时我们可能都很累了。"詹姆斯停顿了一下，"嘿，也许我们可以把它作为一周的庆祝活动，就像做一个庆祝-哀悼-学习流程。我们可以看看什么事情进展顺利，为任何进展不顺利的事情哀悼，看看我们能从中学到什么，并计划下一周的工作。这样一来，也许我们双方都有精力去做这件事，也会让我们不断反思我们的计划在这一周里进展如何，我们之前一直没有时间反思。"

"哦，我很喜欢这样。我们可以从自我连接流程开始，这样我们就都能植根于当下了。"

詹姆斯重申了新协议："好的，所以我们会把这个谈话的安排作为一个优先事项，在开始的时候做自我连接流程，然后像庆祝-哀悼-学习流程一样进行，最后我们为下周做计划。我们就在星期五晚上进行这项工作，如果有其他计划的话，我们会尽快完成那些计划再来做这件事情。对吗？"

"对的！"莎莉点头说，"听起来很好。"

哀悼-庆祝-学习还是化解敌人形象流程？

我们知道，要习惯使用不同的地图，知道什么时候使用哪个地图，都需要时间。但是人们反映的最大困惑之一是，不知道什么时候使用哀悼-庆祝-学习，什么时候使用化解敌人形象流程。因此，我们想给出一些提示，告诉你在特定情况下什么是合适的选择。

这两种地图有相似之处，它们都使用相同的非暴力沟通过程，但是它们的目的不同，因为它们在学习循环中的位置不同。

在对某个人产生敌人形象时，你可以使用化解敌人形象流程。这个敌人形象不关乎于过去，更多的是你在当下对于某人所持有的总体印象。例如，当你想到一个人时你内心充满了评判和分析，而你现在想要以不同的方式与那个人互动，这时你就可以使用化解敌人形象流程。虽然这些评判可能是基于过去发生的事情，但这些事情已经被转化成当下的形象，使用化解敌人形象流程会让你专注于如何改变这个形象，让你可以在未来以不同的方式与那个人互动。当你为你害怕的未来事件做准备时，化解敌人形象流程也很有用。通过化解敌人形象流程可以揭示你内心的这些评判，并将你的感受转移到事情上。

在进行哀悼-庆祝-学习时，要把重点放在过去的某件你可能正

第八章 超越评判而生活：把学习融入生活

在回想并为此而怨恨或指责自己的事情上。这个事情没有真的了结，在当下继续刺激你。正如我们之前所说的，当你用评判和责备的方式进行评估时，就像陷入了"避免循环"，你将很难从经验中学习到有益于你生活的东西。哀悼-庆祝-学习是一个结束事情、与过去和解、从发生的事情中疗愈并从中学习的过程。如果你想从过去发生的事情中以不同的方式学习，使用哀悼-庆祝-学习将是一个有益的过程。

这两者另一个主要的区别在于你的评判对象。当你意识到你对自己有评判时，哀悼-庆祝-学习有助于你停止自责。当你意识到你对别人有评判时，那么你可以利用化解敌人形象流程来改变你对那个人的看法。

选择哪一个既取决于你对谁进行评判，也取决于你在这个循环中所处的位置。以下是两条有用的经验法则：

- 当你为未来的事件、行为或对话做准备时，或当你对他人有评判时，使用化解敌人形象流程。
- 当你回忆过去发生的某件事，觉得没有完结，或者你被一些想法尤其是对自己的评判所干扰时，使用哀悼-庆祝-学习。

让我们以你之前的同事为例，你觉得他在会议上对你落井下石。

- 如果你主要是对会议上发生的事情感到不安，并且正在责备自己，你可以用哀悼-庆祝-学习来改变你对那件事情的态度。
- 如果你被告知你将在另一个项目中再次与那个同事合作，并且你知道你对那个人有很多评判，你可以通过化解敌人形象流程来搞清楚你将来想要如何与他合作。

当然，你可能会发现：你被过去发生的事情困住了，但还需要和你正在评判的人互动。这时，一个过程可以紧跟着另一个过程。在这种情况下，哀悼-庆祝-学习将有助于你了解会议上发生的事情，作为学习、计划、练习的最后一步，你可以使用化解敌人形象流程（甚至是强度练习）来转化你对同事的评判。

在以下的例子中，莎莉与科瑞在一次对话中经历了从哀悼-庆祝-学习到化解敌人形象流程的过程。

> 詹姆斯被科瑞的成绩刺激到了，于是他和科瑞就此进行了简短的交流。莎莉看得出科瑞很不高兴，便去了他的房间。她敲了敲他的门，轻轻推开，把头伸了进去。"你还好吗？"她问道，"你看起来很沮丧，你想谈谈吗？"
>
> 科瑞没有回答，一脸怒气地挥手示意莎莉离开。莎莉关上门走了，但她感觉不太好。她心里想：好吧，那就随你去吧。
>
> 莎莉进行了自我连接流程，来感受更多与自己的连接，然后她决定进行哀悼-庆祝-学习。她很伤心，因为她在生科瑞的气，而且她对自己对他的行为做出的回应也不太满意。她需要对科瑞和自己表示关心并建立连接。她思考自己的什么需要得到了满足而值得庆祝。她意识到，仅仅去敲门并尝试与科瑞建立连接，只是提出请求，她对连接的需要实际上已经得到了一点满足。
>
> 当莎莉进入哀悼-庆祝-学习的"学习"阶段，考虑到她现在怎么看待形势时，她感到更开放了一点。但当她想到科瑞的态度时，又觉得他真是个混蛋。意识到敌人形象出现了，于是莎莉直接进入了化解敌人形象流程。
>
> 莎莉问自己，做出这样的评判是为了满足什么需要。她很确定，她想要被看到，因为她想要建立连接，她想要给予别人关怀，她也渴望对儿子有所贡献。在满足了自己对同理心的需要后，莎莉心里感到对科瑞更加开放了，现在

> **化解敌人形象流程的步骤如下：**
> - 自我同理
> - 同理他人
> - 新的可能性：学习、计划、练习

她能够去考虑科瑞试图通过不跟她说话来满足他的什么需要。

然后莎莉设身处地为科瑞着想。她想象科瑞可能认为她不会以他希望的方式支持他,因此他要保护自己免受更多的痛苦。他对莎莉的行为不是针对她,而只是他满足自己需要的一种方式。在那个时候和莎莉谈话不是他想用的策略。

莎莉感到对科瑞的敌人形象正在消失,她的心一下子打开了。她决定晚些时候找个办法和科瑞重新建立连接。晚饭后他们计划了一个家庭活动之夜,她打算在晚上和科瑞交流,不是母亲与孩子的那种交流,而是作为两个平等的人进行交流。她的目标是陪伴他,超越母亲和儿子的角色,只是陪伴他,享受和他在一起的时刻。晚上,她专注于这个目的,对与科瑞的互动心怀感激,并发现自己对儿子有了更多的了解。

詹姆斯和莎莉的对话已经接近尾声了。到目前为止,你已经见证了他们如何使用"调解人生"地图和技能来解决他们之间的问题。虽然他们有一些新的想法来调整他们的主协议,以帮助管理家庭的日程安排,他们仍然有一个迫在眉睫的问题,那就是他们如何在紧张的时刻摆脱过去的模式。让我们看看他们如何合作来采取下一步的解决方案。

"这样就只剩下另一个问题了,"詹姆斯说,"你发现了我们对彼此关于我们想要什么和谁的工作更重要的假设做出反应的模式。"

莎莉回答时显得若有所思:"你知道,我不认为我们现在就能解决这个问题。我认为尽管可能会很不舒服,但我们将不得不接受它,并坚持我们之前达成的关于彼此之间如何互动的协议。这一次我们没有做到对星期日发生的导致我们无法履行先前约定的事情进行同理,我也没有问过自己是否愿意听到一个否定回答。"

詹姆斯点点头:"当我注意到我的应激反应时,我并没有做自我连接流程。现在仅仅是处于那种模式都令人很不舒服，但我还是想再次确认我们达成的协议。我也想对自己提出一些请求，比如当这些想法出现的时候，我会和自己连接，问自己一个问题：'在这一刻，我想做些什么来满足我的需要？'也许这能让我对找不到解决方案不会感到那么绝望。"

莎莉微笑着说："我喜欢你说的这一点。我们知道我们的协议是可行的。毕竟，上周过得太棒了！我们计划好了，事情很顺利，感觉很好。只有当我们的日程安排有冲突的时候才会感觉糟糕。并且……我们一直回避的一件事就是寻求外界的帮助。"

"是啊，"詹姆斯说，"但我们现在还花不起那个钱。"

"我知道，但我不只是在考虑需要付钱的办法。佩格现在和妈妈住在一起，她偶尔可以过来帮忙，就像她上次帮我们接玛吉参加足球比赛那样，而且她可以有更多的时间和孩子们在一起。艾丽西亚和肖恩也可以提供帮助，他们真的很喜欢孩子。如果需要的话，我还可以让玛吉朋友的妈妈一起去接他们。"

詹姆斯不安地挪动了一下身子："是的，我只是不喜欢那样做，我不想打扰别人。那天打电话给佩格，我感觉糟透了。而且我刚刚求她帮过忙，我觉得我们近期不能再找她帮忙了。"

莎莉做了一个鬼脸，说："我知道，咱俩都不善于寻求帮助，但也许我们应该重新考虑一下。佩格、艾丽西亚和肖恩明确表示，这对他们不是负担，我们可以相信，如果是的话，他们会告诉我们的。对玛吉的朋友们，我们也可以互相帮助。希望这都是暂时的方案，当我开始有更多收入时，在我们需要的时候，可以拿一部分来雇人。"

詹姆斯举起双手假装投降："好了，好了！我放弃！如果需要的话，我愿意向别人寻求帮助。"

然后莎莉和詹姆斯讨论周四谁去接玛吉，以及是否要重新安排周五的家长会，因为詹姆斯那天去不了，或者莎莉可以自己去。

最后，他们不仅对达成的新协议和各种想法感到满意，而且还制订了一个让彼此都很满意的本周计划。"你知道，"莎莉说，"尽管今天很艰难，早上我是那么心烦意乱，但是在把事情说出来之后，我感觉跟你更亲近了……不管怎样，这一切似乎都是值得的。"

"我也有同样的感觉。"詹姆斯说着，紧紧握着莎莉的手。

下面的表格是詹姆斯和莎莉更新的协议，他们讨论了周日有哪些事情没有起到作用。旧协议被划掉，新协议用粗体显示，再次承诺的协议用斜体显示。

		莎莉	詹姆斯
主协议	行动	周末留出时间讨论日程安排和任务 星期五晚上优先安排日程 从自我连接流程开始 用哀悼–庆祝–学习的方式进行 如果有需要，请别人帮忙接送孩子	
	行为模式	·当詹姆斯的担心出现时，同理倾听他 ·先问问詹姆斯他是否愿意谈谈	·当恐惧出现时，进行自我连接流程 问自己"在这一刻，我愿意做些什么满足自己的需要？"
支持性协议	行动	把约定好的星期日星期五安排下一周日程写在日历上，围绕它重新安排其他事情。如果已经有了计划，就尽快安排	
	行为模式	·如果詹姆斯开始有应激反应，就问他："你和你自己有连接吗？" ·问自己"我愿意听到'不'的答复吗？"	
修复性协议	行动	尽快承诺一个新的时间	
	行为模式	·在安排好的时间里优先做其他事情时，对所满足或未满足的需要进行同理倾听 ·如果有人出现应激反应，暂停下来，进行自我连接流程，然后同理倾听彼此	

初始体验和选择

在本书中，我们一直努力清晰地呈现地图和技能，告诉读者如何以及何时使用它们。如果你刚开始学习，就像学习任何新东西一样，这些地图会帮助你尽可能地遵循指示，这样你就可以开始体验可能发生的转变。每个地图或练习的步骤，包括何时以及如何使用这些技能的提示，都会作为一种有效和高效的方式为你的学习提供支持。

然而，生活的经历，包括所有的想法、评判、感受、希望和习惯，从来都不像我们给出的指示所暗示的那样有条理。当你练习并掌握这些工具时，你会发现什么对你有用，能够帮助你与自己和他人建立连接。当学习成为你的一部分而不是你正在练习的东西时，你会发现你在以不同的方式运用这些地图和技能。

虽然我们提供的指导和具体步骤已经有很多成效显现，但我们也希望你在使用它们时能感到一些灵活性。使用地图的目的是让你接触到你的初始体验，并帮助你找到其价值和意义。我们希望，通过展示我们发现的有益和有意义的东西，我们能够帮助你变得清晰。

正如你从这本书中所了解到的，我们给你的每一个独特的流程都是为了帮助你在困难的互动中改变你的应激反应和习惯性反应模式。它们帮助你以一种建设性的方式与自己和他人建立连接。一旦有了连接，你就能更清楚地看到你想要做什么。它们会改变你的视角，让你有选择的余地。

每一张地图本身都很重要，但只有把它们放在一起并在需要的时候使用它们，你才能真正看到它们对你生活的影响。每次你选择使用地图，每次你在与自己和他人的互动中做出新的选择，你就建立了新的神经通路来强化这些新的选择，旧的选择慢慢地变得不那么可取，直到你最终意识到它们对你的控制已经减弱。

随着做出每一个新的选择，我们希望你开始收获产生连接的行为所带给你的好处。在与自己连接的过程中，你会超越让你陷入旧习惯

第八章　超越评判而生活：把学习融入生活

的自我评判模式。在与他人的连接中，你们会创造为彼此的幸福做出贡献的新的可能性。最终，你会从根深蒂固的道路中走出来，进入在对与错的区分之外的那片田野。

你现在拥有了所有的地图、练习和技能，你可以用它们来引导你生活中的对话！在本书的末尾，我们想说的是，当你能够处在当下并有所选择，什么都有可能发生，我们希望这些技能能够影响世界。

结语　一次次的对话

> 选择不仅仅是选择"x",放弃"y"。选择是一种责任,意味着要把有意义的、令人振奋的事情从琐碎而令人沮丧的事情中分离出来。它是我们所拥有的唯一工具,使我们能够从今天的自己变成明天想成为的自己。
>
> ——希娜·艾扬格

你每天进行多少次对话？当这些互动顺利进行时，你的生活就会变得更加顺畅、快乐。当出现不和谐的情况或者断开连接时，你可能会发现你的工作效率下降，你的情绪低落，生活变得举步维艰。

在这本书中，我们探讨了人际对话领域。我们已经向你展示了如何通过在对话之前与自己建立连接来引领对话、消除刺激并转化评判，这样你就可以处在当下，根据选择来进行互动。我们已经为你提供了地图和技能，让你在对话中既可以与自己保持连接，也能与他人保持连接，这样你就可以得到理解，从而达成强有力的解决方案和协议。如果你在谈话后对事情的进展有一些想法，你也知道如何使用这个过程，让你对发生的事情有一个更平衡的看法。我们还向你展示了如何在日常的家庭和工作的持续关系中使用这些地图和技能。

花点时间反思一下你读过的内容。从这些地图和技能中你能得到什么？在阅读这些故事和案例的时候，你的脑海中会闪现出你想要在你的生活和人际关系中创造和体验的画面或想法吗？想象一下，如果你生活在这些变化中，你的生活会有怎样的不同。

记住，这不仅仅是处理冲突，我们希望这本书能帮助你在任何领域获得你渴望的体验。你的生活中是否有让你感到陷入困境、痛苦或不满足的地方？如果是这样，你就像许许多多感到生活不尽如人意的人一样。这就是我们写这本书的理由：提供一种对话的方式，这样你就可以进行积极的、愉悦的、富有成效的互动，并以你想要的方式对世界做出贡献，带给你一种创造生活的力量感。

我们希望在阅读本书后，你会：

· 对你生活中的人际关系有更多的选择；

· 能够与他人一起应对挑战；

· 找到人们可以对自己和世界做出的贡献；

· 基于了解如何对你自己和他人做出贡献而行动，而非依据评判。

正如我们在本书的开头所说，同理心、关怀、关爱、和平、友善、协作和合作等价值观在许多文化传统中都很普遍，然而，如何将这些价值观融入你的生活并采取行动却往往很欠缺。因此，我们希望在本书中，你已经开始看到并体验到如何与自己和他人建立连接，从而将所有这些积极的品质带入你的生活。当你能够体现出这些品质时，你就是在参与创造一个更和平、更有同理心、更有爱心、更具协作性的世界。

这些地图是有效的。把它们看作是一个指南——一个可预测的、可靠的、持续的指南，指引你在人际关系的各个方面都取得成功。使用它们，你将开始与自己和他人建立连接，并在此基础上产生更多你想在生活中体验的东西。

在本书的末尾，我们想谈谈我们的梦想，也就是本书的内容能为你和整个世界做些什么。然而，首先，我们想与你分享这些技能和地图如何影响我们的关系，以及那些参加我们培训的人。通过这些故事和评论，我们希望让你明白，你也拥有改变自己的生活和关系的可能性。当你阅读以下这些关于影响的个人案例时，请记住你想为自己创造什么。

让我们的谈话进行下去

只要有人的地方就有可能发生冲突。其他人是这样，学习"调解人生"的人同样如此。我们不仅教授这些地图和技能，同时也在实践中使用它们。

我们和其他行业一样，也经历过动荡时期。几年前，艾克在美国境外居住了几年，我们正在创建"调解人生"。因为我们相隔9个时区，也不经常一起培训，所以对业务的各个层面，从如何开展业务到如何进行培训，我们都有很多分歧。那是一段压力很大的时期，我们的合作关系和友谊随时可能因为我们的分歧而受到影响，甚至结束。

由于我们都积极地使用了本书以及"调解人生"其他系列书中的工具，我们不断克服双方的差异。回到我们与自己和他人之间的连接，我们可以承认各自不同的观点，然后重新关注我们之间的共同点。我们双方都必须在恶性循环开始之前把握住我们自己，重新与自己建立连接，然后再重新与对方建立连接。

即使我们的冲突没那么严重，但我们两个人在看待事情的方式和我们认为事情应该如何做等方面也是有分歧的。我们很容易被激怒，因为对方不以同样的方式看待同一件事，我们会将其解读为对方不欣赏我们所能提供的。那些旧的模式，例如不够好、没有被重视或欣赏、一种想要被倾听和认为自己是对的的冲动等占据我们的头脑，如果我们不小心，我们很容易受这些反应的影响，破坏任何一种伙伴关系。

当我们能够处理这些模式，运用本书中的那些流程，就会有更大的能力让事情得以进展。我们每个人都愿意理解对方的想法，而不再坚持我们最初的理解（"他是错的，我是对的！"）是正确的。因此，在交流的过程中会有更多的好奇心，更多的信任，相信一切都会在适当的时候显露出来，相信只要我们真正去使用工具，不断地回到与自己和他人的连接中，通往成功的道路就会变得清晰起来。

每当我们能够使用这些工具并重新建立连接，就会使我们更深入我们要一起做出贡献的领域。从我们各自不同的角度来看，我们会理解为我们是在互相对抗，但当我们彼此连接时，我们可以看到我们的差异具有互补性，能够创造出远比我们任何一方可以创造出的更完整的东西。最终，做一些内部的、人际关系方面的工作来重新建立连接，让我们双方都展现出最好的一面。

这种关系会导致什么样的合作关系呢？我们的关系的特点是深切的关怀、温柔、欣赏、开放、爱和相信我们可以做我们自己，并知道会被对方理解。尊重是另一个关键品质，特别是要尊重其他人也在做着同样的工作，即使我们中的一个人不能很好地理解别人的想法，我们也会努力去理解它，因为我们经常会经历这样的情况，即别人提出的想法会推动我们的工作向前发展。

每一个项目，或者说合力创造任何新的东西，都是一系列的对话去创造出你想在这个世界上看到的东西。商业是这样，这本书也是如此。三个主要的人——约翰、艾克和朱莉参与创作了这本书，在过程中发生了很多误解和冲突。在写作的过程中，艾克和约翰常常需要在他们实际要说的内容上达成一致，然后就如何在作品中呈现他们不同的观点和思维方式达成某种共识。朱莉的任务不仅仅是理解他们的观点并把它们编成一本可读的书，她还要协调完成该书的过程，确保艾克和约翰保持在正轨上，并与编辑和设计人员一起进行编辑和设计工作。

在本项目进行中的任何阶段，冲突都有可能产生，且确实发生了。那么，哪些应该被包含进来，以何种方式被包含进来呢？要探讨的主题是什么？我们聘请谁来做编辑和设计？我们应该如何宣传这本书？任何项目都由成千上万个决定组成，当有许多人参与到一个项目里时，所有的这些决定都可能涉及不同的观点。本书中谈到的技能能够帮助这个过程变得顺利，在每个人对如何开展项目持有不同观点时，让大家达成共识。

在连接中前行

除了在我们的个人生活和工作关系中使用这些技能外，我们还从参加过我们培训的人那里听说了一些故事。他们使用这些地图和技能，通过每时每刻一次又一次的对话，创造出重大的改变。下面是我们从那些重视这件事情的人那里听到的故事，他们有时会花很长一段时间改变疏远的关系，重获关心和希望。虽然这些事例是根据我们认识的人的真实故事改编的，但为了保护匿名性，这些事例都进行了修改。

艰难的离婚

"几年前，我和结婚25年的前妻经历了一次艰难的离婚，双方都受到了很大的伤害。离婚后的头几年，情况很艰难，事情一度变得非常糟糕，以至于她说她再也不想和我说话了。我住的地方离我们两个成年的孩子中的一个不远，她说她来看孩子的时候，希望我离开。她不想再和我有任何瓜葛，也不想再和我待在一个房间里。

"今天，情况大不相同了。我的前妻最近说，她希望我们能在一起庆祝节日。我们的女儿在一次大型聚会上因突出贡献而受到雇主的表彰，我们两人将坐在同一桌。

"别误会我的意思——这是一段漫长而艰难的旅程！在大约一年的时间里，我使用了所有我能使用的各种工具和地图。很多时候，我觉得我是在与自己的反应作斗争，如果我纵容自己的反应，就像往火上浇油一样。我经常需要别人的支持来摆脱我的评判，来同理我自己和她，练习以一种我可以面对她、尽量处在当下并满足她的需要的方式来进行对话。我非常感谢这些工具，也非常感谢她所进行的工作，我相信她也在努力。我感到比以前更有希望了。我们之间能有一些和平，不让我们的孩子们觉得他们必须选择立场，能够在连接中前进，这些都是无价之宝。"

董事会主席

"作为董事会主席，处理冲突是我的家常便饭。最近，一位董事会成员打电话给我，对摆在董事会面前的一项提案很不满意。她想让我听听她的观点，然后开始咆哮，话语里一个标签接着一个标签，一个评判接着一个评判。

"我注意到我被她的话刺激到了。在学习'调解人生'工具之前，我会和她就一些观点争论一番，但这一次我选择同理倾听她，并试着理解她认为什么是重要的。这很困难，因为有那么多的标签和评判要跨越而行。在接下来的一次讨论提案的会议上，她发言时仍然说了一些让人难以接受的话，但我选择继续倾听，并反馈了她潜在的担忧。结果，我们制订出一个大家都满意的修订方案，而之所以如此，部分原因是我花了时间去听她真正关心什么。

"当我反思这整个过程的时候，我意识到，通过践行我在'调解人生'中学到的练习，我现在能够注意到我什么时候会被刺激到了。几年前，我要么跟她吵架，要么根本不跟她交往，然而，这一次我能够注意到我的反应，通过呼吸回到当下，并放弃我典型的习惯性反应模式。随着时间的推移，我对当下正在发生的事情的接纳能力已经提高了。虽然我不想每天都处于那种紧张的谈话中，但现在只要一被刺激到我就能马上意识到，然后我就会重新与自己的内在连接，以便能够和他人相处。"

弥合婚姻中的分歧

"在我开始使用这些工具之前，我和妻子正在考虑分居。我们知道我们彼此相爱，但我们总觉得我们彼此太不相同了。我们谈过很多次我们彼此不相容的问题，每一次都让我们觉得在一起生活太痛苦、太困难，我们就是不适合对方。然而，在运用这些技能的过程中，我开始意识到，我们都会因为对方说的或做的一件小事而受伤或生气，导致我们进入一种战斗的状态，然后情况就会逐步升级。

"对我来说，第一步是能够控制好自己，不说任何让事情变得更糟的话。我明白了，如果我能意识到这一点，并在雪橇滑下山崖之前停下来，我就会有更多的选择。现在，我和我的妻子可以更容易地感受到彼此之间的连接和一致，感受到我们之间真正存在的爱。当我们回到那个充满爱的空间，我们就能找到弥合分歧、彼此合作的方法。"

我们以自己和他人的故事为例，让你知道，即使在感到困难或觉得不可能的情况下，即使你仍然感到受伤，怀疑自己的需要是否会得到满足，也依然会有办法。这可能需要一点时间，可能需要做一些工作，可能需要请求一些帮助来完成各种流程。但是，你能够渡过困境，在各种情况下妥善处理好关系，甚至还能使关系得到强化。

成功是什么？

在本书中有许多例子，特别是詹姆斯和莎莉的家庭故事，故事中的两个人都知道并正在使用"调解人生"工具箱。然而，成功并不取决于需要双方都了解这些技能。在以上三个例子中，每一对冲突当事人中只有一个人来参加我们的培训，并将知识融入他们的生活中，但他们彼此的关系仍然能够产生重大的改变。

上面的故事似乎在说，成功意味着冲突得到解决，让每个人都满意，在爱和同理心的怀抱中人们重新建立连接，每个人都是赢家。虽然这是可能发生的，并且在它发生时也令人感到高兴，但这并不是衡量成功的适当标准。同样，成功也不意味着生活在一个永远不会发生分歧和误解的和平与连接的持续状态中。那么，我们要如何定义成功呢？

我们认为，成功在于：

- 培养自己随时随地觉察自己状态的意识；
- 提升自己不管发生什么情况都能回到当下的能力；
- 培养你对事情做出选择而不是做出反应的能力；
- 从任何发生的事情中学习，这样你的技能、经验和效率就会与日俱增。

请注意，这些成功的标志反映的都是你身上发生的事情，因为这些工具从来都不是为了改变别人，而是为了改变你自己，改变你内心的感受，改变你的行为能力，让你的行为对自己和他人的生活做出更大的贡献。

在应用这些地图和技能时，如果你不再执着于冲突必须化解才算成功的观念，无论结果如何，你都能在每一次冲突中获得学习与成长。如果对话没有如你所愿，你也可以从所发生的事情中吸取教训。即使你选择不再与某个特定的人交流，从某种角度看，这可能算是一个失败的结果，但如果你已经使用了这些工具，并且有意识地做出这个选择，那么这实际上就是成功的。

在任何互动中无论发生了什么，哀悼-庆祝-学习都是一个特别有用的工具，能帮助你看到你的成功。当你使用工具时要庆祝。如果你在那一刻忘记了地图的存在，那就在你想起来的时候庆祝一下，即使它发生在一周后。如果你将使用这些工具作为另一种评判自己的方式，这不会为你带来什么改变，而当你能一次又一次地摆脱评判时，改变就会到来。

一种生活方式（而非快速解决问题）

当你开始使用本书中的工具时，你可能会看到一些即时生效的好处，即使它们可能微不足道。也许你正处于痛苦之中，阅读本书让你开始找到一些解脱之道。你可能会注意到，你开始喜欢定期与自己连接，并发现这种连接有助于你以自己喜欢的方式与世界互动。

人们在学习新知识的时候，常常希望看到立竿见影的效果，一些快速解决问题的方法，或是灵丹妙药，会让他们的人际关系变得更加融洽。然而，本书的真正希望不在于快速解决问题，而在于通过不断的实践和重复练习，将这些技能融入你的生活中。这样做的目的是让你每天都能掌握这些技能，知道当棘手的情况出现时，可以随时使用它们。在经常使用技能和工具的过程中，你会改变，你周围的人也会发生改变，不是因为你强迫他们改变，而是因为他们的回应方式反映了你的改变。

我们已经在每个地图的情境中讨论了调解人思维，但我们还是想强调，调解人思维是一种你在任何时候都可以进入的思维状态，而不仅仅是在你使用地图或做练习时。一旦你对自己的这种状态有了一种感觉，你就可以在这种状态下抱持多种观点，调解人思维就可以一整天都成为一种练习。

总之，你有多少次发现自己被困在一个故事里，无论是关于你和你的不足，还是关于其他人和他们的问题？记住，调解人思维可以帮助你不再相信那些故事，将你从那些故事所夹杂的评判中拯救出来。这是一种回到当下的方式，让你摆脱那些让你陷入困境的想法。如果你经常练习调解人思维，你会发现不管外界发生了什么，它都会帮助你与自己保持连接，让你更容易获得快乐和幸福。

选择和自我认知

使用本书中的大部分工具，你可以一次又一次地与你当时的观察、感受、需要和请求连接起来。这是一种了解自己的有效方式。当你知道是什么刺激你做出习惯性反应，并确定是什么需要在驱动着你，你就会获得更大的能力去改变自己的反应。

随着时间的推移，当你使用本书中的地图时，你会发现你变得不那么被动了。这意味着，当你遇到压力或冲突，导致你陷入更深的麻烦时，那些战斗或逃跑模式，即你的习惯性反应方式，对你的控制力变小了。最初，你可能会发现每次你被刺激到时，你都必须处理自己的反应，回到当下，集中精神，与自己连接。然而，通过反复这样做，你会发现，在你意识到这种反应之前，它开始变得不那么强烈了。最终，你会注意到这种反应，但马上就会意识到你可以做一些不同的事情。

降低反应的关键结果是什么？是你有选择！当你建立起信任和信心，相信自己可以控制自己对世界的情绪反应，能够选择做什么而不是被动地做出反应时，你就改变了自己与情绪的关系。你不会任由情绪失控，你会同理倾听自己和他人，给你自己空间去发现新的可能性。

自我认知和选择的能力让你在生活和与外界的互动中更有效率。如果你能意识到自己的反应并减轻它们，你就能避免在情况出现时因你个人过去的经历而僵化。举个例子，与其根据你早期经验的习惯性反应（本质上就是重演你的过去）来行动，你还能够看到那些反应与更符合你心愿的新反应形成对比。当你能看到多种选择，哪怕是稍微从情绪中解脱出来，你就能做出选择。每当你做出选择，它都会给你新的信息，让你在接下来的时刻做出更多的选择。想象一下，当你有意识地在每一个时刻做出选择，而不是因为被刺激到而进入一个没有选择和被动的状态时，你的效率会提高多少！

然而，通常在家庭和工作环境中，人们都是出于一种别无选择的感觉，相信"这些人是我的家人，我只能忍受他们"，或者"嗯，他是我的老板，他可以炒我鱿鱼，不管他说的话有多古怪，我都得听他的"。当人们最终做出选择时，有时会很激烈，可能会导致家庭破裂，或牺牲工作效率和职业发展等。

我们在全世界看到了同样的模式。世界各地都存在着社群分裂和宗派分歧，包括宗教之间的冲突、部落和种族之间的战争、阶级之间的相互对立等。由于这些冲突无处不在，涉及许多人，因此人们常常对在这个更大的舞台上创造变革感到绝望。

然而，重要的是要记住，即使是这些长期的、大规模的冲突也是以同样的方式开始的：人们过去受到的伤害影响他们彼此的交往，被应激反应劫持，以不满足自己或他人需要的方式行事。当每一方都这样做时，不可避免的结果是造成分离、暴力和痛苦。然后，人们就会觉得对方"错得离谱"，认为自己才是正确的，然后又将这种观点传递给他们的孩子，而他们的孩子一代又一代地继续发生冲突。

无论我们讨论的是家庭中的个人冲突还是国家范围内的冲突，它们的开始和结束方式都是一样的：通过**一次次的对话**。

和平从此时此地开始，从你与自己的对话开始，从你与生活中的他人的对话开始。不要低估了一次又一次回到选择的重要性，尽可能多地选择能带来连接的回应。你的选择会产生连锁反应，当它们流向外部时，甚至会影响到你不认识的人。当其他人经历和见证你的选择时，你也为他们在与自己和他人的关系中开始做出不同的选择打开了可能性。

我们希望本书里的地图和技能，以及"调解人生"系列的其他内容，能够帮助人们对话，找到通向和平的道路。我们希望每个人都能把自己和所关心的问题摆到桌面上来，带着相互理解和关切的心进行对话。总之，我们鼓励你使用本书中的技能和工具，这样每一次对话都能成为你创造自己所期盼的世界的一种方式。

无论你是家庭主妇、《财富》杂志评选的世界 500 强公司的首席执行官、学校的看门人还是美国的总统,每一段关系、每一次改变、每一种让世界变得更加美好的新的可能性,都是从一次次的对话中产生的。你想在下一次的对话中创造什么呢?

附 录

附录1　感受列表

感受是身体的体验，告诉我们自己的需要是否得到满足，以及我们当下的观察、想法和渴望。

安宁	爱	高兴	有趣	感兴趣
平静	温暖	欢乐	有活力	投入
镇定	深情	兴奋	沸腾	有求知欲
满足	温柔	满怀希望	精神焕发	热情
专心致志	欣赏	喜悦	风趣	丰富
全神贯注	友好	满意	神清气爽	一心一意
豁达	善解人意	愉悦	顽皮	警觉
气定神闲	慈悲	勉励	活泼	唤醒
关爱	感激	庆幸	生气勃勃	惊奇
幸福	滋养	自信	精力充沛	关心
满意	多情	受鼓舞	眼花缭乱	好奇
放松	信任	感动	冒险	渴盼
宽慰	开放	自豪	淘气	狂热
安静	感恩	振奋	欢欣鼓舞	神魂颠倒
无忧无虑	容光焕发	狂喜	傻乎乎	着迷
沉着	崇拜	乐观	轻快	惊讶
完成感	激情	荣耀	充满能量	有益

疯狂	悲伤	害怕	疲劳	迷茫
不耐烦	孤单	担心	筋疲力尽	挫败
悲观	忧伤	可怕	疲惫	不解
不满	困惑	惊恐	呆滞	迟疑
受挫	无奈	受惊吓	昏昏沉沉	困扰
烦躁	阴沉	紧张	冷漠	不舒服
紧张不安	难以承受	神经过敏	厌倦	沉默寡言
不悦	冷淡	惊骇	不堪重负	无动于衷
激动	垂头丧气	焦虑	浮躁	尴尬
恼火	气馁	担忧	无助	受伤
厌恶	痛苦	苦恼	沉重	惴惴不安
厌烦	灰心	孤独	困倦	发怒
暴躁	泄气	没有安全感	冷淡	可疑
憎恶	绝望	敏感	不情愿	动摇
尖刻	哀伤	震惊	消极	迷惑
怨恨	不开心	大惊失色	迟钝	坐立不安
狂怒	郁闷	恐惧	无聊	犹豫不决
生气	忧郁	嫉妒	无精打采	懊恼
敌对	悲惨	无望	枯燥无味	心烦意乱
激怒	闷闷不乐	怀疑	闷闷不乐	超脱
暴力	意志消沉	惊慌	怠惰	怀疑

附录 2　人类共通的需要 / 价值观列表

以下需要接核心需要分为三个大类和九个小类。

幸福

生存 / 健康	安全 / 安全感	美 / 和平 / 玩耍
丰盛 / 繁荣	舒适	接纳
锻炼	信心	欣赏
食物 / 养分	安全感	感恩
营养品	亲切	意识
休息 / 睡眠	秩序	平衡
放松	结构	放松
庇护所	可预测性	平静
可持续性	庇护平安	幽默
支持 / 帮助	安定	当下
健康	信任	恢复活力
活力	信念	简单
能量		空间
		安宁
		完整
		惊叹

连接

爱 / 关心	同理心 / 理解	社群 / 归属
喜爱 / 温暖	觉察 / 清晰	合作
美丽	认可	团体
亲近 / 触摸	感谢	慷慨
陪伴	沟通	包容
同情	关心	相互依存
友善	倾听（倾听、被倾听）	和谐 / 和平
亲密	了解（了解、被了解）	好客 / 欢迎
重视	当下 / 倾听	共鸣
重要	尊重 / 平等	互惠
滋养	接受 / 开放	伙伴关系
性生活	承认	关系
尊重	看到（看见、被看见）	支持 / 团结
光荣	自尊	信任
评估 / 珍视	敏感	可靠
		透明
		开放

自我表达

自主权 / 自由	真实	意义 / 贡献
选择	冒险	欣赏 / 感激
清晰	活力	成就
适合	探索	生产力
一致性	诚实	庆祝 / 哀悼
持续性	主动性	挑战
尊严	创新	效能
自由	激励	有效性
独立性	喜悦	卓越
正直	神秘	成长
力量	激情	学习 / 清晰
授权	自发性	神秘
自我责任		参与
		目的 / 价值
		自我实现
		自尊
		技能 / 掌握

附录3　自我连接流程（SCP）

呼吸（觉察：处在当下）

1. 关注你的呼吸，跟随吸气的过程，延长呼气时间。
2. 观察你的感官知觉（视觉、听觉、嗅觉、触觉和味觉）。
3. 把注意力从思想和"故事"上转移到呼吸和感官知觉上。

身体（当下：跟随感受并接纳）

1. 关注你的身体。
2. 体会你的身体感觉和它的鲜活与能量。
3. 说出你的身体感觉、情绪、战斗或逃跑反应，然后回到当下的体验中。

需要（选择：选择想法、信念和行动来满足需要）

1. 现在觉察你的想法和感受，问自己"背后的需要是什么"。
2. 你现在选择关注什么需要？是什么激励你、鼓舞你、为你赋能？
3. 向自己重复这些需要，感受你的身体，并通过你的想象、自言自语或采取行动来体验需要得到满足。

　　我们鼓励你每天至少留出5分钟来练习自我连接流程，即使你没有陷入"战斗、逃跑或冻住"反应，也要在一天中尽可能地多练习。

自我连接流程扩展版

呼吸

1. 放慢并加深你的呼吸。

2. 吸气和呼气的节奏保持一致。

3. 呼气比吸气时间长。

4. 吸气、屏住呼吸、呼气，节奏保持一致。

5. 练习用善良、幽默和友好的方式思考。

身体

1. 体会你的感受，不描述、不分析、不思考。

2. 把注意力集中在三个身体中心——腹部、心脏、头部（"三位一体的大脑"：爬行动物/本能，哺乳动物/情感，新皮层/智力/直觉）。

3. 放松你的肌肉，允许你的姿势开放、柔软、灵活。

4. 头脑–身体练习

（1）放松你的肌肉（例如眼睛、舌头、下巴、肩膀、手臂、腹部）。

（2）让你的身体姿势展开（例如，舒展胸部，张开手臂，说"啊——"）。

（3）调整和平衡你的脊椎。

需要

1. 向三个身体中心（脊椎"脉轮"——腹部、心脏、头部）呼吸。

2. 将核心需要与身体中心相连接。

   （1）幸福（和平）——生存、安全、秩序

   （2）连接（爱）——关心、理解、社群

   （3）自我表达（喜悦）——自由、诚实、意义

3. 关注每个身体中心发生的正向的"化学反应"。

4. 想象这些需要得到了充分和完全的满足。

5. 感恩练习：庆祝生活中得到满足的需要；为任何一种目前无法满足需要的方式哀悼。

6. 自他互换——吸入自我、他人和世界遭遇的痛苦；呼出和平、爱、喜悦、幸福、快乐、连接、自我表达。

附录4　强度练习

第一阶段第一部分：无语言内容练习

1. 刺激接收者先进行自我连接流程，然后让刺激发送者开始发出刺激。
2. 刺激发送者用平常的语气说一句中性的话，例如"水是湿的"或者"雪是白色的"，暂停，然后重复，逐渐提高嗓门，并增加强度以及攻击性色彩，慢慢提高强度。
3. 一旦刺激接收者留意到，在受到某个程度的刺激时他的身体产生了反应，就用非语言的方式让练习搭档停止发出刺激，比如举手示意。
4. 刺激接收者移到调解人椅子上，大声地进行自我连接流程，直到感觉平静，身体放松下来，不再处于"战斗、逃跑或冻住"的反应模式里。
5. 刺激接收者坐回自己的椅子，让刺激发送者继续发出刺激。
6. 刺激发送者继续重复同样的话，强烈程度比刚才刺激到接收者时的强度略低一些，然后再逐步提高强度。
7. 重复步骤3—6，直到刺激接收者练习到他想要的程度，或者发现不管受到多强的刺激，都不会再被刺激到为止。
8. 相互分享你们的练习体会。

第一阶段第二部分：有语言内容练习

1. 刺激接收者告诉练习搭档，自己希望对方使用哪句话来跟自己做练习，并告诉对方说这句话的时候要用什么特定的语气、音量或配以什么样的肢体语言。例如，真实生活中另一个人说这些话时常常带着哪些特定的身体姿势和语气，刺激发送者在说这些话时也要结合相应的身体姿势和语气。
2. 刺激接收者先进行自我连接流程，然后请练习搭档开始发出刺激。
3. 刺激发送者开始给出低强度的刺激，并逐渐提高刺激强度。
4. 一旦刺激接收者留意到，在受到某个程度的刺激时他的身体产生了反应，就用非语言的方式让练习搭档停止发出刺激，比如举手示意。
5. 刺激接收者移到调解人椅子上，大声地进行自我连接流程，直到感觉平静、身体放松下来，不再处于"战斗、逃跑或冻住"的反应模式里。当觉得可以选择回应的方式时，就准备好继续进行练习。
6. 刺激接收者坐回自己的椅子，让刺激发送者继续发出刺激。
7. 刺激发送者继续重复同样的话，强烈程度比刚才刺激到接收者时的强度略低一点，然后再逐步提高强度。
8. 重复步骤4—7，直到刺激接收者练习到他想要的强度，或者发现不管受到多强的刺激，都不会再被刺激到为止。
9. 相互分享你们的练习体会。

第二阶段：回应第一个刺激

这一阶段的练习内容是，在自我连接之后，如何回应刺激发送者。让我们来看看，你可以和你的搭档按照什么步骤进行练习。
1. 刺激接收者告诉练习搭档，自己希望对方使用哪句话来跟自己做练习，并告诉对方说这句话的时候要用什么特定的语气、音量或配以什么样的肢体语言。
2. 刺激接收者先进行自我连接流程，然后请练习搭档开始发出刺激。
3. 刺激发送者开始给出低强度的刺激，并逐渐提高刺激强度。

4. 一旦刺激接收者留意到，在受到某个程度的刺激时他的身体产生了反应，就用非语言的方式让练习搭档停止发出刺激，比如举手示意。

5. 刺激接收者移到调解人椅子上，大声地进行自我连接流程，直到感觉平静、身体放松下来，不再处于"战斗、逃跑或冻住"的反应模式里。当觉得可以选择回应的方式时，就准备好继续进行练习。

6. 当再次接收到刺激时，刺激接收者选择同理倾听或者自我表达，然后将他们选择的回应方式大声说出来（仍然坐在调解人椅子上）。

7. 刺激接收者坐回自己的椅子，给出相应的回应，并让刺激发送者继续发出刺激。

8. 刺激发送者继续重复同样的话，强烈程度比刚才刺激到接收者时的强度略低一点，然后逐步提高强度。

9. 重复步骤4—8，直到刺激接收者练习到他想要的强度，或者发现不管受到多强的刺激，都不会再被刺激到为止。

10. 相互分享你们的练习体会。

第三部分：回应第二个刺激

1. 刺激接收者告诉练习搭档，自己希望对方使用哪句话来跟自己做练习，并告诉对方说这句话的时候要用什么特定的语气、音量或配以什么样的肢体语言。

2. 刺激接收者先进行自我连接流程，然后请练习搭档开始发出刺激。

3. 刺激发送者开始给出低强度的刺激，并逐渐提高刺激强度。

4. 一旦刺激接收者留意到，在受到某个程度的刺激时他的身体产生了反应，就用非语言的方式让练习搭档停止发出刺激，比如举手示意。

5. 刺激接收者移到调解人椅子上，大声地进行自我连接流程，直到感觉平静、身体放松下来，不再处于"战斗、逃跑或冻住"的反应模式里。当觉得可以选择回应的方式时，就准备好继续进行练习。

6. 当再次接收到刺激时，刺激接收者选择同理倾听或者自我表达，然后将他们选择的回应方式大声说出来（仍然坐在调解人椅子上）。
7. 刺激接收者坐回自己的椅子，给出与第6步相同的回应，并让刺激发送者继续发出刺激。
8. 刺激发送者再次发出一个刺激，说一些刺激接收者可能不愿意听到的话。
9. 刺激接收者再次坐到调解人椅子上，然后大声地进行自我连接，直到感觉平静、身体放松下来，不再处于"战斗、逃跑和冻住"的反应模式里。当觉得可以选择回应的方式时，就准备好继续进行练习。
10. 当刺激发送者再次发出刺激时，刺激接收者选择同理倾听或者自我表达，然后将他们选择的回应方式大声说出来（仍然坐在调解人椅子上）。
11. 刺激接收者坐回自己的椅子，给出相应的回应，并让刺激发送者继续发出刺激。
12. 刺激发送者继续重复同样的话，强烈程度比刚才刺激到接收者时的强度略低一点，然后逐步提高强度。
13. 重复步骤4—12，直到刺激接收者练习到他想要的强度，或者发现不管受到多强的刺激，都不会再被刺激到为止。
14. 相互分享你们的练习体会。

在第二阶段和第三阶段中，在做出选择并回到自己的椅子后：

1. 同理倾听他人。请记住同理倾听的四个要素：处在当下、静默同理、表达理解和需要的语言。

如果你愿意，你可以使用以下同理倾听模板：

"你感到_____(感受),因为你想要_____(需要)?"

2.对于自我表达,首先与你想要表达的需要相连接,然后让你的语言自然地表达。从你的主观参考框架出发,拥有你自己的观察和想法,并将你的想法、感受和你想从这个人那里得到什么与你的需要连接起来。另外,当你说话的时候,试着和对方处在当下。

如果你愿意,你可以使用以下表达模板:

(1)"当我看到/听到你_____(观察)时,我感到_____(感受),因为我想要_____(需要)。"

(2)"你愿意_____吗?"(连接性请求:例如,"你听到这个感觉如何?",以及"你能告诉我你听到我说什么了吗?"。)

附录5　化解敌人形象流程（EIP）

你可以在脑海里自己进行练习，或写下来，也可以和一个同理心伙伴或练习搭档一起练习。

第一步：自我同理

1. 观察：
   （1）对方说了什么或做了什么触发了你的反应？
   （2）你对自己或他人所持有的评判、"敌人形象"、"故事"。
2. 感受：
   身体的感觉和情绪。当心"虚假感受"。
3. 需要：
   你的渴望（也是人类共同的），而不是任何特定的"策略"。花点时间去感受和体会你身体里的感受和需要。

循环：当你经历这些步骤时，你可能会注意到你有更多的反应需要得到同理。继续循环这三个步骤，直到你感觉完成了，连接到了你的需要，并感受到一定程度的内心平静、放松和回归自我。

第二步：同理他人

在这一步中，你会将自己与他人的体验相连接。
1. 观察：
   （1）你说了什么或做了什么可能刺激到了对方？
   （2）他们对你和发生的事情可能有什么想法？

2. 感受：

他们身体的感官感觉和情绪。

3. 需要：

他们的渴望（也是人类共同的），而不是任何特定的"策略"。

循环：当你经历这些步骤时，继续循环这三个步骤，直到你感觉完成了，你与另一个人有了连接，你感到更加平和，而且没有应激反应。另外，当你试图同理他人时，你可能会触发自己更多的反应。如果出现这种情况，回到第一步，根据需要在第一步和第二步之间来回循环。

第三步：新的可能性

1. 学习：从第一步和第二步中学习。你现在能看到任何新的想法、见解或可能性吗？
2. 计划：现在你处于"连接的另一边"，制订如何满足你的需要的（具体的）行动计划。看看你是否能提出一个具体的、可行的（你确实想要的）、行动语言的请求，可以面向对方也可以面向其他人提出。
3. 练习：在形成行动请求和计划之后，你可能想要练习你能想到的任何事情。如果这涉及对话，你可以练习自己可能会说什么，也可以练习如何应对他人可能会做出的富有挑战性的反应。一种方法是在练习对话中进行角色扮演（例如，与教练、练习搭档一起进行或通过写日记的方式）。

循环：当你经历这些步骤时，你可能会注意到你产生了更多冲突反应。这时你可以回到第一步和第二步，在前两步和第三步之间来回循环，直到你觉得已经做好准备来完成第三步。

附录6　人际调解地图（IPM）

IPM 是一份指南，帮助你从调解人思维的第三把椅子的角度，在你自己和别人之间进行困难对话。

IPM 的五个步骤：
1. 实行自我连接流程。
2. 问自己"我可以把对方的信息听成是一种请求吗？"。
3. 如能做到，同理倾听对方。
4. 自我表达。
5. 提出解决方案的请求并达成协议。

关于 IPM 步骤的更多细节：
1. 实行自我连接流程——呼吸、身体、需要。
2. 问自己"我可以把对方的信息听成是一种请求吗？"。
这种"请求"意味着对方在说："我很痛苦。我有未得到满足的需要。"
3. 如能做到，同理倾听对方。
作为你自己对话的调解人，你会不时地选择你想要同理自己还是对方，以建立连接。我们建议如能做到，你首先同理倾听对方，然后再寻求被倾听。
4. 自我表达
现在轮到你通过表达你的想法（从连接自己的需要出发）来让别人倾听你了。作为你自己的调解人，你本质上是在对自己进行同理倾听（而不是寻求达成一致）。我们建议以连接性请求结束你的自我表达。
持续进行步骤 1—4，直到你们之间产生同理心和连接，然后进入步骤 5，即提出解决方案的请求并达成协议。

两种连接性请求：

（1）为了听到对方的反馈。例如："你能告诉我你听到了什么吗？"

（2）为了听到对方的表达。例如："听到我说的，你有什么感受？"

5. 提出解决方案的请求并达成协议。

（1）具体的、积极的行动语言（来自需要/连接）。

（2）是请求而不是要求（可以选择）。

（3）相互依存，以满足每个人的需要。

（4）寻找"不"背后的需要的流程。

　　① 明确请求及其背后的需要。

　　② 如果得到了"不"的回答，同理这个"不"的请求，找到说"不"背后的需要。

　　③ 让说"不"的人提出一个能满足自己或他人需要的请求，或者最早提出请求的人提出一个新的请求。

（5）协议

　　① 主协议：是指你们双方都同意做些什么来满足你们的需要。

　　② 支持性协议：是关于做些什么来支持主协议的协议。

　　③ 修复性协议：是如果主协议没有得到履行，可以做些什么的协议。

附录 7　人际调解地图（IPM）练习

IPM 练习第一阶段

同理倾听、自我表达、连接性请求

坐在自己的椅子上：
1. 告诉你的练习搭档他们扮演谁，以及你对那个人的一个观察，即他说的话或行为对你很有挑战性。
2. 首先向对方（由练习搭档扮演）表达一些东西来开始对话。
3. 对方对你说出很有挑战性的一句话。

移动到调解人的椅子上，并且：

4. 进行自我连接流程。
5. 问自己"我可以把对方的信息听成是一种请求吗？"。
6. 如能做到，作为调解人，选择同理倾听对方。如果做不到，请按照前面的步骤进行，直到你准备好做出同理倾听对方的选择。你的练习搭档可以跳出他所扮演的角色，通过对你进行同理倾听来支持你。

然后回到自己的椅子上，并且：

7. 带着建立连接的目的，同理倾听对方（记住同理倾听的四个要素）。持续同理倾听，直到对方表示他们觉得被理解了。你可以问："你还有什么想让我听到的吗？"（记住，任何时候你都可以暂停并移到调解人椅子上，重复步骤 4、5 和 6。）
8. 自我表达。现在，将重心转为同理倾听自己（实质上，你是让对方倾听你，并且同理你）。

9. 诚实地向对方表达你内心的真实和你认为的现实。这是你被倾听和练习勇敢地表达"可怕的诚实"的机会。首先，默默地连接到自己的需要，然后全身心地和对方处在当下并说出自己的需要。表达的目的是建立连接。

如果觉得有帮助，可以使用以下自我表达模板：

"当我看到/听到……（观察），我感到……（感受），因为我想要……（需要）。"

10. 在结束自我表达时，提出连接性请求让对方反馈，例如："你能告诉我你听到我说了什么吗？"
11. 对方同理倾听你，直到你说你觉得自己被理解了。
12. 现在，提出连接性请求让对方表达，例如："听到我说的，你有什么感受？"
13. 此时，对方表达自己，意图创造连接。
14. 带着创造连接的目的，给予他人同理倾听（同理倾听的要素），直到他们表示他们感到被理解了。你可以问："你还有什么想让我听到的吗？"（记住，在任何时候，你都可以暂停并移动到调解人椅子上进行自我连接流程。）

IPM 练习第二阶段

增加提出解决方案的请求的流程和寻找说"不"背后的需要流程

完成第一阶段的所有内容后，在步骤 14 后加上以下步骤。

坐在自己的椅子上：

15. 向对方提出解决方案的请求，寻求满足双方的需要。
16. 对方对你的请求以某种形式说"不"。

移动到调解人的椅子上，并且：

17. 进行自我连接流程。
18. 选择同理对方。

回到自己的椅子上，并且：

19. 同理对方，尝试寻找对方说"不"背后的需要，这些需要阻碍他同意请求。保持同理倾听，直到对方表示他们觉得被理解了。
20. 问对方，他们是否能提出尝试满足双方需要的请求。对方会尽力去想一个请求，但如果他们想不到，你可以提出一个请求供对方参考。

IPM 练习第三阶段

坐在自己的椅子上：

1. 告诉你的练习搭档他们扮演谁，以及你对那个人的一个观察，即他说的话或行为对你很有挑战性。
2. 首先向对方（由练习搭档扮演）表达一些东西来开始对话。
3. 对方对你说出很有挑战性的一句话。

移动到调解人的椅子上，并且：

4. 进行自我连接流程。
5. 问自己"我可以把对方的信息听成是一种请求吗？"。
6. 如能做到，作为调解人，选择同理倾听对方。如果做不到，请按照前面的步骤进行，直到你准备好做出同理倾听对方的选择。你的练习搭档可以跳出他所扮演的角色，通过对你进行同理倾听来支持你。

然后回到自己的椅子上，并且：

7. 带着建立连接的目的，同理倾听对方（记住同理倾听的四个要素）。持续同理倾听，直到对方表示他们觉得被理解了。你可以问："你还有什么想让我听到的吗？"（记住，在同理倾听过程中的任何时候，当你觉得被刺激到了，你都可以暂停并移动到调解人椅子上，重复步骤4、5和6。）

8. 自我表达。现在，将重心转为同理倾听自己（实质上，你是让对方倾听你，并且同理你）。

9. 诚实地向对方表达你内心的真实和你认为的现实。这是你被倾听和练习勇敢地表达"可怕的诚实"的机会。首先，默默地连接到自己的需要，然后全身心地和对方处在当下并说出自己的需要。表达的目的是建立连接。

   如果觉得有帮助，可以使用以下自我表达模板：

   "当我看到/听到……（观察），我感到……（感受），因为我想要……（需要）。"

10. 在结束自我表达时，提出连接性请求让对方反馈，例如："你能告诉我你听到我说了什么吗？"

11. 对方进行自我表达，而不是反馈给你他听到你说了什么。

12. 继续自我表达，把重心转为同理倾听你自己，使用调解技能中的"拉耳朵"，例如："我想听你说"，还有"首先，你可以告诉我你听到我说了什么吗？"。

13. 对方反馈他的评判，而不是需要。

14. 保持自我表达，并继续同理倾听自己，再次使用"拉耳朵"的技能，例如："谢谢你说出你听到了什么，我想让你听到……"

15. 对方用一种刺激性的方式表达自己，这很具有挑战，很困难。

移动到调解人的椅子上，并且：

16. 进行自我连接流程。
17. 问自己"我可以把对方的信息听成是一种请求吗？"。
18. 选择把重心放在同理倾听对方身上，使用紧急同理的调解技能。

回到自己的椅子上，并且：

19. 带着建立连接的目的，同理倾听对方（同理倾听的要素），直到他们表示他们觉得被理解了。（当你被刺激到时，移动回调解人椅子上进行自我连接流程。）
20. 选择自我同理的调解技能。
21. 告诉对方你希望休息一下，之后再回到对话中来。
22. 你的练习搭档停止角色扮演，帮助你自己快速进行化解敌人形象流程。
23. 当你准备好了，再回到与对方的对话中来。

继续和对方对话：

24. 使用自我表达的调解技能，例如："我希望我们大家都能得到倾听，一起找到我们都很满意的解决方案。我们可以轮流说话和彼此倾听吗？"
25. 对方回答："好的。"
26. 使用追踪的调解技能，然后回到"拉耳朵"，例如："我想知道你现在是否愿意让我知道你刚才听到我说了什么？"
27. 对方带着建立连接的目的，反馈他对你的理解和你的需要。对方继续反馈，直到你说你觉得被理解了。
28. 感谢对方倾听你。
29. 现在，用另一个连接性请求来表达自我，例如："听到我说的，你有什么感受？"

30. 对方持续不断地进行表达直到你打断他。
31. 使用打断的调解技能（带着同理心）。
32. 提出一个解决方案，试图满足你和对方的需要。
33. 对方说"不"。
34. 同理这个"不"，了解"不"背后的需要，正是这些需要阻碍了对方同意请求。
35. 问问对方是否有能够满足你们双方需要的请求。
36. 对方提出一个解决方案的请求。
37. 说"是"，或者提供另一个解决方案的请求。

附录8 九种调解技能

一、同理倾听
    1. 处在当下
    2. 静默同理
    3. 表达理解
    4. 使用需要的语言

二、连接性请求
    1. 信息的发送和接收
    "请告诉我你听到了什么？"
    2. 连接的品质
    "听到我说的，你有什么感受？"

三、拉耳朵
    如果对方进行自我表达，再次请求对方复述他们听到的话，或者重申他们的评判，而不是反馈他们的理解或需要。

四、紧急同理
    当你请求对方重复他所听到的，但他们因受到的刺激太大无法做到时，你要给予同理倾听。

五、追踪
    看对话进行到了人际调解地图5个步骤中的哪一步。

六、打断
    当别人说的话太多，超出了你能接受的程度，或者干扰了对话，就用同理心打断对方。

七、自我同理
    在对话过程中同理倾听自己。

八、自我表达

表达与目前进行的对话内容相关的东西。

九、提出解决方案的请求

用具体的、当下的、正向的行动语言提出请求。

1. "不"背后的需要

（1）明确请求和需要。

（2）同理"不"背后的需要。

（3）要求或提出一个满足所有人需要的新的请求。

2. 三种协议类型

（1）主协议：你们双方都同意做的事情。

（2）支持性协议：做些什么来支持主协议的协议。

（3）修复性协议：如果主协议没有得到履行，要采取什么行动。

附件 9　哀悼-庆祝-学习（MCL）

第一部分：哀悼

同理你在与别人的对话或互动中没有得到满足的需要。

1. 观察：

（1）发生了什么事情没有满足你的需要？

（2）关于这个事情，你有任何负面的想法、评判或者"故事"吗？

2. 感受：

　身体的感官感觉和情绪。

3. 需要：

　将你的观察、想法和感受与你的需要相连接。

循环：按照任何适合你的顺序完成这三个步骤。继续循环这些步骤，直到你感到内心平静，并与你的需要相连接。

第二部分：庆祝

同理你在与别人的对话或互动中得到满足的需要。

1. 观察：

发生了什么满足了你的需要，包括在未来可能会有什么好事发生？

2. 感受：

身体的感官感觉和情绪。

3. 需要

将你的观察、想法和感受与你的需要相连接。

循环：就像第一部分一样，你可以多次循环这些步骤。同时，也像在第二部分一样，你可能会发现有更多与未满足的需要有关的想法和感受冒出来。你可以随时回到第一部分，然后在第一部分和第二部分之间来回。

第三部分：学习

出现新的可能性。

1. 学习：从第一部分和第二部分中学习。你现在能看到任何新的想法、见解或可能性吗？
2. 计划：现在你已经连接到了得到满足的需要和未得到满足的需要，制订具体的行动计划以满足你想要满足的需要。看看你能否对自己提出一个具体的、当下的（你确实想要的）、正向的行动语言的请求。实现这一目标的其中一种方法是做一个"复盘"——想象一下重新进行对话，你可能会说些什么或做些什么不同的事情。
3. 练习：在形成行动请求和计划之后，你可能想要练习你能想到的任何事情，以便形成新的习惯。一种方法是与练习搭档或教练进行角色扮演对话，或者用写日记的方式进行自我练习。

循环：在第三部分后，你可能会发现你有进一步的学习和见解。如果是这样，你可以循环前面的步骤。你可能还会注意到有更多的需要（满足或未满足）在等着你去同理。如果是这样，你可以回到第一部分和第二部分。

附录 10　飞行模拟器

飞行模拟器用来做强度练习和人际调解地图（IPM）的角色扮演练习，包括 IPM 角色扮演和 IPM 练习。

设置飞行模拟器

1. 选择情境，明确角色——谁将在你的情境中扮演你自己，谁扮演冲突中的对方？扮演自己的人也扮演着调解人的角色。
2. 给出一个观察——告诉那个扮演"对方"角色的人一件事，就是那个真实存在的人说过或做过的一件对你来说很有挑战的事。（不用说所有细节。）
3. 在"学习范围"中设定难度（仅用于 IPM 练习／角色扮演）：
   （1）你希望对方给你多大的强度或挑战？
   （2）你想要关注什么技能？
4. 与教练或支持你的搭档达成协议，如果对方在场的话。
5. 计时——请人计时。
6. 在开始前，先进行自我连接流程／自我同理。

飞行模拟器控制台选项：
在练习或角色扮演进行中

你可以暂停，并且：

1. 进行自我连接或自我同理。
2. 说出你想到的选项和选择。
3. 调整难度或挑战程度（IPM 练习／角色扮演）。
4. 问你自己在用什么技能，想选择什么技能进行练习（IPM 练习／角色扮演）。

5. 让你的练习搭档或教练说说他们的想法或反馈。
6. 回到前面重复你想做的练习。

收获——"生物反馈"

1. 以自己或所扮演的调解人角色（如果你愿意）进行反馈：从你的感受开始谈起。你喜欢什么方面？
2. 练习搭档对你进行反馈：从满足的需要开始进行反馈，即当需要得到满足时你感觉如何？

    （1）你和哪些方面有连接？觉得哪些方面有帮助？用连接做引导。

    （2）尝试说出至少一件积极的事情，无论是多小的事。

    （3）给出具体的观察。

    （4）分享你内在的体验——感受和需要。

3. 自己或扮演调解人角色的人想要什么进一步的反馈吗？

    （1）选择未得到满足的需要进行反馈。

    （2）练习搭档：问对方是否想知道什么对你来说不起作用。

    （3）他们可以做些什么不同的事情来更好地支持到你？

    （4）给出具体的观察，分享你的感受和需要。

    （5）不断查看对方是否想要听到更多。

致　谢

我们感谢参加我们培训的人（我们现在已经在 16 个国家开展了培训），他们通过他们的反馈和全身心的参与，指引了我们工作的开展。真实地说，我们一起学到的并尝试在本书中阐明的东西，都来源于我们与参与我们培训的学员之间的交互行为。他们告诉我们什么可行，什么不可行。我们寻求的不是假设，而是发现，在我们与对方的对话中，与那些把我们发展出来的流程用在日常生活中的人们一起，他们已经内化了我们所提供的地图，并从这种完整的经验中给予我们反馈，继续引导我们的发现之路。这本书正是在报告正在进行的发现过程。

我们要以最深切的敬意感谢朱莉·斯蒂尔斯，她与我们共同撰写了这本书。她在写作和与合著者争论方面都很努力。与她一起合作 8 年多的这个写作项目帮助我们理清了我们的工作并使它日渐成熟。

我们继续感激马歇尔·卢森堡对我们的生活和工作所做出的贡献，我们的"调解人生"的方法和培训源自他发展和教授的非暴力沟通。马歇尔于 2015 年 2 月 7 日去世。我们尊重他的遗产，并感恩曾有机会与他一起共事和向他学习。

我，约翰，特别感谢能有机会与马歇尔密切合作 10 多年，直到他退休，并感到非常荣幸，也感谢他和他的妻子瓦伦蒂娜与我和我的家人之间一直保持亲密关系。因此，他的去世对我个人来说是一个巨大的损失。40 多年来，他以惊人的热情和对工作的追求，深深影响了世界各地很多人的生活。我期待着他的贡献得到充分认可的那一天。

我们有很多对我们的工作产生影响的老师们。我们感谢他们，感谢他们对我们的工作和生活做出的贡献。

我们也感谢我们的家人和所爱的人一直以来的支持。

最后，我们要感谢史黛丝·阿隆森，是她引导这本书完成了最后的编辑和设计阶段。